U0446462

具身存在
——智能传播时代的身体与媒介互动

Embodied Being:
Body-Media Interaction in the Age of Intelligent Communication

高慧敏 著

中国社会科学出版社

图书在版编目(CIP)数据

具身存在:智能传播时代的身体与媒介互动/高慧敏著. —北京:中国社会科学出版社,2024.6

(中国社会科学博士后文库)

ISBN 978-7-5227-3511-5

Ⅰ.①具… Ⅱ.①高… Ⅲ.①传播媒介—研究 Ⅳ.①G206.2

中国国家版本馆 CIP 数据核字(2024)第 085412 号

出 版 人	赵剑英
责任编辑	陈肖静
责任校对	刘 娟
责任印制	李寡寡

出　版	中国社会科学出版社
社　址	北京鼓楼西大街甲 158 号
邮　编	100720
网　址	http://www.csspw.cn
发行部	010-84083685
门市部	010-84029450
经　销	新华书店及其他书店

印　刷	北京君升印刷有限公司
装　订	廊坊市广阳区广增装订厂
版　次	2024 年 6 月第 1 版
印　次	2024 年 6 月第 1 次印刷

开　本	710×1000 1/16
印　张	18.75
字　数	317 千字
定　价	108.00 元

凡购买中国社会科学出版社图书,如有质量问题请与本社营销中心联系调换
电话:010-84083683

版权所有　侵权必究

第十批《中国社会科学博士后文库》编委会及编辑部成员名单

(一) 编委会

主　任：赵　芮

副主任：柯文俊　胡　滨　沈水生

秘书长：王　霄

成　员（按姓氏笔划排序）：

卜宪群　丁国旗　王立胜　王利民　史　丹
冯仲平　邢广程　刘　健　刘玉宏　孙壮志
李正华　李向阳　李雪松　李新烽　杨世伟
杨伯江　杨艳秋　何德旭　辛向阳　张　翼
张永生　张宇燕　张伯江　张政文　张冠梓
张晓晶　陈光金　陈星灿　金民卿　郑筱筠
赵天晓　赵剑英　胡正荣　都　阳　莫纪宏
柴　瑜　倪　峰　程　巍　樊建新　冀祥德
魏后凯

(二) 编辑部

主　任：李洪雷

副主任：赫　更　葛吉艳　王若阳

成　员（按姓氏笔划排序）：

杨　振　宋　娜　赵　悦　胡　奇　侯聪睿
姚冬梅　贾　佳　柴　颖　梅　玫　焦永明
黎　元

《中国社会科学博士后文库》
出版说明

为繁荣发展中国哲学社会科学博士后事业，2012年，中国社会科学院和全国博士后管理委员会共同设立《中国社会科学博士后文库》（以下简称《文库》），旨在集中推出选题立意高、成果质量好、真正反映当前我国哲学社会科学领域博士后研究最高水准的创新成果。

《文库》坚持创新导向，每年面向全国征集和评选代表哲学社会科学领域博士后最高学术水平的学术著作。凡入选《文库》成果，由中国社会科学院和全国博士后管理委员会全额资助出版；入选者同时获得全国博士后管理委员会颁发的"优秀博士后学术成果"证书。

作为高端学术平台，《文库》将坚持发挥优秀博士后科研成果和优秀博士后人才的引领示范作用，鼓励和支持广大博士后推出更多精品力作。

《中国社会科学博士后文库》编委会

摘 要

随着技术狂欢的到来,科幻与现实几乎并驾齐驱,许多"黑科技"已经不再是象牙塔里的科研成果,广泛出现于生活的各个角落。人工智能已经无处不在,逐渐成为一种时代特征,以技术为核心驱动力的新闻与传播领域更是打上了智能化的烙印,人、媒介及技术之间的关系也将发生重构,人机交互则成为研究智能传播规律的新进路。人机交互的关键在于界面的主动性,从听觉、视觉到触觉功能全面激活身体,身体成为人机交互的关键要素,"身体与媒介互动"则成为理解人机交互及人与技术关系的新思路。那么智能传播时代身体与媒介的互动形态如何?如何互动?互动如何?随之也衍生出一系列子问题:身体与媒介的互动是智能传播时代的专属吗?若非如此,那么历时性的身体与媒介互动演化脉络又如何?从共时性来看,智能传播时代中身体与媒介互动本质如何?对于传播形态及社会形态有何影响?这对于智能传播的理解有何意义?智能传播时代中的未来人机关系又如何?这一系列问题都期待一种理论来阐释。

然而,身体在主流的传播观中却"若隐若现",有时候甚至被边缘化,这对于当前日新月异的身体与媒介实践的阐释显得力不从心。鉴于此,本书则从"身体"视角切入来考察智能传播中的人机交互现象,聚焦于"身体与媒介互动"主题,立足媒介非中性论转向及(后)现象学、社会学视野下的身体观及人与技术关系理论,从历时性与共时性两个维度来揭示身体与媒介互动的本质。在共时性考察中,主要围绕新闻、娱乐、社交三个传播场景中身体与媒介的互动现象及对于传播形态及社会发展的影响展开探讨。

跨学科理论视野下的研究方法也趋于多元化与融合性,因此本书采用混合研究方法来分析身体与媒介的互动实践,根据问题本身来布局研究方法。本书的研究方法主要包括两类:在身体与媒介互动的历时性考察中,采用以既有文本资料为基础的文献分析、历史比较方法;在智能传播中的身体与媒介互动考察中,本书聚焦于智能化新闻传播、沉浸式娱乐传播及智能化社交传播三个场景,采用"线下"与"线上"相结合的方式,以新华社等智能化新闻媒体及智能新闻受众、VR游戏玩家QQ群、智能语音机器人用户为研究对象,具体研究方法以实地参与式观察、访谈为主并辅以网络问卷调查和数据统计。

经过研究发现:

(1)对于传播中的身体与媒介互动模式演进问题,研究表明:其一,从麦克卢汉与曼诺维奇对于身体与媒介关系的理论资源得出,传播中身体与媒介互动模式为"内在被动式互动""内在主动式互动""外在被动式互动"及"外在主动式互动"四类,它们之间并非完全独立,而是相互融合。其二,以智能化技术在媒介中的应用作为时间节点重新划分媒介历史及传播形态演变历史,分为"前智能传播时代"与"智能传播时代";从身体视角发现,传播历史分为"早期智人时代—智人时代—现代人时代—容器人时代—电子人时代—智能主体时代"与"模拟式传播—口语传播—书写传播—视听感知传播—网络传播—智能传播"两条演化路径。其三,笔者将身体与互动模式置于上述历史分期来进行考察并发现遵循"身体与媒介强互动—身体与媒介弱互动—身体与媒介强互动"的演变规律,其中智能传播中的身体与媒介互动特征为"强互动",即身体与媒介的内在/外在主动式互动。

(2)关于智能传播中身体与媒介强互动模式的建构,研究者基于身体与媒介强互动特征,结合后现象学者唐·伊德的人与技术关系理论,即"阐释关系""具身关系""它者关系",从而建构身体与媒介的强互动的研究视角,具体呈现 [身体→(媒介—环境)]、[身体—媒介)→环境]、[身体→媒介—(—环境)] 三种图式,从中发现强互动模式的三个核心要素,即"身体""媒介"和"环境"。

(3)结合上述研究框架,研究者将智能传播的身体与媒介互动实践聚焦于新闻、娱乐及社交，进而发现身体与媒介互动发生于智能化新闻传播、沉浸式娱乐传播及智能化社交传播的三个传播场景。通过这三个场景中的身体与媒介互动实践考察结果发现：其一，智能化新闻传播中身体与媒介互动的本质为人机互动，其中身体呈现"物质态身体""文化态身体"及"技术态身体"三种形态，媒介呈现"身体化"特征并由"中介"转向"传播者"，身体的"在场"与"离场"为互动表征，互动逻辑为由"去身体化"转向"回归身体"，这对于新闻生产与传播产生影响，人机协同为主要特征。其二，沉浸式娱乐传播中呈现具身进路，从"意识沉浸"转向"具身沉浸"，具身互动成为以VR技术为支撑的沉浸式传播的身体与媒介互动本质，通过VR游戏案例研究发现具身互动的特征为：身体在"知觉场"与"空间场"之间徘徊，以"虚拟代理"与"化身"等图式存在，这种具身参与的本质为主体共在与意义建构，具身互动逻辑为"参与式互动—感知觉互动—全身互动—VR社交"，这对于娱乐内容的叙事方式也产生影响，以VR纪录片为例发现，"互动叙事"成为沉浸式娱乐内容的主要叙事方式。其三，智能化社交传播以社交机器人为技术支撑，作为媒介的社交机器人成为独立于身体而存在的"它者"，同时身体也更具社会性并以"交往"姿态呈现。在此条件下，人际交往转向人机交往成为一种必然，社交传播中身体与媒介的互动本质为人机交往，以戈夫曼的互动秩序理论为参照发现，人机交往是一个"褪去面具"的过程，身体以更为本真的姿态存在，人机信任成为实现人机交往的关键，以智能语音机器人为例发现，人机交往逐渐常态化并对情感、角色、信任及隐私等社会要素产生浅层影响。

（4）本书研究结论显示，传播中的身体与媒介互动进化逻辑实则为身体的回归，而智能传播中身体—媒介强互动的本质为具身存在；这突破了传统的传播范式，对于智能传播概念也产生新认知，这也对我国的媒体融合实践产生影响，从"媒介融合"转向"人机融合"，以此为框架来考察我国智能传播时代人机融合实践并揭示其发展形态呈现感官融合、认知融合及价值融合的路径。鉴于此，研究者做出预判，意识互动将成为智能传播中人机关系的未来发展趋势。与之相伴，人机伦理关系，尤其是人机信任问题成为未来传播学研究的重点。

关键词：智能传播；具身；人机交互；身体——媒介互动；人机互动；具身互动；人机交往

Abstract

With the advanced technology development, science fiction and reality are almost neck and neck. Therefore, most of "futuristic tech" begin to walk out of the ivory tower of Laboratory and are applied to even every corner of life. Especially, the artificial intelligence as a temper of era has been ubiquitous. The field of journalism and communication with technology as the core driving force has been marked with the intelligence, triggering a series of effects. Therefore, the relationship between human media and technology would be reconstructed. Human-computer interaction will become a new approach for in-depth research on the law of intelligent communication. The key to human-computer interaction is the initiative of the interface, which is mainly embodied in the overall activation of body senses from hearing to touch. Given this, the body is considered as one important elements of human-computer interaction, and the body-media interaction becomes a new way to understand human-computer interaction and human-technology relationship. So, what is the interaction between body and media in the era of intelligent communication? Based on this, a series of questions have subsequently emerged: Is the body-media interaction exclusive to the era of intelligent communication? If not, what about the diachronic body-media interaction evolution? From a synchronic point of view, what is the nature of body-media interaction in the era of intelligent communication? What is the impact on communication and social development? What does this mean for the understanding of intelligent communication? What about human-machine relationship in the era of intelligent communication in the future? These issues deserve our exploration and study and a theory is expected to explain these issues.

However, the body is "looming" in the mainstream communication and sometimes it is even marginalized, which seems to be inadequate for the current interpretation of the ever-changing body-media interaction practices. In view of this, the research would examine the phenomenon of human-computer interaction in intelligent communication from the perspective of body, focusing on the theme of "body-media interaction", based on media's non-neutral theory, the theory of human-technology relationship and concepts of body from (post) phenomenology and sociology. The nature of the interaction between body and media is revealed from the diachronic and synchronic dimensions. Synchronically, body-media interaction experiences in three communication scenes of journalism, entertainment and social communication and their influence on the communication pattern and social development in each scene are discussed in this dissertation.

From the perspective of interdisciplinary theory, research methods tend to be diversified and integrated. Therefore, Mixed Research Methods are applied to analyze the body-media interaction. In this research frame, the specific methods are used in accordance with the research question. In the synchronic investigation of the body-media interaction, the literature analysis and historical comparison method based on the existing texts; Synchronically, the empirical research on body-media interaction practices is focused on specific intelligent communication scenarios in the three fields of journalism, entertainment and social interaction, namely, intelligent journalism field, VR games and VR documentary and Social Robot. Specifically, "offline" and "online" research fields are used together in this research. The research objects are intelligent news media and the intelligent news audience, QQ group of VR game players, users of intelligent speaker robots. The specific methods are consisted of participatory observation, interviews, questionnaire and

Abstract

content analysis.

There are some results from this research as follows:

(1) Based on McLuhan and Manovich's theoretical resources on body-media relationship, this study concludes that the body-media interaction modes in communication can be divided into "internal passive interaction" and "internal active interaction", "external passive interaction" and "external active interaction", which are not completely independent but integrated. Secondly, the evaluation law of communication is redefined from the perspective of body. The time when the intelligent technology is applied in the field of journalism and communication is the node of the history of communication which is divided into "pre-intelligent communication era" and "intelligent communication era". Meanwhile, this evolution is expanded to both paths: "Early homo sapiens era-Homo sapiens era-Modern human era-Container man era-Cyborg era-Intelligent subject era" and "Analog communication-Oral communication-Writing communication-Audio-visual perception communication-Network communication-Intelligent communication". Thirdly, the mode of body-media interaction in the historical context adheres to the rule of "Strong body-media interaction-Weak body-media interaction-Strong body-media interaction". Accordingly, the body-media interaction in intelligent era is characteristic of "Strong interaction", which is expressed by "Body-media (body)", namely medium of internal/external active interaction.

(2) Regarding the construction of the strong body-media interaction in intelligent communication, on the basis of "Body-media (body)", the researcher combined with Don Ihde's theory of human-technology relationship, such as "interpretive relationship", "embodied relationship" and "other relationship" to reconstruct the theory frame of body-media strong interaction, which is expressed by [body→ (media-environment)], [(body-media) →environment], [body→media- (-environment)]. Therefore, the three core elements of "body", "media" and "environment" are obtained.

(3) Focusing the above theoretical framework on news, entertainment and social communication, it is found that:

Firstly, the interaction between body and media occurs in intelligent journalism communication, immersive entertainment communication and intelligent social communication. The results show that: the interaction between the body and the media in intelligent journalism communication is human-machine interaction. Among them, there are three body forms such as "physical body", "social body" and "technical body"; the media also presents the "body" feature, its role is "communicator", the body's "presence" and "absence" are interactive representations, the logic is from "disembodiment" to "embodiment". This has an impact on news production and communication with the feature of human-computer collaboration.

Secondly, the immersive entertainment communication presents an approach of embodiment, from "conscious immersion" to "embodiment immersion". Embodiment interaction is the logic of body-media interaction of immersive entertainment communication supported by VR. Through VR games, it is found that body is moved between "perception field" and "space field"; the body schema is constituted of "virtual agent" and "avatar"; the nature of embodiment is the coexistence and meaning construction; the rule of embodiment interaction is "participate interaction-perception interaction-whole body interaction". From the VR documentary, the results show that "Interactive narrative" is becoming the mainstream narrative in the entertainment content.

Thirdly, intelligent social communication is supported by social robots. As a media, social robots become "others" that is independent of human. At the same time, the body is also more social and is presented as a communicative body. The results prove that Human Machine Communication is nature of the body-media interaction, which is the process of "getting rid of the masks" according to Goffman's theory of interactive order. Besides, Human Machine Trust is important to Human Machine Communication. Taking the intelligent speaker robot as a case, the researcher found that the Human Machine Communication has made a subtle social influence, including the emotion, roles, trust and privacy in the society.

(4) The research conclusion shows that the evolutionary logic of the interaction between the body and the media in communication is actually a body return; the essence of body-media interaction in the intelligent communication is the embodied presence. Besides, the intelligent communication has a new explanation which is breaking out the traditional communication paradigm. The turn of human-computer integration was found from the logical changes of media integration. The internal mechanism of human-computer integration reveals the essence of "human-machine integration", namely the physicality and autonomy regression of the intelligent communication subject. This research investigates the practice of human-machine fusion in the intelligent communication era in China and reveals its development form presenting the path of sensory fusion, cognitive fusion and value fusion. On this basis, the prediction is that consciousness interaction is the tendency of human-machine relationship in the communication. Meanwhile, human-machine ethical relationship, especially the issue of human-machine trust, have become the focus of future communication studies.

Key words: Intelligent communication; embodiment; body-media interaction; human-machine interaction; embodiment interaction; human-machine communication

目　录

第一章　前言:智能传播研究中的身体视域 …………………………（1）
　　第一节　智能传播景观中的身体转向 ……………………………（1）
　　第二节　传播学中的身体观考古 …………………………………（9）

第二章　智能传播是一个互动过程:身体与媒介互动
　　　　意义如何 ………………………………………………………（19）
　　第一节　聚焦问题:智能传播时代中身体与媒介如何互动?
　　　　　　以何互动? 互动如何? ……………………………………（19）
　　第二节　智能传播时代中身体与媒介互动的多维理解脉络 ………（21）
　　第三节　具身性混合研究方法视角 ………………………………（40）

第三章　传播中的身体与媒介互动模式演进 ………………………（50）
　　第一节　传播中的身体与媒介互动 ………………………………（51）
　　第二节　传播中身体与媒介互动模式演化 ………………………（59）
　　第三节　本章小结 …………………………………………………（79）

第四章　智能传播中身体与媒介强互动模式建构 …………………（80）
　　第一节　智能传播中主动的身体与媒介 …………………………（80）
　　第二节　智能传播中身体与媒介强互动模式建构 ………………（83）
　　第三节　本章小结 …………………………………………………（87）

第五章　人机互动:智能化新闻传播中的身体与媒介互动 …………（89）
　　第一节　智能化新闻场域的考察进路 ……………………………（90）
　　第二节　智能化新闻场域:理解智能化新闻传播 …………………（92）

第三节	多态身体:智能化新闻场域中主体的具身体现	(96)
第四节	作为媒介的人工智能:身体化+传播者	(99)
第五节	从去身体化到身体在场:智能化新闻场域中的人机互动逻辑	(101)
第六节	人机互动中的智能化新闻生产与传播特征	(108)
第七节	本章小结	(122)

第六章　具身互动:沉浸式娱乐传播中的身体与媒介互动 …… (124)
　　第一节　沉浸式娱乐传播的具身进路:从意识沉浸到具身沉浸 …… (125)
　　第二节　VR 游戏:沉浸式娱乐传播中身体与媒介的具身互动 …… (144)
　　第三节　VR 纪录片:沉浸式娱乐的互动叙事模式 …… (160)
　　第四节　本章小结 …… (167)

第七章　人机交往:智能化社交传播中的身体与媒介互动 …… (169)
　　第一节　智能化社交传播:理解社交机器人 …… (171)
　　第二节　社交机器人作为社交主体的合理性 …… (174)
　　第三节　交往身体:智能化社交中的身体存在状态 …… (178)
　　第四节　从人际交往到人机交往:智能传播中身体与媒介互动中的社交转向 …… (183)
　　第五节　智能传播时代的人机交往形态及浅层社会影响 …… (187)
　　第六节　本章小结 …… (207)

第八章　结论:智能传播中的身体与媒介互动
　　　　——具身存在 …… (209)
　　第一节　回归身体:传播中身体与媒介互动进化逻辑 …… (210)
　　第二节　具身存在:智能传播中身体与媒介互动本质 …… (212)
　　第三节　重新理解智能传播 …… (215)
　　第四节　意识互动:智能传播时代人机关系想象 …… (223)
　　第五节　未来研究之展望 …… (228)

附录 …… (232)
　　附录1　智能化新闻生产实践访谈基本提纲 …… (232)

附录 2　智能化媒介接触与使用调查报告 …………………（234）
附录 3　关于 VR 游戏玩家体验情况调查报告 ……………（241）
附录 4　智能语音机器人用户访谈人员表 …………………（247）
附录 5　智能语音机器人访谈基本提纲 ……………………（248）

参考文献 ………………………………………………………（249）

索引 ……………………………………………………………（265）

后记 ……………………………………………………………（271）

Content

Chapter One   Preface: The Bodily Perspective in Intelligent
                   Communication Research ·· (1)

  Section One   The Bodily Turn in the Landscape of Intelligent
                   Communication ··· (1)
  Section Two   Archaeology of the Body in Communication
                   Studies ··· (9)

Chapter Two   Intelligent Communication as an Interactive Process:
                   Understanding the Body-Media Interaction ··············· (19)

  Section One   Focusing on the Issue: How do Bodies and Media
                   Interact in the Era of Intelligent Communication?
                   In What Ways? How? ································· (19)
  Section Two   Multidimensional Understanding of Body-Media
                   Interaction in the Era of Intelligent Communication ······ (21)
  Section Three   Perspectives on Embodied Blended Research
                   Methods ·· (40)

Chapter Three   Evolution of Body-Media Interaction Models
                    in Communication ·· (50)

  Section One   Body-Media Interaction in Communication ············ (51)
  Section Two   Evolution of Body-Media Interaction Models
                   in Communication ·· (59)

Section Three　Summary ……………………………………………（79）

Chapter Four　Construction of Strong Body-Media Interaction Models in Intelligent Communication ………………………（80）

　　Section One　Active Bodies and Media in Intelligent
　　　　　　　　Communication ……………………………………（80）
　　Section Two　Construction of Strong Body-Media Interaction
　　　　　　　　Models in Intelligent Communication ………………（83）
　　Section Three　Summary ………………………………………（87）

Chapter Five　Human-Machine Interaction: Body-Media Interaction in Intelligent News Communication ……………………（89）

　　Section One　Examination Approaches to Intelligent News
　　　　　　　　Scene ………………………………………………（90）
　　Section Two　Intelligent Journalism: Understanding Intelligent
　　　　　　　　News Communication ………………………………（92）
　　Section Three　Diverse Bodies: Embodied Manifestations of Subjects
　　　　　　　　　in Intelligent News Scene …………………………（96）
　　Section Four　Artificial Intelligence as Media: Embodiment +
　　　　　　　　Communicators ……………………………………（99）
　　Section Five　From De-embodiment to Embodied Presence: Logic
　　　　　　　　of Human-Machine Interaction in Intelligent News
　　　　　　　　Sence ………………………………………………（101）
　　Section Six　Characteristics of Intelligent News Production and
　　　　　　　　Communication in Human-Machine Interaction ……（108）
　　Section Seven　Summary ………………………………………（122）

Chapter Six　Embodied Interaction: Body-Media Interaction in Immersive Entertainment Communication …………（124）

　　Section One　Embodied Approaches to Immersive Entertainment
　　　　　　　　Communication: From Conscious Immersion to
　　　　　　　　Embodied Immersion ………………………………（125）

Section Two　VR Games: Embodied Interaction of Body and Media in Immersive Entertainment Communication ……（144）

Section Three　VR Documentaries: Interactive Narrative Modes of Immersive Entertainment ………………………（160）

Section Four　Summary ………………………………………（167）

Chapter Seven　Human-Machine Communication: The Interaction of Body and Media in Intelligent Social Communication ……………………………………（169）

Section one　Understanding Social Robots in Intelligent Social Communication ………………………………（171）

Section Two　The Rationality of Social Robots as Social Subjects ………………………………………（174）

Section Three　Interpersonal Body: The State of Bodily Existence in Intelligent Social Interaction …………………（178）

Section Four　From Interpersonal Interaction to Human-Machine Interaction: The Social Turn in the Interaction of Body and Media in Intelligent Communication ……（183）

Section Five　Forms of Human-Machine Interaction in the Era of Intelligent Communication and Superficial Social Impacts ………………………………………（187）

Section Six　Summary ………………………………………（207）

Chapter Eight　Conclusion: Embodied Existence: the Interaction of Body and Media in Intelligent Communication ……（209）

Section One　Returning to the Body: The Evolutionary Logic of Body and Media Interaction in Communication …………（210）

Section Two　Embodied Existence: The Essence of Body and Media Interaction in Intelligent Communication …………（212）

Section Three　Rethinking the Concept of Intelligent Communication ………………………………（215）

Section Four　Conscious Interaction: Imagining Human-Machine Relationships in the Era of Intelligent Communication ……………… (223)

Section Five　Prospects for Future Research ……………… (228)

Appendix ……………………………………………………… (232)

Appendix 1　Basic Outline of Interviews for Intelligent News Production Practices ……………………………… (232)

Appendix 2　Report on Intelligent Media Contact and Usage Survey ………………………………………… (234)

Appendix 3　Report on VR Game Player Experience Survey …… (241)

Appendix 4　Table of Interviewees for Intelligent Voice Robot Users ……………………………………………… (247)

Appendix 5　Basic Outline of Interviews for Intelligent Voice Robots ……………………………………………… (248)

References ……………………………………………………… (249)

Index …………………………………………………………… (265)

Afterword ……………………………………………………… (271)

第一章　前言：智能传播研究中的身体视域

第一节　智能传播景观中的身体转向

一　智能传播景观扫描

自古以来，技术驱动下的交通工具、传播媒介等介质突破地域限制，对人类交往模式产生影响，马克思与恩格斯提出"用时间消灭空间"[1] 思想，凸显传播过程中技术工具的重要性，其中传播媒介以缩短时间来突破空间限制，而信息技术的更新迭代也在改变着人的时空观，这对传播模式及社会交往形态都将产生深远影响。纵观历史，人们正由"线下世界"转向"在线世界"。

19 世纪晚期至 20 世纪早期，电网的安装及汽车、城市街道与长途公路的出现带来人类的大规模流动，加速了整个人类社会发展进程，延伸了人们交往空间，人际传播走向大众传播；20 世纪晚期至今，互联网的诞生则为通信技术添砖加瓦，由模拟通信、数字通信走向移动通信，传播模式也随之发生改变，由线性传播模式转向点对点的互动式传播模式。移动互联网技术和人工智能技术的发展为传播提供了强有力的技术支持。尤其是 5G 时代的到来为用户突破时空限制的全新触网体验提供了技术保障。对于此，习近平总书记强调信息已经无所不在，并提出"四全媒体"的媒体发展理念，即"全程媒体、全息媒体、全员媒体、全效媒体"[2]。2019 年 6

---

[1] ［德］马克思、恩格斯：《马克思恩格斯全集》（第 46 卷下册），中共中央马克思恩格斯列宁斯大林著作编译局编译，人民出版社 1980 年版，第 33 页。
[2] 习近平：《加快推动媒体融合发展　构建全媒体传播格局》，《求是》2019 年第 6 期。

月6日，工信部正式向中国电信、中国移动、中国联通、中国广电发放5G商用牌照，中国正式进入5G商用元年[①]。5G是信息传输界的革命性升级，如果说1G到4G是增强人际沟通，那么5G则在于将人与物、物与物连接起来，开启"万物互联""万物智联"的新时代。根据IMT-2020 5G工作推进组所编写的《5G概念白皮书》，5G的技术优势在于："连续广域覆盖、热点高容量、低功耗大连接和低时延高可靠"[②]，以释放移动互联网及物联网的应用空间。2019年6月6日，工信部发放首批5G牌照，中国广电位列其中，这也充分表明新闻与传播应用场景对于5G落地的重要性。在此大背景下，人工智能、虚拟现实、大数据、物联网、区块链等各种智能化技术将在媒体中得到广泛与深度的应用，媒介趋于移动化、智能化与交互化，永久在线与永久连接将成为可能，"万物皆媒"的时代将要到来。

在这样的大环境下，人工智能、大数据、虚拟现实等各种智能化技术广泛应用于新闻与传播领域，"自动化新闻""VR游戏""智能助手"等热词不断涌现，智能化已经成为这个领域的发展趋势，并已经渗透到人们的日常生活中。以下这些场景可能已经成为一种日常生活经验：其一，新华社写稿机器人"快笔小新"在编辑好稿件后直接传给AI合成主播，由后者将其播出，而人则只需要点击"确认"按钮，远远观望机器的运行；其二，人们借助VR眼镜在家里可以对战乱地区的孩子所遭受的苦难感同身受，也可以戴着头戴式设备与自己深处异地的爱人一起畅游太空，还可以在电影院聆听大自然的声音；其三，我们在线下工作的同时，也能通过互联网获取信息或与他人联络。此外，未来可能还会出现这样的情形：人们可以随时通过与智能机器人与逝去的亲人对话，从而实现永生。随着技术的演进，人机交互不仅是一种技术特征，而且逐渐演变为人们在日常生活中身体与媒介的互动实践特征，上述情境中身体在"在场"与"离场"中穿梭就是一个体现，身体实践成为人机交互的表征，值得学界关注与探讨。

[①] 新华网：《我国正式进入5G商用元年》，2019年6月6日，https：//baike.baidu.com/reference/29780/9dfdMxRpCAmmtgElK9Qv4bv29cmlF3soie3y2dzYD_Ez8w4kOLLMN-J577M7jC3MccAhB4q7_g_BURjaPok3P6OYn3auP7ob0w7jD1taxvsCE7HoF3n1kEnbKUWOyOs。

[②] IMT 2020 5G 推进组：《5G概念白皮书》2015年2月。

二 身体：智能传播中人机交互的新视维

反观我国传播学研究，人机交互（Human-Computer Interaction）以人工智能为起点并成为传播学研究焦点，"人工智能+传播"成为社会科学学者探讨人机交互的研究路径，"智能传播"概念也开始若隐若现。一些学者仍延续"控制—反控制""有机体—无机体"[①]等人文主义或者传统传播学的研究路径来进行分析，亦有一些学者期望突破传统路径，仍从话语等形而上的视角来探讨人机关系。"智能传播""人机交互""身体"三者之间隐约存在一种联系。

1. 智能传播研究的宏观视野

随着技术的蓬勃发展，人工智能与传播的结合也成为必然，而且跳脱传统的传播学研究，趋于多维研究视野，主要从传播学出发，结合社会学、计算机科学、心理学等跨学科理论与实践，进而揭示人工智能与人类交流的勾连。其余大多数研究均以论文形式呈现，集中于以下几个方面：一是以现状和未来趋势的预测为主，学者殷乐持续关注智能化技术前沿动态，如聚焦于物联网[②]、虚拟现实[③]、智能音频[④]等智能化技术对于媒体及传播的影响，进而洞悉智能化技术应用对于媒体进化的影响[⑤]从学理层面来分析前沿技术应用案例与动态，为学界与业界提供前瞻性指导；二是主要集中于新闻领域，学者喻国明[⑥]关注人工智能对于新闻产制与传播的相关研究，侧重于生产实践现状的描述，为新闻业界改善智能新闻现状提供指南，学者彭兰[⑦]从媒介生态视角预测未来传媒固有边界的消失及新版图的重构；三是为人工智能相关研究注入价值性的反思并提供相关建议，从而探索人与机器关系，学者陈昌凤就强调智能信息传播中工具理性与价值

[①] 阴雅婷：《西方传播学对人机互动的研究及其启示》，《新闻界》2017年第2期。
[②] 殷乐：《物联网时代的媒体与传播》，《青年记者》2016年第33期。
[③] 殷乐、高慧敏：《虚拟现实与传播形态——国内外前沿应用案例分析》，《当代传播》2019年第1期。
[④] 殷乐：《欧美智能音频的使用及传播解析》，《青年记者》2019年第21期。
[⑤] 殷乐：《智能技术与媒体进化：国外相关实践探索与思考》，《新闻与写作》2016年第2期。
[⑥] 喻国明、侯伟鹏、程雪梅：《个性化新闻推送对新闻业务链的重塑》，《新闻记者》2017年第3期。
[⑦] 彭兰：《未来传媒生态：消失的边界与重构的版图》，《现代传播》（中国传媒大学学报）2017年第1期。

理性的交往与融合，认为人工智能应更多地体现人的主体性及价值观[1]；四是突破传统传播理论框架，学者李沁首次明确提出"沉浸传播"为第三媒介时代的传播范式[2]，独辟蹊径地对"沉浸传播"进行界定并探讨其特征及模式，系统、全面地建构沉浸传播的理论框架与体系。智能传播是人工智能在新闻传播领域中深化应用的结果，将成为继网络传播之后的新传播形态，这已经成为传播领域的一种发展趋势。"智能传播"概念在学界若隐若现，但目前仅出现于一些应用领域，还没有形成统一的概念，因此"智能传播"的相关研究着重于实践层面与伦理层面的论述。其一，倾向于从技术应用层面来构型智能传播体系，聚焦于机器人[3]、机器写作[4]、算法[5]、虚拟现实[6]等技术，围绕技术来分析其对于内容生产、传播渠道及传媒业的发展的影响。其二，将智能传播置于媒介伦理的视域下，关注人机关系[7]、新闻业规制[8]及算法伦理[9]等问题。其三，从媒介生态视域来考察智能传播对于渠道[10]、广告营销[11]及舆论等方面的影响。实践的积累将驱使智能传播的概念化，目前有学者也开始尝试定义"智能传播"以从学理层面把握其规律，有学者从智能化技术出发，将比照传统内容生产与传播方式来界定智能传播概念，认为以机器为节点成为传播新

---

[1] 陈昌凤、石泽：《技术与价值的理性交往：人工智能时代信息传播——算法推荐中工具理性与价值理性的思考》，《新闻战线》2017年第17期。
[2] 李沁：《沉浸传播：第三媒介时代的传播范式》，清华大学出版社2013年版，第141页。
[3] 张洪忠、段泽宁、韩秀：《异类还是共生：社交媒体中的社交机器人研究路径探讨》，《新闻界》2017年第2期。
[4] 何苑、张洪忠：《原理、现状与局限：机器写作在传媒业中的应用》，《新闻界》2018年第3期。
[5] Bastian, M., M. Makhort ykh & T. Dobber, "News Personalization for Peace: How al Gorithmic Recommendations Can Impact Conflict Coverage", *International Journal of Conflict Management*, Vol. 30, 2019, pp. 309–328.
[6] 李林容：《人工智能时代结构化传播环境及传播新路径的形成》，《出版发行研究》2018年第7期。
[7] 刘伟：《智能传播时代的人机融合思考》，《人民论坛·学术前沿》2018年第24期。
[8] 刘庆振：《智能传播：工业4.0时代传媒产业转型的新思维与新模式》，《教育传媒研究》2017年第6期。
[9] 董天策、何旭：《算法新闻的伦理审视》，《新闻界》2019年第1期。
[10] 张洪忠、石韦颖、韩晓乔：《从传播方式到形态：人工智能对传播渠道内涵的改变》，《中国记者》2018年第3期。
[11] 刘珊、黄升民：《人工智能：营销传播"数算力"时代的到来》，《现代传播》（中国传媒大学学报）2019年第1期。

特征①。还有学者②强调智能传播是智能化技术"嵌入"传统新闻生产与传播过程及整个新闻业态的一种信息呈现与传播方式。除此之外，也有学者从更深层的人机交互认知逻辑着手来探讨智能传播，智能传播已经改变了传统的交往方式，不仅包括人内传播、人际交往及人物（机）互动，为自我认知的一种新路径，其终极发展方向为"人机智能融合"③，并根据智能技术体演变的内在逻辑，即人机交互—人机融合—人机合一，来把握传媒的域定演变规律并发现呈现"线域定—隐线域定—超线域定"的演变路径④。然而，与此同时，也有学者认为"智能传播"难以成为普适性概念，因为智能传播基于人的智能行为，人的行为本身没有定法，虽然如此，但这也从侧面体现了智能传播与身体千丝万缕的联系。

2. 智能传播观中的人机交互思维

人工智能技术的更新迭代速度之快，智能传播一直处于动态发展中，这也使得学界与业界始终对其不可摹状，因此对于精准把握智能传播特征较为困难也是意料之中。然而，值得注意的是，人机交互的思维正开始显现。目前有学者开始尝试定义"智能传播"，大多数研究倾向于从技术应用的宏观层面来建构智能传播体系，具体呈现以下路径。其一，对于智能传播的认知从想象转向现实。"智能"与"传播"的结合首次出现于2011年肖荣春的文章《物联网：人类迈向智能的传播》⑤，这里"智能化"还是针对物联网对于未来传播形态的一种想象，提出"物体即信息"的设想。在此基础上，有学者从人本主义出发，进一步设想3G与4G网络建构的网络空间将成为"人性的智能空间"⑥。此后"智能"成为一种特征内嵌于媒介中，"智能手机""智能电视"⑦"智能终端"等媒介形态涌现，引起业界与学界关注。"智能传播"的术语也随之出现，学者郭全中对于

---

① 谭铁牛、曾静平：《智能传播的现实应用、理论溯源与未来构想》，《浙江传媒学院学报》2018年第2期。
② 曾静平：《智能传播的实践发展与理论体系初构》，《人民论坛·学术前沿》2018年第24期。
③ 刘伟：《智能传播时代的人机融合思考》，《人民论坛·学术前沿》2018年第24期。
④ 吕尚彬、黄荣：《智能技术体"域定"传媒的三重境界：未来世界传播图景展望》，《现代传播》（中国传媒大学学报）2018年第11期。
⑤ 肖荣春：《物联网：人类迈向智能的传播》，《声屏世界》2011年第2期。
⑥ 付玉辉：《智能传播空间的构建及其未来》，《互联网天地》2011年第8期。
⑦ 方兴东、李志敏、严峰：《智能电视时代新传播范式引发的产业变革之思考》，《电视研究》2013年第12期。

智能传播有较为全面的论述，基于大数据技术来界定智能传播模式，即"基于大数据的智能信息匹配"①，以对比网络传播模式来析出智能传播特征为"信息过载""多点对一点""高度透明""高度及时性与互动性""混合模式"。其二，学者对于智能传播的理解倾向于人文主义或技术主义两个极端。随着人工智能、虚拟现实、机器人技术的兴起并在各种政策的支持下开始广泛应用，智能传播的意涵也随之丰富，学者陈昌凤以历史观照未来，在互联网发展规律的基础上对于智能传播做出研判，"人联网"②成为智能传播的核心逻辑，又一次突出传播中"人"的主体性因素。还有学者则以机器为参照点来探讨智能传播主体的嬗变③，以人机共生及人机协同的视角来反思人类主体性。也有学者从技术决定论层面来理解智能传播，认为智能传播是以人工智能、物联网、虚拟现实、机器人等新技术为基础，由以人为节点转向以机器为节点，数据代替传统生产要素，以此来改变传统的传播方式④。然而，也有学者已经开始意识到传播中人机关系的重要作用，揭示出智能传播的实质是人机交互，并针对未来传播形态提出"人机智能融合"⑤的预判。总而言之，智能传播中人机交互思维已经浮现，然而学界对于智能传播的认知主要来自日新月异的技术，因此对智能传播的理解并不深刻。

3. 人机交互实践中身体的浮现

人机交互涉及学科广泛，根据研究发现主要涵盖四门学科，分别为人因工程/人机工程学、信息系统、计算机科学以及图书馆和信息科学，致力于计算机技术的设计与应用，尤其侧重于人（用户）与计算机之间的交互，而在计算机的普及与广泛应用的大环境下，人机交互已经不是计算机技术的专属，而蔓延至整个信息技术设计，成为自然科学与社会科学学界关注的焦点。1959 年，美国学者布赖恩·沙克尔（Brian Shackel）从计算机运行简化将如何缓解身体疲劳的视角出发来分析人机界面⑥，这拉开了

---

① 郭全中：《大数据时代下的智能传播及其盈利模式》，《新闻爱好者》2015 年第 1 期。
② 陈昌凤：《未来的智能传播：从"互联网"到"人联网"》，《人民论坛·学术前沿》2017 年第 23 期。
③ 程明、赵静宜：《论智能传播时代的传播主体与主体认知》，《新闻与传播评论》2020 年第 1 期。
④ 谭铁牛、曾静平：《智能传播的现实应用、理论溯源与未来构想》，《浙江传媒学院学报》2018 年第 2 期。
⑤ 刘伟：《智能传播时代的人机融合思考》，《人民论坛·学术前沿》2018 年第 24 期。
⑥ Shackel, B., "Ergonomics for a computer", *Design*, Vol. 120, 1959, pp. 36–39.

人机交互研究的序幕。在 21 世纪第一批数字计算机出现之前，技术的进步催生两个研究方向：一个方向专注于人类所使用的更有效工具；另一个方向是探究更有效的信息呈现与传播方式，这两个方向促进了人机交互的发展。在互联网时代，传播学更加关注以网络为主的数字媒介，因此人机交互的研究也可以借鉴大众传播的研究方法[1]。一些传播学者也注意到人机交互对于新闻与传播领域存在影响，认为在人工智能时代"人机交互"将重构新闻专业主义[2]，其他相关研究均沿袭其在自然科学的研究范式，将其作为数字化时代的媒介设计方式之一来进行探讨。然而，随着智能化界面的日益盛行，人机交互成为身体存在的常态并嵌入人们的日常生活中，成为传播的一种特征或将成为传播本身，由随处可见正变得隐性化与常态化，因此在新闻与传播领域中探讨人机交互的重要性与必要性也日渐凸显，这从人机交互的发展史中可以窥见其趋势。

身体在人机交互进化中凸显。人机交互正经历着一个快速发展时期。人机交互遵循人与计算机相互适应的演变逻辑，而关键在于界面的主动性，主要体现为对于身体感官的全面响应，从听觉、视觉到触觉功能全面激活身体。随着人工智能、虚拟现实及物联网等智能化技术的广泛应用，手机、笔记本电脑等移动设备都支持多点触摸功能，手可以直接操纵屏幕上的虚拟物体，摆脱用鼠标指向和点击屏幕内容的交互方式点击，如可以摇动手机切换歌曲，也可以水平移动手机来拍全景图像，还可以通过身体动作（姿态）与游戏中的物体互动并给予其指令。未来，鼠标、键盘和操纵杆设备仍将继续占据主导地位，然而有形、可见的界面正趋于无形，个人身体直接与信息建立关联，这正迅速改变媒介生态。简言之，这些新交互模式可以将身体动作直接映射到交互空间，而非被迫使用分离的（鼠标）和/或任意的（键盘和操纵杆）感觉运动映射来实现交互目的，而且这些新型界面易于操作并且与认知密切相关，借助于身体的感觉和运动系统来与内容建立关系。显然，从"信息显示"到"体验交互"，这是人机交互界面身体化的一种表现，身体已经卷入其中，或者说身体开始浮现。

---

[1] Jacko, Julie A., *Human-Computer Interaction Handbook: Fundamentals, Evolving Technologies, and Emerging Applications (Third Edition)*, Boca Raton: CRC Press Inc., 2012, p. liv.
[2] 喻国明、侯伟鹏、程雪梅：《"人机交互"：重构新闻专业主义的法律问题与伦理逻辑》，《郑州大学学报》（哲学社会科学版）2018 年第 5 期。

4. 身体在传统传播学研究中的缺失

"身体"自古以来是哲学的专属，而且是一个颇具争议的话题，之后在社会学中也开始延续。无论是笛卡尔的"身心二元论学说"，还是现象学家梅洛-庞蒂提出的"知觉主体"，身体都是研究主题。"身体"相关的社会理论大规模兴起于20世纪80年代，并且赢得社会科学和人文科学学者的广泛关注，时至今日已经成为一项重大的思想主题，结构主义与后现代主义、现象学、女性主义、社会生物学、社会学均有探索，大致可以分为两种理论脉络：一种是"结构模式"[1]，即身体是社会结构、权力建构的结果，注重社会建构要素层面的分析；另一种是"行为模式"，即身体是一种社会现象[2]，更关注日常生活中的身体实践行为，强调了身体是物质与精神的统一体。哲学与社会学的身体观脉络在传播学领域中虽得到延续，然而整体来看，传播研究对于身体问题的观照较少，尤其在大众传播研究中，无论是哥伦比亚学派的使用与满足，还是芝加哥学派的象征互动论，抑或是多伦多学派的媒介技术论，以及法兰克福学派的文化批判，均是以媒介为主题，在媒介、人与社会相互作用的范式下来进行思考，对"人"的解读通常置于价值认同与意义追寻范畴中，虽然麦克卢汉首次明确、系统地提出身体问题，但是仍以媒介为前提，大部分时候身体以一种意象而存在。然而，身体被忽视的一个关键原因在于，主流传播学中身体处于离身状态，传播的目的之一就在于摆脱物质身体的束缚，所以传播也是人与人在精神层面的交往与互动。随着智能化趋势的凸显，人机交互成为新交往关系的表征，而身体作为理解人机交互的关键，也为传播研究提供了新视角。

综上观之，人机交互是指人与计算机及智能设备的交互，遵循鼠标/键盘、触摸、语音交互模式的演变逻辑，身体知觉开始"嵌入"到人机交互的界面中，与媒介相互交织，这种现象在逐渐影响着人们对于智能传播的理解与建构，我们从中发现，人机交互的传播逻辑演变为身体与媒介的互动，而人机交互的本质是人与技术的关系，显然，身体与媒介的互动成为人机交互及人与技术关系的折中体现。本书主要聚焦于智能传播场景中

---

[1] 赵方杜：《身体社会学：理解当代社会的新视阈》，《华东理工大学学报》2012年第4期。
[2] [英] 克里斯·希林：《文化、技术与社会中的身体》，李康译，北京大学出版社2011年版，第51页。

的身体与媒介互动实践，以身体作为突破口，来考察身体与媒介的互动关系，进而理解智能传播中的人机交互核心思维，为切实理解智能传播提供一种新思路。

第二节 传播学中的身体观考古

在传播学领域中，人机交互则可以聚焦于身体与媒介的互动。对于智能传播时代身体与媒介互动这个主题，本书也围绕"智能传播""身体""身体与媒介关系"等核心概念来梳理国外现象学、社会学及传播学领域中传播、媒介、技术与身体的相关理论思想，以了解当前研究现状。

一 从哲学与现象学到传播学："身体"研究的缘起及发展脉络

1. 哲学与现象学中的身体观

"身体"自古以来是哲学的专属并且颇具争议。在西方思想中居于支配地位的物质肉身的相关观点，最早可以追溯至古希腊。身体（body）一词源自"soma"（躯壳），苏格拉底把身体视为我们获取知识的障碍，柏拉图则为身体与坟墓（soma）以及洞穴建立关联，并认为它是豢养或者说囚禁灵魂的躯壳[1]，笛卡尔"身心二元论学说"创立，标志着身体第一次在西方哲学中亮相，但这些"身体观"都是将身体置于心灵的对立面。也有一些思想家是身体贬损潮流中的一股清泉，如霍布斯、德·迈斯特、费尔巴哈、尼采、胡塞尔等人对于理性的反转，尤其胡塞尔反对康德先验主体的抽象化并认为先验主体是"具体和有限的主体"[2]。基于此，德国学者海德格尔延续胡塞尔的主体性思想并拓展，强调身体的空间性，尤其是20世纪之后，法国现象学中的亨利、梅洛-庞蒂、列维纳斯从现象学出发来

---

[1] ［日］木庭康树：《柏拉图后期对话篇中"身体"（soma）的原理性特征——柏拉图体育论再考的前提》，《体育学刊》2009年第10期。
[2] ［丹］丹·扎哈维：《胡塞尔现象学》，李忠伟译，上海世纪出版社2007年版，第115页。

拓展对于身体的理解维度，身体研究才出现新突破。值得关注的是，梅洛－庞蒂的现象学理论认为，现象的身体为知觉主体，身体成为我们认知世界的"开口"，存在于世的"载体"以及与世界对话的途径①，这是较为明确地从哲学视角将身体与媒介联系在一起的论述。唐·伊德以梅洛－庞蒂的思想为基础进一步提出"技术身体"，并形成人与技术的"具身关系"②。

2. 社会学中的身体观

"身体"在社会学中的兴起相较于哲学也比较晚，从哲学的社会源头来看社会学中的身体问题，马克思、齐美尔、涂尔干、韦伯、戈夫曼等人都被认为是挖掘身体"被掩盖的历史"的主要理论家，他们都承认，身体的生成与社会既有结构的影响。目前，主要分为三种主导理论，其一为社会建构论，分析各种规制下的身体，如特纳的"身体秩序"③及福柯对于身体的"规训"与"惩戒"④都是该理论脉络最好的体现；其二，以行动或现象学为导向的思路则强调"生命态身体"，现象学对该理论脉络的影响较大，梅洛－庞蒂的"身体存在于世"与莱德"隐身"又"现身"⑤是该理论脉络的主要来源，使得身体摆脱了片面的个体观，即个体受政治规制或话语规制的秩序化力量的影响，如奥尼尔的"五态身体论"⑥就是将身体视为一种现象学体验来探讨，摒弃了将身体作为肉身或符号的路数。其三，结构化理论中的身体观则侧重于身体的社会意义方面，即强调身体与社会相互建构的过程，吉登斯与布尔迪厄是该理论脉络的先驱，戈夫曼的互动秩序理论⑦认为互动中位于体验"前台"的身体实践均是自我意识维系的手段，这也强调了身体与世界及自我认知的关系。

---

① ［英］克里斯·希林：《文化、技术与社会中的身体》，李康译，北京大学出版社2011年版，第59页。
② Ihde, D., *Technology and the Lifeworld: From Garden to Earth*, Bloomington: Indiana University Press, 1990, p.40.
③ ［英］布莱恩·特纳：《身体与社会》，马海良、赵国新译，春风文艺出版社2000年版，第155页。
④ ［法］米歇尔·福柯：《规训与惩罚》，刘北成、杨远婴译，生活·读书·新知三联书店2003年版，第3页。
⑤ Leder, D., *The Absent Body*, Chicago: University of Chicago Press, 1990, p.84.
⑥ ［美］约翰·奥尼尔：《身体形态：现代社会的五种身体》，张旭春译，春风文艺出版社1999年版，第3页。
⑦ Goffman, E., "Embarrassment and social organization", *American Journal of Sociology*, Vol. 3, 1965, pp. 264–271.

3. 传播学中的身体观

传播学自然也不会忽略这一主题,但是相对其他学科而言,对"身体"主题的研究较晚也较少,但仍然有迹可循。国外学者首当其冲要提到马歇尔·麦克卢汉,他是传播研究中最早明确提及身体问题的学者,其最知名观点莫过于"媒介即人的延伸",将媒介与身体联系起来则成为麦克卢汉理论的亮点,他还认为任何延伸都是"自我截除"[1],隐约折射出技术对人影响的忧虑,从侧面凸显人在传播中的重要性。之后,麦克卢汉的延伸三段论——媒介正完成从肢体、中枢神经系统及意识的全方位得到了保罗·莱文森的进一步论证和拓展,后者提到媒介技术的演化方向体现为"人性化趋势"[2],即旨在恢复人的前现代传播方式,但对于身体、媒介及传播之间的关系也没有深入讨论。然而,德国媒介技术学者弗里德里希·基特勒(Friedrich Kittler)的观点与麦克卢汉相对,认为麦克卢汉并非从技术视角来探究身体,而是立足身体维度来考察技术,与之相比,基特勒为绝对的"技术决定论"者,从后结构主义视角认为人与机器界限模糊,技术的主体性地位逐渐超人[3],而且从技术视角来探究身体,认为人类主体、智能化信息客体均与技术密切相关,这一观点显然将身体置于技术环境中来探讨,身体及人性因为技术才会凸显意义。然而,我们发现,传播学中麦克卢汉开辟了身体—媒介的研究视域,丰富了身体社会学研究的媒介技术路径,从而也拓展了媒介理论与传播理论中身体研究的"具身化"视角。

国内传播学者系统化阐述身体问题的专著并不多,其中仅有赵建国的《身体传播》,从理论与实践两个层面系统探讨了身体传播概念[4],将身体作为媒介,以此来考察传播态势。其余相关研究均为论文,主要有以下几个层面:一是从传播学视角来对人类身体进行界定,认为人的身体是媒介[5]或是叙事方式[6];二是对身体与媒介、技术、传播形态及社会行为方式

---

[1] [加] 马歇尔·麦克卢汉:《理解媒介:论人的延伸》,何道宽译,译林出版社 2019 年版,第 59 页。
[2] [美] 保罗·莱文森:《思想无羁》,何道宽译,南京大学出版社 2003 年版,第 233 页。
[3] [德] 弗里德里希·基特勒:《留声机、电影、打字机》,邢春丽译,复旦大学出版社 2017 年版,第 3 页。
[4] 赵建国:《身体传播》,社会科学文献出版社 2018 年版,第 1—3 页。
[5] 刘海龙:《传播中的身体问题与传播研究的未来》,《国际新闻界》2018 年第 2 期。
[6] 郑大群:《论传播形态中的身体叙事》,《学术界》2005 年第 5 期。

的关系进行探讨，认为"会出现身体媒介文化"，通过分析身体、符号与媒介的关系，进而探讨身体在人类传播系统的作用及相互关系的演变[①]，还认为"技术是人体感知框架的表征"[②]，还有学者以麦克卢汉的身体观为焦点或基准点来探究当前身体与媒介的关系及相应传播的研究现状[③]；三是对身体、技术和传播之间的关系态势进行预测，认为身体在场状态终将回归[④]，计算机界面走向人化[⑤]。除此之外，国内传播学者的研究也有转向"身体"的趋势，纷纷引入新视角来探讨传播学中的身体问题，刘海龙则是较早关注传播学中身体问题[⑥]的学者，从具身认知视角强调人们对于技术"嵌入"后身体缺席产生焦虑，这从反面表明身体在场更具传播价值[⑦]。孙玮则从后人类学的理论视野来探讨媒介与身体的关系，而赛博人就是人与技术融合的产物[⑧]，也强调传播是编织社会关系网络的身体实践，智能身体则成为一种身体形态，终归会成为智能主体[⑨]。然而，也有学者从控制论的视角认为"当人与媒介的这种延伸进行下去，会有一个逆转，人会变成媒介的延伸"[⑩]，这与法国哲学家拉·梅特丽的"人是机器"[⑪]观点有相似之处。值得关注的是，学界也尝试开始引入现象学来分析身体、传播、媒介的关系，有学者将身体作为切入点来探讨其对于人际关系的影响[⑫]，这是一个反思媒介技术史与传播关系的良好开端，但是其观点仍然是将身体视为一种符号，这并没有还原到现象学本源。无论如何，身体无

[①] 王彬：《身体、符号与媒介》，《中国青年研究》2011年第2期。
[②] 梁国伟、侯薇：《虚拟现实：表征身体传播无限开放性的符号形式》，《现代传播》2008年第3期。
[③] 刘婷、张卓：《身体—媒介/技术：麦克卢汉思想被忽视的维度》，《新闻与传播研究》2018年第5期。
[④] 赵建国：《身体在场与不在场的传播意义》，《现代传播》2015年第8期。
[⑤] 毛璐璐：《网络传播中的身体界面研究》，硕士学位论文，哈尔滨工业大学，2007年，第51页。
[⑥] 刘海龙：《传播中的身体问题与传播研究的未来》，《国际新闻界》2018年第2期。
[⑦] 刘海龙、束开荣：《具身性与传播研究的身体观念——知觉现象学与认知科学的视角》，《兰州大学学报》（社会科学版）2019年第2期。
[⑧] 孙玮：《赛博人：后人类时代的媒介融合》，《新闻记者》2018年第6期。
[⑨] 孙玮：《交流者的身体：传播与在场——意识主体、身体—主体、智能主体的演变》，《国际新闻界》2018年第12期。
[⑩] 李沁：《沉浸媒介：重新定义媒介概念的内涵和外延》，《国际新闻界》2017年第8期。
[⑪] [法]拉·梅特里：《人是机器》，顾寿观译，商务印书馆2017年版，第3页。
[⑫] 姚晓鸥：《面容媒介、道德意识与人际交往关系：基于现象学的交互主体性分析》，《新闻与传播研究》2020年第1期。

疑是观察传播的新视角,有学者则根据身体在传播互动中参与性的高低来判定媒介形态,即"身体媒介""无身体媒介""身体化媒介",以此来分析媒介伦理的变迁①。

由此可见,无论是身体在场,还是媒介与身体之间的摇摆,身体在传播学研究中的重要性日渐凸显,而且学界已经开始关注身体,因此传播研究回归身体也是一种必然。

二 从身心二元论到后人类:身体形态分类研究

关于身体形态,不同领域的分类标准不同,因此对于身体形态的分类也不相同,但整体随着技术的演变,身体形态的分类也呈进化态势。最早笛卡尔在《第六沉思》中关于身体的论述指出,身体是"客观身体"②,具有可分性和外在性。在此基础上,梅洛-庞蒂从生理学与心理学视角重新定义身体,提出"现象身体"概念,即指知觉经验中显现的身体③,强调身体的体验性与知觉性。然而,福柯与艾利亚斯则认为身体不仅是纯粹的肉身,还是一种文化符号,二者的不同在于,前者是从外部体系来看秩序化的身体,而后者则是从自身来探寻自我生成过程。基于此,技术哲学家唐·伊德则嵌入技术因素对身体重新分类,他的"三个身体理论"就打破了以往的"主体性"来凸显"具身性"概念,根据技术现象学者杨庆峰的观点,他将伊德的三个身体具体化为"物质身体""文化身体"和"技术身体",其中物质身体为"肉身意义上的身体",文化身体是"社会文化意义上的身体",包括文化、性别、政治等身体,技术身体是指在技术的关系中以技术或技术化人工物为中介建立起的存在物④。其中与伊德"具身性"概念有密切关联的是安德鲁·芬博格(Andrew Feenberg),他将身体分为"感官身体""文化建构的身体""依赖性身体"及"延伸的身体"

---

① 刘明洋、王鸿坤:《从"身体媒介"到"类身体媒介"的媒介伦理变迁》,《新闻记者》2019年第5期。
② 刘胜利:《身体、空间与科学——梅洛-庞蒂的空间现象学研究》,江苏人民出版社2015年版,第101页。
③ [法]莫里斯·梅洛-庞蒂:《知觉现象学》,姜志辉译,商务印书馆2001年版,第126—127页。
④ 杨庆峰:《翱翔的信天翁:唐·伊德技术现象学研究》,中国社会科学出版社2015年版,第93页。

四种形态,其中"延伸的身体"与伊德的"具身性"概念有相似之处,都是强调在技术作用下"身体"的另一种形态。从整个身体形态的分类来看,随着技术的进步,"身体"概念的外延也在不断地拓展,到今天的人工智能时代,人们的"身体"是多种身体形态的融合,而非单一的某种形态,因此美国哲学家唐娜·哈拉维指出,未来人都将成为"机器与机体的混合体"[①],最终演变为一种"生控体",即动物与人、有机体(动物+人)与机器、物理与非物理的消融和融合,该论调在当时可能还是一种预测,然而时至今日,伴随着各种"黑科技"的出现,人类正逐渐转向"后人类"。

三 身体与媒介的博弈:身体与媒介关系渊源

自技术诞生起,人类原始的生态环境就被打破,而身体也不得不重新适应环境,人与机器的关系成为学者们一直关注的焦点,进而延伸出技术与身体的关系,而这里的技术主要探讨的是具体技术及其实际应用。在社会学中,主要有以下研究取向:其一是将身体视作技术源泉,如马克思与恩格斯[②]率先将关于人性的观点定调于身体观,身体成为干预环境、技术生产的源泉。但是,这个观点并没有考虑动态性发展,鉴于此,齐美尔则另辟蹊径,提出要以发展的眼光来看待身体、技术和环境之间的关系。其二,身体成为技术的定位场所,即技术已经为"具身性"个体的行动和特性/身份打上烙印,有学者认为这种关系的特点在于技术驱动下的信息系统成为权力和生产权力分配的根源,而且使得经济与政治产生新的不均衡分配[③]。其三,强调技术化身体的定位,费瑟斯通认为技术交互能够弥补身体机能的局限[④],技术已经成为身体发展的一种替代性解决方案;也有学者认为,技术有助于人类拓展自己的身体,还可以产生共同体效应,这

---

① [美]史蒂文·塞德曼:《后现代转向"引言"》,吴世雄等译,辽宁教育出版社2001年版,第137页。
② [英]克里斯·希林:《文化、技术与社会中的身体》,李康译,北京大学出版社2011年版,第117页。
③ [英]克里斯·希林:《文化、技术与社会中的身体》,李康译,北京大学出版社2011年版,第182页。
④ Featherstone, M. & A. Wernick, *The Body: Social Process and Cultural Theory*, London: Sage, 1991, p.162.

主要是针对当前以互联网为基础的虚拟空间中形成的共同体，这里为复数意义的身体，有学者进一步对于"虚拟共同体"做出界定，并认为人们通过网络空间参与公共讨论并产生人际关系网，进而形成社会凝聚力，整体来看，技术与身体是处于一种交互演进的关系。除社会学外，信息论与控制论的相关学者尤其关注技术作用下的身体，如代表人物维纳强调"动物、人类及机器被当作平等的控制论系统来对待"[1]，并且还得出论断，即"因为人类和机器有时候行为相似，他们在本质上是相像的"[2]，显然身体有机体与机器关系的比较也体现了人与技术的对等关系。那么在人工智能这种类人化技术广泛应用的当下，人与机器如何相处？技术与身体的关系又如何？这些问题已经得到学界关注并亟待从中找寻答案。

技术是媒介演进的动力，这总是会让媒介领域的研究者着迷，媒介技术学派研究者尤其如此，以哈罗德·英尼斯、马歇尔·麦克卢汉、尼尔·波兹曼、保罗·莱文森为代表人物。以下基于麦克卢汉媒介技术的演化逻辑，笔者结合媒介技术的发展实践来梳理媒介及与身体关系的相关研究。

1. 身体即媒介

在没有技术嵌入的原始社会阶段，人类本身被视为一种媒介，现象学家梅洛-庞蒂认为"身体是我们了解世界的一般媒介"，克劳斯·布鲁恩·延森将身体等同于物理平台，可以发挥唱歌、演讲、舞蹈、绘画等多种内在功能[3]。例如，在与人们面对面交流的过程中，身体可以被看作视听媒介，因为在这个过程中我们无法做到视而不见，也无法被别人视而不见[4]。从原始社会和史前社会的文献研究中发现，人类以人的口腔器官为载体来传递信息，因为尽管典型的尼安德特人还并不具备现代语言能力，但语言器官已进化到一定程度，为他们进行语言交际奠定基础[5]，这充分表明身体的语言器官是人类

---

[1] [美]凯瑟琳·海勒：《我们何以成为后人类：文学、信息科学和控制论中的虚拟身体》，刘宇清译，北京大学出版社2017年版，第123页。

[2] [美]凯瑟琳·海勒：《我们何以成为后人类：文学、信息科学和控制论中的虚拟身体》，刘宇清译，北京大学出版社2017年版，第124页。

[3] [丹]克劳斯·布鲁恩·延森：《媒介融合：网络传播、大众传播和人际传播的三重维度》，刘君译，复旦大学出版社2012年版，第69页。

[4] Watzlawick, P., J. H. Beavin & D. D. Jackson, *Pragmatics of Human Communication: A Study of Interactional Patterns, Pathologies, and Paradoxes*, New York: Norton, 1967, p.49.

[5] [苏]叶·潘诺夫：《信号·符号·语言》，王仲宣译，生活·读书·新知三联书店1991年版，第76页。

口头传播的主要信息载体。由此可见，在原始状态下，大脑与各部分感官是信息传播的主要载体，身体即媒介，媒介即身体，二者为一个统一体且不可分离，各种感官之间处于平衡状态，由此产生一种"原始全息的传播系统"，此时人与人之间的交流以面对面为主，在传播过程中人们更关注彼此的身体特征变化，身体处于一种显性、主体地位。

2. 媒介代替部分身体

人类传播技术发展的根本驱动力在于传播系统不足的动态性弥补，而技术的出现则加强了人们对于交往的渴望。文字的出现使得人类传播发生革命性的变革，而造纸术与印刷术的驱动则为书写媒介的诞生提供技术保障，因此媒介与身体关系的探讨也成为学者们关注的焦点，人们对此观点不一。一方面，承认书写媒介出现后延伸了大脑的信息存储能力，强化人的记忆，还拓展了人的视觉范围，并且身体可以被"移植"到过去或未来的情境中，如斯宾格勒认为"听"与"说"的发生存在时空局限性，然而文字的出现则为人与人之间的广泛交流提供契机，人们可以与陌生人及未出生者说话，甚至一个人的声音可以被永久性保存。[1] 显然，面对面的交流已经不再纯粹，身体并非唯一的交流方式和对象，拓展了人类交往的空间维度，这对整个人类传播史而言是一个转折点。另一方面，学者隐隐表达出对书写媒介出现后身体地位下降的担忧，如加拿大传播学者尼尔·波兹曼认为印刷书籍的诞生也增加了读者的孤独感及永久性凝视[2]，因为在书写传播中，人们的口腔无须发声，对于媒介的反应从社会环境转向内心世界。由此可见，身体开始处于更加隐性、被动的地位，这时候的身体已经不再是完整的传播媒介，身体感官之间开始出现失衡，口腔作为媒介的功能已经退化，如大脑与眼睛在文字传播中的作用更加凸显。此外，还有学者关注这一时期媒介与身体发生变化后传播方式及社会交往形式的变化，越来越趋向于基于文字的"无声交流"，人们交往的时效性较面对面交流有所降低。莱文森认为，从文字到印刷术，传播距离也在逐渐拉长，这也阻碍了知识生产阶段的头脑风暴及想象的互动，而且同场域中的知识传播发生在之前的思想碰撞与观点交流已荡然无存[3]，

---

[1] ［德］奥斯瓦尔德·斯宾格勒：《西方的没落》上册，齐世荣等译，商务印书馆1963年版，第280页。
[2] ［美］尼尔·波兹曼：《童年的消逝》，吴燕莛译，广西师范大学出版社2004年版，第40页。
[3] ［美］保罗·莱文森：《思想无羁》，何道宽译，南京大学出版社2003年版，第78页。

波兹曼也颇有此意,他从社会视野切入来分析人们认知方式的变化,认为人们期待不被外界打扰并沉浸于阅读过程中,如此读者与作者达成新的共识:集体对抗社会参与和社会意识①。虽然人际交流的时效性有所降低,但是改变了人们的认知方式,这也催生了报纸这种新媒介,然而麦克卢认为书写和印刷传播将事件从环境中抽象出来并重新对其进行逻辑性分析与组织,由此产生的认知模式与格式塔式的认知模式相比并不能覆盖全局②。然而,无论怎样,书写媒介是人类认知、启蒙与发展的主要工具,而文字则作为一种媒介的出现是对视觉与大脑的首次延伸,身体的主体性地位开始下降,且受到媒介的"规训",人们根据媒介形态开始调整身体感官的"介入"比例,从而达到身体系统与书写媒介的平衡与融合。

3. 媒介全面延伸身体

"大众媒介"现在已经成为一个习以为常的概念,而作为术语最早出现于20世纪60年代初期③,广播、电视等传统电子媒介的出现推动了这一概念的发展。最主要的观点为麦克卢汉的"媒介即人的延伸"④,甚至进一步提出"电子媒介是中枢神经系统的延伸"⑤,这体现出麦克卢汉认为人是中枢神经系统与身体器官的融合,因此"人的延伸"也体现于随着电子媒介的诞生与蓬勃发展延伸至产生感知与意识的中枢神经系统中,这是一个从部分到整体的过程。这一观点强调媒介是人的一切外化、延伸与产出,是身体与身体之间的一种衔接,但实际强调技术对身体的影响,身体在这个过程中处于一种被动状态,等待技术的解救并继续发挥其功能,但也隐约折射出技术对人影响的忧虑,从侧面凸显人在传播中的重要性。除此之外,麦克卢汉在欢呼电子文化来临的同时也认为,偏向视觉与机械的古登堡时代已经逝去,人们从注重逻辑思维、线性思维转向感知与整体思

---

① [美]尼尔·波兹曼:《童年的消逝》,吴燕莛译,广西师范大学出版社2004年版,第40页。
② Levinson, P., "McLuhan and Rationality", *Journal of Communication*, Vol. 31, 1981, pp. 179 – 188.
③ Scannell, P., "History, Media, and Communication", In K. B. Jensen (Ed.), *A Handbook of Media and Communication Research: Qualitative and Quantitative Methodologies*, London: Routledge, 2002.
④ [加]马歇尔·麦克卢汉:《理解媒介:论人的延伸》(55周年增订本),何道宽译,译林出版社2019年版,第33页。
⑤ [加]马歇尔·麦克卢汉:《理解媒介:论人的延伸》,何道宽译,商务印书馆2000年版,第75页。

维,因此电子时代的人是"信息采集人"[①],也即"电子人"。上述观点表明,媒介与身体重新组合之后,人演变为与信息密不可分的"电子人",人与人之间的连接得以强化,并重新构建了社会交往空间。同时,彼得斯认为,面孔、行动、声音、思想及互动等身体实践开始转移到媒介中,媒介可以替代身体而呈现个性与人格并以标记形式来对其进行传播,"交流已经成为脱离人体的东西"[②]。由此可见,在网络时代,媒介已经完成了人类的整体延伸,并开始独立于身体本体而存在,以身体作为发展方向。

---

① [加]埃里克·麦克卢汉、弗兰克·秦格龙:《麦克卢汉精粹》,何道宽译,南京大学出版社 2000 年版,第 10 页。
② [美]约翰·彼得斯:《交流的无奈——传播思想史》,何道宽译,华夏出版社 2003 年版,第 251 页。

第二章 智能传播是一个互动过程：身体与媒介互动意义如何

以人机交互为基础的智能传播亦是一个互动过程，而从技术交互机理到社会交往机制的生成也是智能传播意义生成的过程。然而，身体与媒介互动是探讨传播中互动意义的一个折中维度，因为这为计算科学、传播学、社会学之间的对话提供了入口，这也是智能传播时代中理论与实践的需求。

第一节 聚焦问题：智能传播时代中身体与媒介如何互动？以何互动？互动如何？

从人工智能的视角来看，目前国内人工智能的研究主要集中于现状的描述，流于对传媒业界实践的梳理及伦理性的思考，而对于传播学理层面的探讨较少，还是难以从中把握未来发展态势。此外，学者牟怡虽有系统探讨人工智能时代的传播模式，但是整体沿用传播学研究范式，对于"身体"在传播中的突出地位并没有给予特别关注。

从身体视角来看，与其他领域相比较，除麦克卢汉立足身体视域来考察整个媒介生态环境外，其他学者囿于功能主义视角，对于身体的把握并不确定和全面，或把身体作为叙事媒介，或者身体成为媒介实践的参与主体及进入感知环境的载体，抑或者以身体美学来观照，总而言之，现代传播体系中缺乏身体在场的相关理论，身体通常处于被忽略的地位，被视为传者与受者的虚拟符号与社会身份，抑或被理解为无须交流的躯壳，而且随着身体在场的呼吁，关于身体维度的人机关系研究也成为学界的一种期待。

从人机交互视域看，相关研究大多数为技术层面的探讨，但是其人文社会思考的重要性日益凸显，尤其人机交互已经成为智能化传播的一种新常态，目前新闻与传播学领域的学者也已经注意到这一现象，但整体相关研究较少或对于人机交互的探讨还不够深入，即使有学者关注，也仍是囿于人机交互的技术框架来探讨智能化传播实践，而身体与媒介的互动是人机交互在传播领域中的映射，而目前学者对于传播学领域中人机交互的核心要素"身体"与"媒介"之间互动关系的研究较少。

从研究方法与研究视角来看，通过文献梳理发现，关于智能传播与人机交互的研究都基于既有的传播学理论资源，然而在大融合的时代，本专业理论已经不足以阐释问题，尤其是综上所述发现"身体"相关理论的缺失，而随着技术的不断融合，传播学中的身体视角凸显，但与现象学和社会学的身体理论相比较则欠成熟。鉴于此，笔者拟采用现象学、社会学的身体理论来与媒介相关理论与实践进行对话。

在智能传播时代，人机交互对于智能传播形态的建构至关重要，身体与媒介则成为智能传播中人机交互的核心要素，人机交互实则为身体与媒介的互动。基于上述内容，本书主要采用现象学、媒介技术论及社会学等跨学科视角，在智能化技术应用的大背景下来探讨身体与媒介之间的互动关系及其对于传播形态的影响，进而对于社会交往形态的影响。在此基础上，那么智能传播时代中身体与媒介的互动关系为何？如何互动？互动如何？从而衍生出系列问题：

1. 传播中媒介与身体互动逻辑及其合理性如何？
2. 从历时性来看，身体与媒介互动是否为一种历史的延续？
3. 从共时性来看，聚焦于智能传播时代，以人类需求为核心的新闻、娱乐、社交的不同场景中媒介与身体互动模式如何？
    （1）身体有哪些形态？
    （2）各种身体形态与媒介之间的互动本质及特征如何？
    （3）对于各自传播形态有何影响？
4. 身体与媒介互动对于智能传播的理解有何影响？
5. 未来人机关系如何？

第二节 智能传播时代中身体与媒介互动的多维理解脉络

围绕上述文献综述及研究问题,在传播学研究中身体处于被动、遮蔽的状态,而且随着媒介逐渐转向身体,身体与媒介的互动性也开始呈现"具身性"特征,因此从身体入手来分析二者关系是理解智能传播的一种新路径,而且也正合时宜,然而身体与媒介互动传播学领域中的身体相关理论并不丰富,根据综述发现现象学、社会学对于身体的观照则更多,因此本书希冀从现象学、社会学来阐释身体与媒介互动关系,并与媒介技术论的相关理论形成同构。鉴于此,本书对于身体与媒介互动的理解呈现两条核心脉络,一是现象学、社会学体系下的人与技术关系;二是媒介技术论中的媒介主体性呈现。无论出于哪条脉络,身体与媒介互动以何种形态呈现,可能都无法用寥寥数语来概括,然而媒介/技术与身体是互动的核心概念。在模拟时代与口语时代,身体即媒介,身体与媒介的互动即身体之间的互动,自文字出现后,媒介/技术开始介入,并代替身体与另一个身体形成互动,媒介/技术成为主导力量,影响身体与媒介的互动形式,然而身体自始至终是理解身体与媒介互动的核心概念,尤其是在媒介自主性凸显的智能传播时代,媒介即身体,身体与媒介成为对话主体,身体成为人机交互、媒介及传播的主导性因素。

一 (后)现象学、社会学视野下人与技术关系理论脉络

1. 具身性转向:多维视域下的身体理论

身体运行逻辑及体现范畴是我们理解与把握世界的标尺。当前传播学领域缺乏对身体的观照,或者将身体置于被动处境,但随着智能传播时代的到来,技术对于身体的模拟或延伸已经上升到感知、智能,甚至意识,身体也成为人们关注的焦点,而且人们对身体的认知也悄然发生变化,即

身体不是承载肉身的驱壳，而是身心俱在的主体，这是身体在传播中存在的物质基础，即回到本体层面来理解身体。因此，本书对于身体的认知并不局限于想象或建构的符号，也不局限于无灵魂的肉身，而是从现象学与经验性的视角来考察身体实践，但是也并不是从现象哲学的视野去探讨身体本体，而是通过现象学家的身体观来为传播学身体视角的建构寻找支撑。

（1）胡塞尔：意识身体说。身体问题虽然并非胡塞尔的中心话题，却开启了现象学对于身体的关注，在现象学脉络中，海德格尔、梅洛-庞蒂以及唐·伊德对于身体的思考均始于胡塞尔。胡塞尔的零星身体观则成为反柏拉图主义的开端，然而胡塞尔作为"笛卡尔主义者"，早期研究则立足"唯我论"的立场来考察身体，该时期的身体现象学研究以意识作为起点，这在《逻辑研究》中有所洞见。虽然胡塞尔在《逻辑研究》中并没有专门聚焦身体问题，但是其研究思路中已潜在关注身体，一方面，他从物质层面的意义来看待身体，将身体等同于躯体（Korper），却有意忽略身体的实在性，转而从意识层面来考察身体与其对象的意向性关系，排除"自我—躯体"等物理事物，而专注于躯体经验及以躯体为载体的精神自我[①]；另一方面，他使用身体实践相关词汇，如在第一研究中分析了手势、表情与表达的关系[②]，从符号理论的视角认为表情和手势并非话语意义的表达，因为这类表达实际上不具有含义。这是胡塞尔的早期身体观，"身体有零位显现的特征，只有当它作为对象时才可以被主题化探讨"[③]。然而，在后期胡塞尔对于身体的理解发生转折，这从《观念Ⅱ》中对于手势与表情认知的转变可以体现，认为这些身体行为是一种表达，声称"面部表情、姿势……表达着个人的精神生命及其思想、感情、欲望……"[④] 身体的两面性开始呈现，即"身体作为内在性（interiority），即作为一个意

---

① ［德］埃德蒙德·胡塞尔：《逻辑研究》（第二卷第一部分），倪梁康译，商务印书馆2015年版，第606页。
② ［德］埃德蒙德·胡塞尔：《逻辑研究》（第二卷第一部分），倪梁康译，商务印书馆2015年版，第339页。
③ 王继：《从隐匿到实显的身体——对胡塞尔纯粹意识具身化维度的一个理解》，《天府新论》2018年第3期。
④ Husserl, E., *Ideas Pertaining to a Pure Phenomenology and to a Phenomenological Philosophy, Second Book: Studies in the Phenomenology of Constitution*, trans. by R. Rojcewicz and A. Schuwer, Dorrecht: Kluwer, 1989, p.246.

志的结构和感觉的维度被给与,也作为视觉性和触觉性显现的外在性(exteriority)而被给与"①。从胡塞尔的观点出发,身体并非心智分离的代名词,而是形成"一切知觉的中介"②,我们可以将身体视为一种意向性的表达,而内在性与外在性是同一身体的不同表现③。据此,我们将智能传播时代中人机交互的身体并非视作受计算机"规训"的肉体,而是身心结合的"主体",这与麦克卢汉的身体观契合,因为这里身体具有感知与意志,正如麦克卢汉所认为的那样,电力技术催生出"中枢神经系统模式"④,这是人类身体更为彻底的延伸。而这种"延伸说"的前提是承认身体是由神经系统构成的,与胡塞尔的现象学身体存在一致性,这是胡塞尔意向性结构的物质基础。

(2)梅洛-庞蒂:知觉身体说。胡塞尔的身体观虽然不免有先验逻辑的痕迹,但是其先验主体的呈现论调却为身体跳脱"身心二元论"的局限打开了思路,法国现象学家梅洛-庞蒂"知觉身体说"的思想根源之一就来自胡塞尔的意识哲学,这在《知觉现象学》中专门展开论述,梅洛-庞蒂也因此被称为西方思想史上最重视身体在哲学中位置的人。本书主要借鉴梅洛-庞蒂的知觉身体说中的"身体的知觉性"与"身体的空间性"等理念。

关于身体的知觉性,梅洛-庞蒂认为,身体不应该是抽象的物质,而应该是经验着的身体,即真正有生命的、运动着的身体,因此身体是知觉的主体,这与笛卡尔意义上的"物"不同,这里身体是指客观身体与心灵的合二为一⑤。他修正了胡塞尔纯粹意识的身体,将身体视为"当下活生生的现实"的知觉体验存在,因此梅洛-庞蒂认为,"我不是在我的身体面前,我在我的身体中,更确切地说,我是我的身体"⑥,身体就是我们认知世界的窗口,因此梅洛-庞蒂认为体验是身体的存在形式,应该接受身

---

① [丹]丹·扎哈维:《胡塞尔现象学》,李忠伟译,上海世纪出版集团2007年版,第109页。
② Husserl, E., *Ideas Pertaining to a Pure Phenomenology and to a Phenomenological Philosophy, Second Book: Studies in the Phenomenology of Constitution*, trans. by R. Rojcewicz and A. Schuwer, Dorrecht: Kluwer, 1989, p.61.
③ [丹]丹·扎哈维:《胡塞尔现象学》,李忠伟译,上海世纪出版集团2007年版,第110页。
④ [加]马歇尔·麦克卢汉:《理解媒介:论人的延伸》,何道宽译,译林出版社2019年版,第63页。
⑤ 杨大春:《杨大春讲梅洛-庞蒂》,北京大学出版社2005年版,第46页。
⑥ [法]莫里斯·梅洛-庞蒂:《知觉现象学》,姜志辉译,商务印书馆2001年版,第198页。

体实践与身体的融合①,即身体经验世界的本质。尤其梅洛-庞蒂在《眼与心》中也写道:"我的身体同时是能见者与可见者,当身体注视万物时,也注视自我,并在所见之中,认出能见力的'另一面'……它是自为地可见、可感的。"②值得注意的是,梅洛-庞蒂以绘画进行类比,强调画家接触画的过程中身体与绘画来回往复的互动,梅洛-庞蒂关于绘画的案例在传播学中颇具启发性,这为当今融合的视觉、听觉、触觉等多种感知为其发生的媒介与身体的互动提供了一种"切身"的论述视角。

身体的空间性是梅洛-庞蒂对于身体定位的又一思路。正如梅洛-庞蒂所认为,身体图式是一种身体经验的解读,是"瞬间内感"(momentary interoceptivity)与"本体感觉"(proprioceptivity)共同意义的整体呈现③,因此人们有能力移动身体的不同部分,瞬时姿态行为成为可能。由此观之,"身体图式"就是身体空间性的一种表达,也是有意义世界存在的条件,因此身体图式是身体存在于世的方式。在身体图式中,身体空间并非指客观空间,而是指"处境的空间性"④,任何图式都是在客观空间与身体空间的融合中呈现,而身体空间在一定条件下也可以转化为客观空间,身体也是空间存在的前提⑤,无论是身体空间还是外部可感空间。在此基础上,身体运动机能的研究则揭示出"意义"一词的新意涵,身体行为的意义体现为身体惯习,以此来建构行为的核心。这对于虚拟现实空间中的身体行为有较好的阐释作用,因为虚拟现实就是物理空间与身体空间嵌套的体现,而所谓的"真实"为身体空间的"真实",是身体对于三维空间的一种"临场"反应。本书主要探讨人工智能技术、虚拟现实技术场景下的身体存在状态,身体已经不再是屏幕中视频、图片及文字中的一种符号,而是一种活生生的体现,存在于日常生活中,无论是人工智能模拟身体特征,还是虚拟现实再造身体存在空间,都在宣示身体不再是被碾压的主体,身体的一颦一动都牵动着媒介与传播形态,从知觉的身体来考察,可能更接近智能传播的本质,而梅洛-庞蒂的知觉身体说无疑为这种新型的

---

① [法]莫里斯·梅洛-庞蒂:《知觉现象学》,姜志辉译,商务印书馆2001年版,第257页。
② [法]莫里斯·梅洛-庞蒂:《知觉现象学》,姜志辉译,商务印书馆2001年版,第129页。
③ Merleau-Ponty, M., *Phenomenology of Perception*, translated by Donald Landes, London/NY: Routledge, 2011, p.101.
④ [法]莫里斯·梅洛-庞蒂:《知觉现象学》,姜志辉译,商务印书馆2001年版,第137页。
⑤ [法]莫里斯·梅洛-庞蒂:《知觉现象学》,姜志辉译,商务印书馆2001年版,第140页。

身体与媒介互动提供理论支持。

（3）唐·伊德：三个身体理论。唐·伊德从现象学者胡塞尔、海德格尔、梅洛-庞蒂的身体思想中挖掘身体的技术价值，在《技术中的身体》中系统地提出三个身体理论，从工具实在论的视角提出"技术身体"，旨在聚焦于一个关键概念——具身性，即指技术介入后所建构的身体经验。伊德的三个身体分别为"身体一""身体二""身体三"，在此为了加以区别，本书借用了国内学者杨庆峰对于三个身体的解读，即"物质身体""文化身体""技术身体"。

"物质身体"概念是基于现象学的"身心一体论"，即身体是指肉体和意识的结合体，肉体为身体的物理载体，感知、思维、情绪等意识活动则体现了身体存在的意义。伊德的"物质身体"概念的提出是基于传统现象学的技术—身体关系，即技术是身体的延伸或拓展，突破身体的"主体性"概念，而尝试建构"身体性"概念，他认为身体是经验的而非先验的，而所有的智能行为、言语等其他人类行为与体验都是基于肉身而存在，这里的身体是从生理层面对人的解读。伊德对于物质身体的理解基于梅洛-庞蒂的身体观，超越笛卡尔的身心二元论，将身体视为"活着的身体"，同时也有胡塞尔的身体观痕迹，即"我们感知到活生生的身体，但是除此还'以其作为手段'感知到物体"[1]，并认为身体有独特的两面性：一是身体的内在性，主要体现于意志结构与感觉维度；二是身体的外在性，即视觉性和触觉性的显现[2]。

"文化身体"，即以物质身体为基础且在社会文化意义上的身体，是基于权力与话语的身体建构，也是身体的伦理性存在，这均凸显了身体的社会性与文化性，因此这里的身体实则为一种身份。追溯马克思、涂尔干和齐美尔等古典社会思想家的著作发现，身体被视为社会构成的多维中介，因此社会学者克里斯·希林提出"身体作为社会之源泉"，"身体作为社会之定位场所"及"身体作为个体定位于社会的手段"等论述，这表明人的具身体现根植于社会情境，所以身体具有双重属性，既具有自然属性也兼顾社会属性，"既形塑社会，也被社会所形塑"[3]，该观点与布尔迪厄场域

---

[1] ［丹］丹·扎哈维：《胡塞尔现象学》，李忠伟译，上海世纪出版集团2007年版，第111页。
[2] ［丹］丹·扎哈维：《胡塞尔现象学》，李忠伟译，上海世纪出版集团2007年版，第109页。
[3] ［英］克里斯·希林：《文化、技术与社会中的身体》，李康译，北京大学出版社2011年版，第78页。

理论的身体观相呼应，他强调社会场域基于特定组织原则并赋予社会实践以价值，惯习形成于社会实践的同时，也在有机体中嵌入"知觉""思维"和"行动图式"。

"技术身体"概念是伊德在物质身体与文化身体的基础上提出，强调以技术作为中介[1]，并重新思考身体与技术互动之后的身体体验，如此"技术成为身体在场的光亮之所"[2]，体现了技术对于身体的作用及影响。然而，这里技术与身体之间的关系并不局限于"技术是人的工具"，还表明技术是人类世界的一种体现，身体本体及身体经验共同构成技术态身体，这是对于"技术工具论"[3]的一种反思。

伊德的三个身体理论主要是对赛博空间中的身体形态进行分析，而赛博空间是当前智能传播的一部分，因此本书借鉴其进行阐释具有一定时效性，这为下文身体形态的分析提供了理论框架，而唯一与伊德理解不同的是，伊德将三个身体视为渐进的趋势，而本书则认为这是人类身体存在于世的三个侧面，这三种身体形态共生、共存。

（4）约翰·奥尼尔：交往身体说。身体社会学的代表人物约翰·奥尼尔在《身体形态：现代社会的五种身体》回溯了社会理论对于身体微乎其微的观照，拓展了他人的所见、所闻及所感这种感官与审美的维度，将身体分为"生理身体"与"交往身体"，这是少有的从微观社会视野考察身体对于社会建构意义的理论。这与通常社会建构身体的视角恰恰相反，他承认身体的物质性存在，也赞同梅洛-庞蒂的身体观，认为交往身体是"我们的世界、历史、文化和政治经济的总媒介"[4]，主张从多样的身体外貌来考察其蕴含的复杂社会性因素，不能在符号体系中排除身体。主要体现为：其一，身体结构是社会关系整体系统的表征，身体成为社会成员之间交流的载体；其二，身体是社交中表达情绪的工具，可以体现亲昵与热情，亦可以表达拒绝与抗议；其三，交流对象的身体成为折射人类自身意

---

[1] 杨庆峰：《翱翔的信天翁：唐·伊德技术现象学研究》，中国社会科学出版社2015年版，第94页。
[2] 杨庆峰：《翱翔的信天翁：唐·伊德技术现象学研究》，中国社会科学出版社2015年版，第96页。
[3] 杨庆峰：《翱翔的信天翁：唐·伊德技术现象学研究》，中国社会科学出版社2015年版，第55—57页。
[4] [美]约翰·奥尼尔：《身体形态：现代社会的五种身体》，张旭春译，春风文艺出版社1999年版，第3页。

图的传播工具,以母亲作为隐喻,她的面部表情及语言是婴儿意图的传达工具。整体而言,交往身体和生理身体建立一种明确的迪尔凯姆式关系:对于社会组织而言,这种方法的基本特征为,将其成员对身体的态度、功能及关系的分类看作社会中了解到的且被社会所认可的公共身体之"社会逻辑"的体现①。在人机交互中,技术对于身体的影响固然不可小觑,但是人机交互亦具有社会性,身体的社会性表达在智能传播中为不可忽视的一个维度,与以往身体处于被建构的地位不同,本书整体立足于经验中的身体,因此即使在社会视域中,也将身体放在现实生活中来考察,这与奥尼尔的"五态身体"观念不谋而合,以其"社会态身体"的理念为本书提供理论资源。

2. 挖掘互动本质:后现象学视野下的人与技术关系

本书之所以关注后现象学家唐·伊德理论的首要原因在于他对于人工智能、计算机等技术的影响产生兴趣②,这与本书的智能传播大背景相呼应。然而,本书选取伊德理论作为研究理论视角的另外两个原因在于:一方面伊德的人与技术关系理论中蕴含着"交互"的概念,虽然伊德没有专门阐述这个概念,但在杨庆峰的《翱翔的信天翁:唐·伊德技术现象研究》中有所揭示,他认为伊德建构的人与技术多维关系之间存在一定关联,而人们往往忽略伊德提出问题的方式,如"开始主要是各种方式中作为身体的我借助技术与我的环境发生交互作用"③,"与……交互"(interact with),这些表述体现了伊德人与技术关系研究的起点也是"互动",这与本书的中心论题"身体与媒介互动"契合,互动是二者建立关系的前提与方式,也是我们引入后现象学人与技术关系的一个重要原因;另一方面,伊德与其他技术哲学家及现象学家的不同之处在于,将目光聚焦于当前智能手机等新技术,而不局限于"拐杖""锤子""望远镜"等传统技术。杨庆峰在梳理伊德的技术观时发现,伊德将新技术的时间范围限定于20世纪70年代之后,新技术呈现以下特点:一是技术物的微型化;二是技术对于人们时空体验的改变;三是技术呈现多功能形态;四是具有无限

---

① [美]约翰·奥尼尔:《身体形态:现代社会的五种身体》,张旭春译,春风文艺出版社1999年版,第40页。
② Ihde, D., *Technology and Praxis*, Dordrech: D. Reidel Pub. Co., 1979, p. ix.
③ 杨庆峰:《翱翔的信天翁:唐·伊德技术现象学研究》,中国社会科学出版社2015年版,第178页。

的特点，尤其关注手机技术，还将手机与锤子进行比较。然而，在智能传播时代，手机已经成为人们生活的一部分并作为新兴媒介与身体形成互动。基于上述原因，本书引入伊德的人与技术关系维度来探讨传播中的身体与媒介互动关系。

伊德在胡塞尔、海德格尔、梅洛-庞蒂的现象学思想基础上进行改造，用"具身性"代替"意识"，却保留"意向性"并将其具体化为身体与技术，通过考察二者的相互关系来思考技术。基于此，伊德于1975年在《人机关系的现象学》（*Phenomenology of Man-Machine Relations*）中最早提出"人—技术—世界"关系图式，之后在著作《技术与实践》与《技术与生活世界：从花园到地球》中深入探讨人机关系的意向性转向，他采用"变更"方法并将其转换为四类关系：具身关系（embodiment relations）、阐释关系（Hermeneutic relations）、它者关系（alterity relations）、背景关系（background relations）①。然而，随着技术自主性的凸显，在传播领域中媒介的"非中性"特征也随之体现，本书从现象学理论的原点"人—技术—世界"关系出发，将这四种关系变更为三种关系，包括阐释关系、具身关系、它者关系②。阐释关系是指技术为人与世界对话与互动的中介，人们通过技术来认知世界，其意向性表达为：[人→（技术—世界）]；具身关系是强调身体认知，技术成为身体的组成部分并延展身体，如在智能时代，智能手机与其用户密不可分已经成为一种事实，具体意向性表达为：[（人—技术）→世界]；它者关系则是前两种关系的升级，技术作为"它者"或"准它者"与人类进行对话，独立于身体而存在，其意向性表达为：[人→技术—（—世界）]。技术是身体与媒介发展的驱动力，在智能化时代，身体是人的具身体现，媒介是技术的具身体现，人与技术在具身层面的互动也体现为身体与媒介的互动，因此本书也可以引用人—技术—世界的意向关系图式，然而这里需要澄清一下，本书无意于用现象学人与技术理论来套用身体与媒介的互动实践，而是借用伊德的人与技术关系框

---

① Don Inhe, "The Experience of Technology: Human-Machine Relations", *Culture Hermeneutics*, Vol. 2, 1974, pp. 267 – 279.
② 本书之所以采用具身关系、阐释关系与它者关系这三类关系作为研究视角，而没有选取背景关系是因为背景关系强调技术作为一种背景而存在，即技术满足人的需求之后，人就不再关注技术，而将其作为一种背景，这其实与具身关系有相似，都强调媒介的暂时"缺席"，处于隐性状态。

架及视角来阐释身体与媒介互动实践,进而探寻互动本质。

3. 社会意义的追寻:社会学中的互动理论

伊德的人与技术关系为我们了解智能传播时代中身体与媒介互动提供了新视野,但是随着技术自主性的增强,甚至正如唐·伊德所认为的以"它者"角色与身体相对时,人与技术的互动也就开始呈现类似于人际交往的特征并形成新的互动秩序,在这样的前提下,本书从社会学中的互动理论来分析,体现人机交互的社会意义。本书所研究的身体与媒介是现实生活中鲜活的经验或实践,因此马克思的交往理论及欧文·戈夫曼(Erving Goffman)的互动秩序理论也成为身体与媒介以及人与技术关系的一种参照。

在智能传播时代,媒介的自主性特征日渐凸显,本书以媒介作为"它者"为前提,身体与媒介的互动也类似于人与人之间的交往与互动,然而这种异质性主体之间的互动与人际互动又有何种区别?基于这样的问题视角,笔者通过梳理文献发现,马克思与恩格斯的"交往观"为传播学精神交往理念的来源,强调交往实践主要指"主体—客体"与"主体—主体"关系的总和,我们通常所认为的传播学精神交往理论就是来自"主体—客体"视域,而对于"主体—主体"关系的思考较少,然而媒介成为"它者"后,主体性特征凸显,马恩的交往观则更具现实意义,强调实践是交往的基础,这也强调了身体在实践中的显性地位。该理念也得到社会学家戈夫曼的延续。戈夫曼的社会互动理论虽然在社会学的框架之下,却与传统的社会学理论有所区别,他更偏向于杜威的实证主义,这也是他的思想哲学来源。在这样的哲学视野下,戈夫曼尤其关注微观的身体展演,他的许多论著对于身体有所观照,身体成为日常互动、社会关系建构及自我认同的基础,因此他立足身体视角并将"互动"界定为个体在身体共同在场情境中的互动行为[1]。在这样的认知基础上,戈夫曼对于身体的认知在两个方面较为突出。一方面,将人际交往隐喻为戏剧及身体展演,并提出"拟剧论"等经典理论,这实则为"一套身体化的沟通技术"[2],身体作为互动核心要素而呈现,正如学者李康所认为的那样,戈夫曼的突出贡献在

---

[1] Goffman, E., *The presentation of self in everyday life*, New York: Anchor Books, 1959, p.15.
[2] 王晴锋:《身体的展演、管理与互动秩序——论欧文·戈夫曼的身体观》,《西华大学学报》(哲学社会科学版) 2019 年第 4 期。

于将身体置于动态行动实践的核心组成部分①，对于身体的控制、监督及运用等系列身体展演活动成为焦点，该理念出现后就产生涟漪：韦伯的"理性行动"及帕森斯的"单位行动"等理念与实践相继出现于日常互动，对于社会规范产生影响。另一方面，身体兼具生理性及社会性，而社会互动之所以可以发生的关键在于身体的情境性，身体处于社会的不同情境中，这种情境并不局限于物理环境，而是主体知觉意义与社会意义的交融，戈夫曼的情境路径为"面对面—情境—情境定义—行为"②，是结构主义与行动主义的结合，而就行动主义而言，这与伊德解读身体时的情境化视角一致，即强调身体的"具身性"及"参与性"。这种对于身体的管理、展演及情境则构成了"互动秩序"。再回到智能传播时代，当人与媒介的关系由"伺服"转向"互动"，那么在智能化媒介技术情境中，这对于社会交往而言又意味着什么？传统的社会互动秩序是否也会发生转变？这些问题都为我们探讨身体与媒介互动的社会意义提供了思路。

二 媒介"非中性论"转向

媒介依托技术而存在，因此媒介属性的认知也与技术存在千丝万缕的联系。人类发展初期，人们对于技术的认知仅限于工具的目的与使用范畴，然而随着电子技术的诞生，改变了技术的物质性形态，可以充分挖掘不可见能量元素的隐性价值，突破自然元素的时空束缚，使自身以一种无形的力量来改变社会结构③，技术的自主性开始外显。虽然技术一直独立于思维而存在，但是技术自主性的认知却源于哲学领域，马克思的技术异化理论是对于技术自主性的较早反思，而技术哲学家兰登·温纳是技术自主性理论的集大成者。这种技术从工具性转向自主性的认知路径与媒介认知演变轨迹如出一辙。透过技术认知的演变轨迹，我们也可以发现媒介认知的"非中性论"转向。

从传播学诞生起，媒介就是被视为一种中性的工具，这主要体现于两

---

① 李康：《身体视角：重返"具体"的社会学》，《社会转型——北京大学青年社会学者论文选》，社会科学文献出版社2002年版，第50—51页。
② 车淼洁：《戈夫曼和梅洛维茨"情境论"比较》，《国际新闻界》2011年第6期。
③ 高淑敏：《从功用工具走向生态互动：论技术、媒介与人的关系认知变迁》，《河南工业大学学报》（社会科学版）2018年第5期。

个方面：其一，经验学派注重媒介承载的内容或媒介的实用传播效果，却始终将媒介置于意识之外，如拉斯韦尔的5W模式虽然衍生出传播学的研究方向，包括媒介研究、控制研究、内容分析、效果研究，但是这些研究却将媒介默认为一种传递工具而忽视了其价值理性。其二，批判学派则对于媒介使用主体的意识形态与政治经济权力进行批评，却将媒介默认为没有任何反馈的实体。

然而，随着电子媒介的蓬勃发展，社会的媒介特征凸显，人们的行为也随之产生异化，在这样的情境下，同时在技术理性思考的启发下，学界开始关注媒介本身的社会身份变化，对于媒介的认知由"中性论"转向"非中性论"。

最早可以追溯到技术的自主性论述，媒介环境学派的先驱雅克·埃吕尔对于技术至上的媒介环境进行批判并认为"技术是一种自我定向与自我扩张的社会进程"①，这明确了技术的自主性特点，他认为技术在世界中随处可见，技术逻辑成为世界发展的新规律②，美国技术哲学家兰登·温纳在《自主的技术》著作中对艾吕尔的观点进行延展，认为自主性体现于三个方面：一是技术是驱动社会变化的根本性原因；二是技术具有自动化特征，无须人为介入；三是个体淹没于技术之中。③ 这与媒介学派的兴起几乎同步，媒介"非中性论"正式出现于英尼斯的《帝国与传播》④，他认为媒介具有时空偏向，历史上一切文明的形成都与时间与空间的控制方式相关，也会对社会产生影响，因为以媒介与传播为形式的结合会促使社会按照特定方式来组织知识。之后，麦克卢汉提出"媒介即讯息"理论，将媒介从传播学研究传统中抽离出来，关注媒介形式，并认为"媒介即人的延伸"，将媒介视作对人身体本身的一种超越，他认为自动化技术完善了机器智能，增加"反馈"功能并形成闭环信息回路，改变了机器传统的单向信息流动模式⑤，这是对于媒介自主性的技术隐喻式阐释，即媒介突

---

① ［美］林文刚编：《媒介环境学：思想沿革与多维视野》，何道宽译，北京大学出版社2007年版，第73页。
② ［美］兰登·温纳：《自主性技术：作为政治思想主题的失控技术》，杨海燕译，北京大学出版社2014年版，第12页。
③ ［美］兰登·温纳：《自主性技术：作为政治思想主题的失控技术》，杨海燕译，第15页。
④ Innis, H. A., *Empire and communication*, New York: Oxford University Press, 1951, p.65.
⑤ ［加］马歇尔·麦克卢汉：《理解媒介：论人的延伸》，何道宽译，译林出版社2019年版，第422页。

破了线性传播模式,在传递信息的同时还形成反馈。之后,莱文森将延续麦克卢汉的观点并提出媒介具有"人性化趋势",可以赋予人们能力,从生物进化论视角来理解媒介的自主性,但他也强调人对于技术可以做出理性选择,尤其提及人对不在场事物的感觉是由于人在生理层面的抽象机制作用而产生,抽象机制就是人们对事件感知选择并在大脑中回放的结果[1]。

数字技术的诞生赋予了媒介互动性特征,这是自主性的一个显著特征,媒介不仅模拟人的特征,甚至还可能与人主动交互,这为数字媒介打上了互动的烙印。在数字世界,身体对于任何形式内容的感知都可以用数字来呈现,这引起信息论与控制论学者的关注,他们认为信息不依赖于物质也可以存在,甚至将身体视作一种技术系统,后人类学者强调"技术不仅是用来表现既存思想的媒介,而且本身就有互动的能力"[2]。然而,随着移动设备的发展,媒介互动的主流认知强调媒介将身体从物理限制中解放出来,人们在与这些设备的交互过程中得到更多的"互动式"体验,这种互动性能够确保人们随时随地与媒介保持畅通、自由的交互活动。与此同时,一些学者从批判性视角来理解媒介的互动性,主要呈现三条脉络:其一,从本体论层面来分析媒介的互动性,其中一些学者否认互动是媒介的专属特性,如史蒂芬·格拉汉姆将媒介互动理解为一种神话,列夫·曼诺维奇也对此表示赞同,他甚至更激进地认为新媒介没有互动性,因为这种互动是以牺牲人们自由为前提的,身体始终无法摆脱物理局限。其二,从技术视角来解释数字时代媒介的互动类型,如曼诺维奇根据技术的开放程度分为"封闭式互动"与"开放式互动"[3],封闭式互动是指用户在计算机的程序设置中进行有限的选择,开放式互动则与之相对。其三,从社会视角将媒介互动解读为一种民主方式,斯皮罗·基欧希斯将新媒介技术与人的关系理解人与人之间关系的镜像,而互动性也是人际交互在媒介中的体现。[4] 由此可见,这种非中性的论调与智能传播时代中媒介实践相呼应,"主动性"是身体与媒介互动的基础,虽然非中性理论资源仍以媒介为主

---

[1] [美]保罗·莱文森:《思想无羁》,何道宽译,南京大学出版社2003年版,第146页。
[2] [美]凯瑟琳·海勒:《我们何以成为后人类:文学、信息科学和控制论中的虚拟身体》,刘宇清译,北京大学出版社2017年版,第150页。
[3] Manovich, L., *The Language of New Media*, Massachusetts: The MIT Press, 2002, pp. 38–40.
[4] Kiousis, S., "Interactivity: a concept explication", *New Media & Society*, Vol. 4, 2002, pp. 355–383.

题，但已经开始关注媒介趋于身体化的发展特征，这为本书的身体与媒介互动的考察奠定理论基础，也是传播学研究中拓展身体视野的起点。

三 （后）现象学研究路径与媒介技术史的考察

综上所述，在智能传播时代，身体显性化成为传播形态发展的一种趋势与特征。身体与媒介关系的研究逐渐摆脱"技术决定论"的媒介碾压身体的逻辑，但也不青睐于人的主体性至上的"人文主义"路径，而是回归到身体本身，以一种现象学①的视野作为研究背景和方法论的来源，更关注日常经验世界。根据伊德《导论：后现象学研究》，后现象学与科学研究、文化研究等交叉学科同宗同源②，因此以经验化的和具体化的研究路径为主，本质为"做现象学"，而传播学作为一门经验学科，从学科性质上与现象学的研究路径存在相似性，因此将现象学的研究视角引入传播学存在理论渊源。

"后现象学"并不完全是现象学这一大陆学传统的传承，其中"后"更是强调了唐·伊德技术哲学思想的创新与修正，包括"变更理论""具身化"和"生活世界"等核心要素，在伊德看来，这三个要素虽然来自正统现象学，却在后现象学中形成并发挥作用，比如"变更"概念虽然来自胡塞尔的"本质结构"界定，但伊德更强调是自身显示的"多元稳定性"，这突破了正统现象学的"意向性"，将对技术的物质性考察、对身体技巧的使用和实践的文化境地都囊括在内，这些理论也丰富了正统实用主义，与实用主义脉络下的传播学研究具有同源性，这也表明后现象学源自实用主义与传统现象学的交织与互补。正如伊德所言："实用主义对早期现代认识论的解构，可以避免早期现象学的主体主义和观念主义，从而丰富处于萌芽阶段的现象学"，同时也认为"现象学发展出一种关于经验的严格分析，这种分析潜在地是实验的，因此就与实用主义有关"③。实用主义并

---

① 本书的现象学为广义层面的现象学，即包括后现象学相关理论，因为后现象学是伊德与传统现象学相区分的一种表达，是现象学研究新取向，这也体现了"具身"的现象学根源仍在延续。
② Ihde, D., "Introduction：Postphenomenology Studies", *Human Studies*, Vol. 31, 2008, p. 2.
③ ［美］唐·伊德：《让事物"说话"：后现象学与技术科学》，韩连庆译，北京大学出版社2008年版，第11页。

不是意识哲学,而是确立了"机体—环境"①的维度来看待经验,这也将正统现象学的"意向性"置于物理的、物质的世界和文化—社会维度的世界中来考察。然而,追溯历史,我们会发现正统的实用主义也存在局限性,杜威没有将物质化的技术及人们对于技术的经验作为研究的主题,而新实用主义学派更是从经验转移到语言,所以这也是后现象学中"后"的意义所在,也是后现象学的第三条思想脉络的来源,即当代技术哲学,吸收了其"经验转向",伊德对于这种"荷兰视角"非常感兴趣,并组织翻译了《美国技术哲学:经验转向》(American Philosophy of Technology: The Empirical Turn, Indiana, 2001),尤其强调了当代技术哲学中的几个特点:一是更关注现代技术得以扩散的条件;二是理解新文化现象,而不是以敌托邦的态度来解释技术;三是经验转向,揭示了众多社会力量对技术的影响,同时也关注技术与社会的共同进化。尤其,侧重于研究具体技术,从正统现象学中"意向性"强调从"对……的意识"中作为对象的技术,转向成为"意识自身"中介的技术,通过经验来研究技术,这也是传统的媒介研究所忽略的问题,也是本书引入伊德"后现象学"理论资源的重要原因。

关于后现象学的特点,斯卡夫与杨庆峰在后现象学及哲学的语境中做出解读,而未在其他领域进行拓展,我们尝试将其纳入传播学语境来探讨。首先,后现象学研究坚持实证主义,回归到日常生活体验,就本书而言,将传播学具身化,为了避免陷于从理论到理论的转圜,不局限于将身体与媒介的互动关系置于媒介技术的抽象理论中进行探讨,而从身体现象入手来观察二者的互动实践;其次,本书着重于从本体论和历史的视野出发来看媒介与身体的互动;最后,伊德"将实践参与生活优先于认知交互"②,从胡塞尔的意识意向性转向技术工具意向性,人以身体的方式存在,人机交互也将"变更"为身体与媒介的互动,即两个主体之间的互动性关系。

媒介技术史的考察与后现象学研究方法中的技术史视野一脉相承。伊德也曾认为技术史的发展关键在于传播,而技术在不同文化语境下的传播又会产生变异,即形成"多重稳定性"。回溯技术史本身,可以分为狭义

---

① [美] 唐·伊德:《让事物"说话":后现象学与技术科学》,韩连庆译,北京大学出版社2008年版,第25页。
② Scharff, Robert C., "Don Ihde: Heidegger's Technologies: Postphenomenological Perspectives", *Continental Philosophy Review*, Vol. 45, 2012, p. 300.

技术史与广义技术史,其中狭义技术史是从技术产品本身出发,追寻技术诞生的内在逻辑,即技术工程师的兴趣及理性等意向活动如何成为技术发展的动力,这在乔治·巴萨拉的《技术发展简史》中有所揭示;而广义技术史则将技术置于人文社会科学的背景来考察其演变逻辑,这也是伊德利用阐释学方法来解读技术的主要原因之一,在传统的技术历史研究中,社会语境成为理解技术发展逻辑的一个关键因素。显然,"自然—文化"框架是技术史研究的核心。媒介技术史作为研究方法的逻辑也是技术史的延续,形成"技术决定论"及其批判视域,这也与技术史中的决定论调相呼应。麦克卢汉曾于20世纪60—70年代提出论调"历史是一部媒介形态发展的历史",这引发学界对于媒介形态演变趋势展开广泛探讨。然而,媒介与身体关系的演化大多是伴随媒介技术的演化历史而存在。麦克卢汉最早划分了媒介的演进历史,包括口语时期、文字时期、电子时期[①],进一步提出印刷媒介是人类视觉的延伸,电子媒介对于感知系统重新进行平衡校验。如洛根在麦克卢汉研究的基础上分别增加口语媒介和电子媒介的考量并将媒介演进历史重新划分为:模拟式传播时期、口语时期、书面时期、电力传播时期及数字媒介时期。其他媒介演进历史的划分也基本上是在此基础上的延伸或变形。在这一历史划分标准下,美国传播学者A.哈特以人体、传播、媒介(工具或机器)三维关系来建构媒介系统,该系统是"示现的媒介系统""再现的媒介系统""机器媒介系统"[②]三个子系统的融合。通过媒介技术历史的不同分野,我们依稀可以窥见技术进化中隐约存在的身体逻辑。基于此,本书以媒介技术发展历史为主线,延续伊德的思维,即"人自身的意向性体验",而将注意力集中于具身层面的身体,以此来发现历时性的身体与媒介互动特征。

四 本书论述纲要及意义

在智能传播时代,身体与媒介存在互动已经成为事实,然而传播学领域对于身体的关照较为零散,与之相比(后)现象学与社会学对于身体的

[①] [加]埃里克·麦克卢汉、弗兰克·秦格龙:《麦克卢汉精粹》,何道宽译,南京大学出版社2000年版,第9页。
[②] 陈翔:《论媒介系统与身体之关系——基于A.哈特的"媒介系统论"》,《西南民族大学学报》(人文社会科学版)2012年第9期。

关注则更为系统与全面。在这样的学术现状下，本书期待从（后）现象学、社会学的人与技术理论及身体观中得到启发，来突破"自然—文化"二元对立的媒介技术研究视域，在后现象学的人与技术关系理论、现象学与社会学的身体观以及媒介技术的"非中性论"交织的理论框架下，以微观层面的传播实践为研究对象，采用后现象学及媒介技术史的研究方法，来分析身体与媒介如何互动、互动如何等问题。为达到此目的，本书各章节将围绕以下结构展开：

正文第三章立足媒介"非中性论"，以麦克卢汉与曼诺维奇的媒介互动理论模式作为参照，从中析出身体与媒介互动的核心要素，进而初步建构身体与媒介互动模式。基于上述身体与媒介互动模式，该章节从历时性维度来考察身体与媒介互动的规律，主要以媒介技术史为主线，以人工智能在传媒领域中的应用作为媒介技术历史分期的临界点，以身体视角切入对各历史横截面的传播特征进行分析，在该历史分期背景下，进一步分析不同传播形态中身体与媒介的互动模式演进路径。

第四章为本书提供了研究假设与框架。聚焦于上述智能传播中的身体与媒介互动形态，从媒介的自主性与身体的觉醒两个方面来分析身体与媒介"强互动"的基础，结合伊德的人与技术关系，对于智能传播时代中的身体与媒介互动模式进行细化，具体以伊德的阐释关系、具身关系及它者关系这三种关系视域来为智能传播时代中身体与媒介的互动研究提供基本的研究框架，并进而形成强互动模式，分别为［身体→（媒介—环境）］、［（身体—媒介）→环境］、［身体→媒介—（—环境）］。

第五章到第七章基于上述研究框架，分别聚焦于新闻、娱乐及社交三个智能传播场景中的传播实践，以身体为焦点并立足技术现象学身体观、知觉身体观、社会身体观等跨学科理论视野，来探讨身体与媒介技术互动特征，进而揭示人机关系并对伊德人与技术互动关系框架进行验证与拓展。

第八章对全文进行总结，并试图达成若干有理论意义的讨论。这些讨论包括智能传播中身体与媒介互动转向及互动本质；对于智能传播概念的重新界定；未来人机关系的想象。

本书的意义在于：

从理论层面来看，智能传播中的人机交互技术现象中身体视角的凸显，决定了本书以媒介技术论为研究起点，从身体视角入手，结合（后）现象学、社会学的身体理论，从日常身体实践的微观层面来发掘理解智能传播中人机交互的传播学理论路径。首先，本书从媒介技术论视野出发建构身体与媒介在传播中的互动模式，并从身体维度重新划分媒介技术演化分期，并对身体与媒介互动进行历时性考察，从中发现媒介技术视野下智能传播中身体与媒介的强互动特征。其次，从对于媒介技术论批判的研究取向中引入（后）现象学、社会学视野下的人与技术关系理论，在身体与媒介的强互动特征下，将其置于唐·伊德的人与技术关系理论中来建构身体与媒介的强互动模式，进而析出身体、媒介及环境的核心要素，同时还对于身体与媒介互动进行预设。再次，在对于智能传播中身体与媒介互动实践的考察中也引入现象学的观察视角，但同时也结合传播学本身的研究路径，进而将从思辨与实证两个维度来考证智能传播时代身体与媒介互动的规律。因此，本书的理论意义在于，一是从"身体"视角来研究媒介及传播，这对于忽略身体的主流传播观而言是一种创新，并将其置于我国的智能传播实践中进行拓展与丰富；二是采用跨学科的理论与方法论，这为智能传播生态下相关研究提供理论借鉴，并促使学者反思主流传播理论；同时，也采用混合研究方法，以传播学的经验性方法来消融身体在哲学思辨的研究话语，将二者融为一体。

在实践意义上，身体与媒介互动研究具有实践性，即对于身体意涵、媒介及身体与媒介互动规律的把握超越传统的思辨与实验室环境，而是还原至日常生活现象及实践中来把握。首先，智能化媒介技术日新月异，虽然目前还处于初级阶段，但是已经对于传播形态及社会发展产生潜移默化的影响，身体实践在其中发挥重要作用，但是主流的传播研究抑或媒介研究都缺乏对于身体实践的观照，而且相关研究偏向于质化或者量化，因此研究效果也流于表面，又或者局限于理论的探讨，需要发展有效的方法论来对于这种新的传播现象进行较为全面及深入的考察，从动态实践中挖掘出相对稳定的发展逻辑。其次，这也为传媒业界在应用智能化技术提供有效指导，如通过对于新闻、娱乐及社交这三大场景的考察，其研究结果将为各类媒体满足用户体验需求提供发展方向。

五　核心概念阐释

1. 身体

我们从文献综述部分已经对于身体观的发展脉络有清晰的认知，本书的身体以现象学与社会学的身体观为思想来源,身体是人类的生命在物质层面的一种体现,主要包括生理与心理两个维度,因而构成了唐·伊德所谓的"物质身体",即肉身、心灵及大脑一体的物质层面生命的呈现,这也是本书"身体"概念的内涵,突破传播学中将身体视为一种符号或话语的思想传统,而更强调身体的"物质性"与"实体性";然而,本书对于身体的探讨以物质身体为基点并将其置于具体语境中进行延展,这里身体概念的外延是指物质身体与技术语境及社会语境交叉后所重构形成的身体形态,如唐·伊德的"文化身体"及奥尼尔的"交往身体"等社会维度的身体解读,以及唐·伊德的技术身体。本书对于身体的考察主要围绕人类接触媒介或与媒介产生交互形成的物质身体、社会身体(交往身体)、技术身体。在此,之所以探讨多维身体,笔者是尝试突破传统传播学范式下将身体限于符号与文化等单一层面的探讨,期待从更为整全与立体的视角来拓展传播学中对于身体的解读思路,所以生理身体、数字身体、机器人身体、符号身体等均在考察范围之内。

2. 具身

综上观之,对于智能传播时代中的身体与媒介互动关系的考察有必要引入"具身"视角。本书的"具身"概念来自"具身认知"(Embodied cognition)理论,可以被称作具身概念在传播学的延续与解读。"具身认知",又称为"具身化"或"具身"(embodiment),这是一个现象学与心理学的交叉概念,指无形与抽象的事物具体化与实体化,更加易于观察与思考。这里"具身"与"离身"相对,主要指身体的具体化呈现,是一种体现关系的表述,强调身体的存在状态,具体包括:从狭义层面,"具身"是指身体内部心理体验与生理体验之间的强关系,即身体的建构功能[①],为人类身体经验到的现象的具象化与具体化提供可能;广义层面,"具身"指身体作为一个中介与外部环境建立联系,这也是身体经验的主要来源,体现为身体与具体环境所形成的身体图式,即身体与现实空间、社会空间及技术所建构的虚拟空间互动所形成的关系结构。整体而言,"具身"概念的应用打破了身心二元论的身体分裂认知视角,而以整体性思维考察身体及其经验。鉴于此,本书对于"具身"概念的应用主要体现于宏观与微

[①] 林慧岳、夏凡、陈万求:《现象学视阈下"人—技术—世界"多重关系解析》,《东北大学学报》(社会科学版)2011年第5期。

观两个层面,其中宏观层面是指全文身体与媒介互动实践考察的大背景下的应用;微观层面则聚焦于"具身性"更为突出的娱乐场域中的身体与媒介互动实践,尤其置于VR游戏与VR纪录片等具体传播形态中进行思考。

3. 作为媒介的智能化技术

根据"具身"思维,本书对于媒介的考察也更注重其物质性与实在性,这种物质性也是媒介呈现内容得以保存与延续的基础,而技术是物质性的重要构成部分,鉴于此,本书将智能化技术视作智能传播时代中媒介的原始景象来理解,人工智能、虚拟现实、机器人等智能化技术的物理与象征性技术人造物,一方面,作为媒介具有技术或机器的工具属性,但另一方面也是一种技术的"装置"。本书对于装置意涵的引用来自德国传播学学者西皮尔·克莱默尔著作《传媒、计算机、实在性——真实性表象和新传媒》中对于"传媒"与"器具"分野的阐释,她认为"作为工具的技术只是节省了劳动,而作为装置的技术则生产出一个人工的世界,它开启了新的经验……不是效率上的提升,而是世界的产生,这才是传媒技术的生产意义"[1],这表明作为媒介的技术不仅有工具性,而且更重要的是可以改变媒介生态及环境,在人工智能时代,人工智能、虚拟现实、机器人等智能化媒介技术也是形成智能传播生态的手段,产生了新的传媒意义。

此外,本书有不少地方用到"媒体"概念,在此笔者对于"媒介"与"媒体"进行简单区分。如上所述,本书的媒介概念主要体现于内涵与外延两个层面:从内涵而言,媒介指以人工智能、虚拟现实、社交机器人等智能化技术为基础的人造工具物,用以传递与获取信息及进行交流的工具、渠道、载体、中介物或技术手段;从外延而言,媒介还代表一种公共空间与公共利益,产生社会意义,整体而言,具有中介性、工具性及装置性等特征,为人与世界建立联系,也开启了人类的身体经验与实践。与之相比,本书中的"媒体"概念主要指传播信息的平台与载体,具体包括社交媒体、从事新闻工作的专业机构,如新华社、凤凰网、中国青年网等有组织的新闻生产与传播机构。

4. 变更

"变更理论"(variational theory)是现象学方法论中的重要理论之一,

---

[1] [德]西皮尔·克莱默尔:《传媒、计算机、实在性——真实性表象和新传媒》,孙和平译,中国社会科学出版社2008年版,第75页。

最早来自胡塞尔的"自由变更"①现象学理论,借用了数学变量理论,伊德借鉴胡塞尔的理论进一步提出"工具变更",将现象本质的特征与结构稳定化,尤其对于物质性现象而言,现象与本质相伴相生,而非先有现象后有本质,伊德在《技术与实践》及《技术与生活世界:从花园到地球》中使用工具变更概念。在变更模型中,保持了外界客体中的变项与常项的框架结构,而"意向性"(intentionality)是变更模型的核心及驱动力,通过模型的动态变化来体现一种多元稳定性结构,而整个模型并非主体与客体在实体层面的整合,而是人的主体性形成于客体性与体验世界共存的结果,伊德的人与技术多重关系的形成则突破了传统的主体与客体二元对立的框架,认为主客体在共融、共生中相互作用,从而缩小对二者的认知差距。伊德在此基础上得出阐释关系、具身关系及它者关系的意向性关系图式,分别为[人→(技术—世界)]、[(人—技术)→世界]、[(人→技术)—世界],其中"[]"表示意向关系的整体性②,"→"表示"人类的意向性","()"表示"变项/常项之间为共生关系","—"表示"变项/常项之间存在差异","—"之前项表示"在共生关系中发挥主导性作用"。本书也尝试借用"变更"方法论将人与技术关系变更为传播领域中的身体与媒介关系,从伊德的人—技术—世界关系变更为身体—媒介—环境,并以此作为一般意向关系,根据不同传播环境这个变项来进行变更,继而考察智能传播时代身体与媒介互动现象的多元稳定本质。

第三节 具身性混合研究方法视角

"融合"作为时代特征在研究方法中也有所体现。正如柏森③所述,定

---

① [德]埃德蒙德·胡塞尔:《现象学的观念》,倪梁康译,上海译文出版社1986年版,第34页。
② 关于整体性的理解,笔者向《翱翔的信天翁:唐·伊德技术现象学研究》作者杨庆峰老师求证,他认为:"现象学中人和技术形成一个整体,而不是像通常理解的人是主体,技术是工具,这是分离的,对象化的思维。……用现象学术语来说,即为'构成性整体'。"
③ Pawson, R., "Method Mix, Technical Hex, Theory Fix", In Manfred Max Bergman (ed.), *Advances in Mixed Methods Research: Theories and Applications*, Los Angeles, London, New Delhi, Singapore London: Sage, 2008, p. 120.

量和定性研究方法的结合并不是一时兴起,而主要在于技术与社会发展的多层次与多视角,单一的理论与方法终归存在片面性,而混合研究方法可以满足不同理论视野下研究者收集与分析各种资料与证据的需求,这种方式也已经得到社会科学学者的广泛认可。

根据上述理论框架,本书主要从身体视角来探讨智能传播时代中的身体与媒介关系,继而揭示人机互动的本质。通过文献综述发现,身体在传播学研究中一直处于边缘地带,然而随着身体在人机交互中地位的提升,本书以媒介技术论为参照并借鉴现象学、社会学中的身体观与人—技术关系理论来弥补传播学研究中身体相关理论的缺失,为智能传播时代中身体与媒介互动的阐释提供理论支撑,而跨学科理论视野下的研究方法也趋于多元化与融合性。鉴于此,本书采用混合研究方法来分析身体与媒介的互动实践。那么究竟该如何理解混合研究方法?

从传统意义看,定性方法与定量方法在本体论和认识论上并不相容,这是因为在常规认知中,定量方法与客观主义相勾连,而定性方法则属于建构主义,然而混合研究方法的出现则掀起"第三次方法论运动"[1]。从研究过程来看,混合研究方法主要强调质性研究方法与量化研究方法在研究中的均衡使用,二者也取长补短,以确保回答研究中所提出的问题[2]。博格曼认为应该对数据收集方法与数据分析方法进行区分,围绕研究问题、理论及目标来理解所获得的数据。我国社会学学者风笑天[3]也对此表示肯定,同时还对于混合研究方法的应用范围进行论述,认为研究者应根据核心研究问题的不同侧面及子问题来选择研究方法,以量化研究方法与质化研究方法相结合的方式来进行回应。本书的混合方法研究设计也基于此,以下将围绕具体研究问题来对每一种研究方法的选择进行阐释。

综上所述,无论是定量研究还是定性研究,研究方法都是解决研究问题的一种手段,因此也远非研究的终点。正如托马斯·库恩所述"方法论的指导法则本身不足以对许多类型的科学问题提供惟一的实质性的结论"[4]。对于本研究而言,研究者对身体与媒介互动实践的考察也并没有过多纠结用定量还是定性等研究方法,而是更倾向于上文所述围绕身体与媒

---

[1] 尤莉:《第三次方法论运动——混合方法研究60年演变历程探析》,《教育学报》2010年第3期。
[2] 蒋逸民:《作为"第三次方法论运动"的混合方法研究》,《浙江社会科学》2009年第10期。
[3] 风笑天:《社会学研究方法》(第三版),中国人民大学出版社2009年版,第11—13页。
[4] [美]托马斯·库恩:《科学革命的结构》,金吾伦、胡新和译,北京大学出版社2003年版,第3页。

介这一研究主题,运用思辨与实证混合的研究方法,无论是从"身体"还是"媒介"研究视野,多种方法的混合应用成为一种必然。如此,本书也不可能按照某一种研究方法来谋篇布局,而是根据问题本身来展开。本书的具体研究方法主要包括两类:一是以既有文本资料为基础的文献分析、历史比较方法;二是以通过实地参与式观察、访谈为主以及辅以一定的网络问卷调查和数据统计的实证研究方法。

一 多元化观察对象

关于研究对象的选取,本书的研究场景多元化,分别为新闻、娱乐与社交三个维度,对于身体与智能化媒介互动的研究,研究对象的选取也主要集中于不同场景中使用智能化媒介/技术的群体及其人机互动实践现象。取样方式分为"线上"与"线下"两种方式,如此构成完整的样本取样框,可以全面考察身体在物理空间与虚拟空间的存在状态,从而避免以偏概全现象的发生,两种抽样方法各有利弊:"线上"抽样突破时空限制可以扩大样本范围及增加样本量,却存在匿名性及失真性等问题;"线下"抽样将还原样本的本真性及丰富性,研究者不仅可以听到受访者的身体体验描述,更可以直观感受到受访者在讲述过程中的情绪变化。本研究所采用的抽样原则为"最大差异抽样"[1],样本呈现典型特征,可以最大限度涵盖各种研究现象,如在新闻领域,研究者选择新华社新媒体中心,在娱乐领域选择VR游戏QQ群,在社交领域中选择社交机器人(智能语音机器人)。在该原则下,具体的抽样方法也体现了混合特征,包括随机抽样、滚雪球抽样及方便抽样等多种方式。纵观整个考察,本研究所选用的样本量为445人,其中深度访谈人数为37人,参与问卷填答的人数为408,其中新闻传播中的样本量为254人,娱乐传播中的样本量为154人。在"线下"取样方式中,以新闻传播场景为例,将新华社新媒体中心作为身体与媒介互动现象的研究场域,以新华社新媒体中心编辑、记者及媒介技术相关工作人员为主要研究对象,虽然选取样本的特征具有典型性,但是由于工作涉密性及智能化技术应用场景的局限性等原因,在进入该媒体时阻力重重,因此在访谈中样本数量的选取也较为有限,所以研究者也不局限于

---

[1] 陈向明:《质的研究方法与社会科学研究》,教育科学出版社2006年版,第105—109页。

新华社与新华智云这两个媒体机构,还参加"智能传播时代视频新生态的机遇与挑战"主题论坛,其中"人对于'智能'的反作用"的主题对话与本书研究内容密切相关,因此对话中的学界与业界人士也成为取样对象,除此之外也曾前往凤凰网、中国青年报、百度、搜狐等新闻媒体与科技公司进行调研以获取资料。"线上"取样方式主要应用于娱乐传播场景,虚拟现实技术驱动下娱乐传播形态为沉浸式娱乐传播,VR游戏是虚拟现实技术应用的主要场景,根据"最大差异抽样"原则,VR游戏玩家则成为本书着重取样的对象,主要围绕VR游戏网络社区展开调研。然而,与上述两种方式相比,社交领域的取样方式是以"线上"抽样的方式来考察受访者的"线下"状态,主要围绕崭露头角的社交机器人,根据目前智能化技术的应用资料,智能语音机器人的应用最为广泛,因此以智能语音机器人的用户为主要研究对象,重点考察他们对于智能语音机器人的使用情况及使用体验。在此需要说明的是,由于本研究考察范围较广,涉及的研究场域较多,在上述总体抽样原则下,各场域中的研究还应按照研究问题来进行细化,将在以下章节中具体阐述相应的研究方法。

二 具身性融合视角

1. 基于文献与历史

文献是"文本化、物质化的人类思想和行为活动"[1],因此文献法为定性研究的主要方法之一。文献法也成为本书的核心研究方法,例如在媒介发展史脉络中的身体与媒介互动模式演变考察中就是基于已有的相关文献。本书的文献涉及的类型包括期刊论文、著作、学位论文、网络信息(包括数据调查报告、相关新闻)等,主要包括纸质资料与电子资料两类,具体收集工具为网络搜索与图书馆资料检索两种方式。之后,按照本书相关主题,将收集到的资料归类存档,如分为"人机互动""智能传播""身体研究""媒介技术""人工智能""虚拟现实""研究方法"等主题。

针对所收集文献资料,本书中的文献分析法与历史比较法贯穿始终。关于文献分析,它是定性研究的重要前提及途径,研究者从文献内到文献

---

[1] 陆益龙:《定性研究方法》,商务印书馆2011年版,第137页。

外的推论式研究中揭露文献中的现实与社会事实,在提出身体与媒介互动的关键要素时,基于媒介技术中的互动相关理论,之后在建构互动模式并对其验证时,则基于现象学中的身体观来建构更为均衡的身体与媒介互动模式。研究者为了探讨社会现象的历时性演变规律,需要运用历史方法和跨文化比较方法,正如拉德克里夫—布朗的理念,历史研究与社会研究等跨学科研究方法的结合是认识人类社会发展的途径①,这在媒介技术研究中也依然适用,从历时性与共时性相结合的角度,分析媒介技术发展与变迁过程及原因,麦克卢汉与基特勒二者均采用媒介技术史的研究方法来揭示媒介发展的规律及其对于人类和社会的影响。本书也借鉴此类方法,首先扎根文献来建构身体与媒介互动的模式,从中析出关键要素,以历时性与共时性的视角相结合的视野来分析身体与媒介互动实践,以验证这种互动模式的可行性。历时性分析的目的在于将身体与媒介互动现象作为时间维度构成的连续体,通过比较过去、现在甚至未来的时间点,来揭示不同阶段互动模式的特征,进而发现这种互动演变的规律;共时性则是指对同一时间点的不同特征进行对比分析,本书的共时性则聚焦于智能传播时代,来展开分析该历史横断面的身体与媒介互动特征及其对于传播形态的影响。同时,在共时性的分析中也穿插历史研究方法,对于"沉浸式娱乐传播""人机交往"等概念也通过历史比较方法来界定。

2. 具身性观察与访谈

根据上述理论框架,本书主要采用现象学的研究视野,不局限于文本分析的研究方法,而更倾向于进入日常生活实践来观察身体与媒介的互动现象,采用从现象到本质的研究路径,然而,实地研究作为深入研究现象背景的研究方法则与现象学的方法论更为契合,因此本书主要采用实地研究作为中观层面的研究方法。实地研究应用于研究现象发生场景中,以参与式观察及半结构式访谈为主要资料收集方式,从而深刻把握现象背后的规律。本书以新闻、娱乐及社交三个传播场景来分析智能传播时代日常生活中的身体与媒介互动现象,主要采用参与式观察、访谈等方法,同时辅以一定的网络调查方法,来获取相关资料与信息。

参与式观察为社会科学研究中资料收集的核心研究方法,即研究者亲

---

① [英]拉德克里夫-布朗:《社会人类学方法》,夏建中译,华夏出版社2002年版,第121页。

自进入研究对象所处的社会生活情境中,直观、全面地观察研究对象,从而获得有效的信息与资料①,这也是现象学研究的主要方法之一。在新闻、娱乐及社交等多个研究场域,研究者通过观察与切身体验,对日常生活中智能化媒介发展及受众的相关接触经验进行记录。在参与式观察期间,研究者坚持随时记录所观察的日常经验现象及调研情况,并反思与调整调查方案与策略。相关日记内容也分为"线下"与"线上"两个方面:一是实地参与观察记录。研究者与新闻工作者、技术人员及智能新闻用户的日常媒介接触,以及在新华社、凤凰网、中国青年报等新闻媒体及相关论坛活动中的所见所闻,其中主要以新华社新媒体中心、新华智云为核心研究场域,以观察为主、参与为辅,或以"完全观察者"的角色而存在,而且在入场时亮明自己的研究身份。参与式观察主要分为两个阶段,在前期对于智能化技术在新闻生产中的应用形成宏观的把握,同时也对于新闻生产者利用媒介传播新闻的情况进行了解;在后期则结合研究问题来明确研究内容及访谈对象,如上所述,本书的创新之处在于从身体视角切入,而在新闻生产与传播场域中主要关注新闻生产主体(智能化新闻编辑、记者、技术人员)与新闻受众的身体与媒介互动的日常实践,从微观的视角来进行探讨。二是网络参与观察记录。研究者自身在游戏中的身体感知体验,在QQ群等网络社区中国与游戏玩家的互动交流;通过微信视频在与智能语音新闻用户的交流过程中的感知体验。在娱乐传播场域中,以VR游戏的游戏玩家QQ群为研究场域,囿于研究群体的小众化,研究者以游戏玩家的身份,经群主通过身份验证后加入QQ群,对于群中游戏玩家交流内容进行观察并偶尔也参与其中。然而,进入VR游戏及其QQ群后,研究者并未明确研究身份,而一直以玩家的身份来亲身体验VR游戏,如此更易于与游戏群中的其他玩家建立关系,从中获得VR游戏中身体与媒介互动实践相关信息与资料。

访谈对于本书所关注的身体与媒介互动日常经验资料的获取更为关键也更具目的性。研究者将访谈方法应用于新闻传播场景与社会交往场景的研究中。在新闻传播场景中,研究者凭借前期与新媒体工作人员所建立的人际关系,针对新闻媒体相关人员进行访谈。具体操作方式为半结构访谈法,在收集资料时,研究者采用同义复述的方式来制定访谈提纲,采用开

---

① 陆益龙:《定性研究方法》,商务印书馆2011年版,第126页。

放性问题来引导受访者来围绕主题深度陈述其观点。研究者根据受访者的不同身份、研究问题及理论框架来设计相应的访谈提纲。主要针对新闻编辑、新闻记者、媒介技术人员提出访谈问题。针对新闻编辑与记者深度访谈的主要内容包括：个人信息、智能化技术应用经历、身体变化、人机关系的探讨。根据"信息饱和性"的访谈标准①，即访谈内容出现一致性时即可停止，因此访谈的人数没有设置限制。除新闻生产主体，新闻受众也是本研究重点关注的对象，他们的身体体验与实践既是智能化新闻场域的重要组成部分，也是揭示新闻场域中身体与媒介互动规律的切入点之一。在社会交往场景中，通过相关理论等思辨性分析将研究场域聚焦于家庭日常生活中的智能语音音箱应用实践，围绕身体与媒介互动的研究主题，在该部分将智能语音机器人用户作为访谈对象，根据理论框架与研究问题制定相应的访谈框架，采用半结构式访谈方法，以"信息饱和性"为原则，不限定访谈对象的数量，研究者主要通过手机微信、视频与语音等传播渠道来对智能语音机器人进行访谈。

3. 以身心体验为主的网络调查

网络已经成为人们生活的重要组成部分，也是学界考察人们日常行为的主要场域，网络调查是传统调查方法在新媒体时代的延伸。本书使用网络调查的现实原因在于：一是智能化媒介的使用以年轻群体为主，他们对于智能媒介的使用主要基于互联网；二是 VR 游戏具有小众化的特点，而且 VR 游戏也以网络为依托。然而，本书的网络调查内容以研究对象在网络中身心体验描述为主。

研究者通过网络针对特定研究问题或研究目标而进行调查设计、观察、资料收集、分析等活动，本书的网络调查法主要体现在两个层面：其一，通过网站制作与发布问卷并收集数据；其二，利用手机微信、论坛等新媒体与受访者建立联系并进行访谈，以收集网络数据。鉴于此，研究者采用媒介效果研究方法——网络问卷调查。根据新闻与娱乐的不同传播场景，针对受众（玩家）对智能化媒介（包括虚拟现实）的接触体验等要素来设计问卷《智能化媒介接触与使用调查基本问卷》《关于 VR 游戏玩家体验情况的问卷调查》，分别于 2019 年 8 月 31 日、12 月 9 日在"问卷星"

---

① ［美］埃文·塞得曼：《质性研究中的访谈：教育与社会科学研究者指南》，周海涛主译，重庆大学出版社 2009 年版，第 61 页。

调查平台上制作与发布问卷，同时还通过微信、论坛等多种渠道来发布问卷，并在问卷中写明此调研的目的、意义以及保密原则。由于样本的小众化等因素，为了最大限度的保证样本量，本书并未以人口要素等抽样规则来限定样本框，而是以使用（接触）智能化媒介（包括虚拟现实设备）为样本选择标准，同时也并未限定地域。就调查问卷内容而言，本书以现象学中的身体经验为主要关注点，因此在问卷中除传统的媒介接触问卷调查中关于接触频率与形式的相关问题外，尤其侧重于受众在接触智能化媒介时的身心体验描述。

随之，将定量数据转化为 SPSS 格式文件，利用 SPSS 软件来分析数据，首先要清理数据，将不符合本研究要求的数据剔除，如《关于 VR 游戏玩家体验情况的问卷调查》中将未曾亲身体验过 VR 游戏的被调查者相关数据不纳入统计范畴，如此来确保数据的效度；其次，为了解决描述性研究问题，对于数据进行描述性分析与统计，转化为可以使用的数据形式，以图表等形式来可视化呈现；最后，讨论与表达统计结果的各种图表及数据。需要说明的是，本书的量化研究，尤其是网络问卷调查分析类似于结构式访谈资料分析，因为问卷实则为封闭的结构式提纲，之所以采用这种方式是为了与实地研究结论形成相互印证，这也与之前以网络调查资料收集方法为辅的原则保持一致。

在此基础上，数据整合对于定性资料与定量资料的有效使用大有裨益。美国学者约翰·W. 克雷斯威尔在《混合方法研究导论》中就明确指出"数据整合发生在定量研究阶段和定性研究阶段相互交叉（或相互对抗）的节点"[1]，这也是混合研究方法之"混合"意涵所在，通过两种研究方法及数据相互融合与互动来共同阐释或论证研究问题。关于如何呈现整合数据，克雷斯威尔提出整合思路，即整合结果出现于数据收集阶段、数据分析阶段及研究讨论阶段。本书主要借鉴将整合结果呈现于研究讨论阶段的思路，根据研究的核心主题来整合相关资料，从中发现不同场域中身体与媒介互动的逻辑。总而言之，本书为质性研究，同时也辅以网络调查数据，以共同论证智能传播时代中身体与媒介互动的具体特征及模式，并采用"融合"的多维视角来阐释其对于传播形态及社会的影响。

---

[1] ［美］约翰·W. 克雷斯威尔：《混合方法研究导论》，李敏谊译，格致出版社 2015 年版，第 91 页。

三 研究质量控制与研究反身性探讨

关于混合研究方法所获得资料来源及收集方法的效度该如何实现？这也是验证本研究真实性与科学性的关键问题。"三角互证"是确保质性研究效度的重要方法，可以被用来检验存在差异性的资料来源与资料收集方法，即通过比较不同来源信息并就研究结论相互印证，从而评价资料与数据的真实性与科学性。简言之，三角互证的本质在于多方验证结果的一致性。三角互证的范畴为理论视角、研究方法、数据源和分析方法。本书主要采用现象学、传播学及社会学等跨学科理论视野；在研究方法上，采用实地研究（参与观察、访谈）、网络调查（问卷调查）、文献法等混合性研究方法；在数据来源上，鉴于理论视角与研究方法具有融合特征，数据来源呈现多元性：从技术介入与否，研究资料来自"线上"与"线下"两个场域；从研究维度来看，研究资料则来自新闻、娱乐及社交三个场景，具体涉及新华社等媒体机构、VR游戏网络社区（QQ群）、日常生活中智能语音机器人的应用。从分析方法而言，本书也采用多元化分析方法，具体包括文献分析、历史比较研究、内容分析（现象学分析、话语分析）及数据分析等。多元化研究方法、数据及理论都用于解释及论证同一研究问题，但也各自存在偏见，也正因为这些偏见方向的不同，这也会"调和"研究结果，以达到平衡与一致，确保研究结果的稳定性。显然，研究的"真实性"是一个动态性概念，它并非指对于研究开展之前的预测，也不是研究之后的一种评判，而是对研究全程的实时控制与调适。

研究者应该以何种身份进入研究场域？这个问题也与研究的"真实性"密切相关。质性研究是通过研究者与研究对象互动而了解社会现象的研究过程，显然研究者与被研究者之间的关系至关重要，研究关系可以从两个层面来理解：其一，研究者与研究内容、研究对象的关系，这主要体现于个人观点及背景经历的相关性；其二，研究者与被研究者之间的互动关系[①]。然而，研究者自身的观点与思想等因素对于研究者身份产生直接影响，因此对于这些因素的反思有助于研究者以更加客观的视角来审视自

---

① 陈向明：《质的研究中的"局内人"与"局外人"》，《社会学研究》1997年第6期。

己在研究中的"主动性",这也为研究效度与信度的评价提供了证据与标准。本书主要着重于研究者与被研究者的互动关系,如上所述,质性研究是研究者与研究对象互动的过程,因此研究者的身份与角色具有动态性。在新闻、娱乐与社交三个场景中,研究者角色也在"局内人"与"局外人"中切换,本书将"局内人"界定为了解这三个场景的专业人士或相关实践的切身参与者。由此观之,在新闻生产场域中,研究者并非业界人士,对于应用智能化技术生产新闻的整个流程与体制也无法做到事无巨细,所以相对于业内人士而言是"局外人",以一种开放的心态来接受受访者的体验与认知;然而,对于新闻受众而言,研究者又是"局内人",因为研究者本身也处于智能媒体时代并接触智能化新闻,所以采用网络问卷的形式来更加"客观"地审视作为新闻受众的感知与体验。然而,对于娱乐场域中的VR游戏玩家而言,研究者本身有VR游戏的参与经验,因此以VR游戏玩家的身份加入VR游戏QQ群,这也体现了"局内人"的身份。对于社交场域,研究者也是智能语音机器人用户,拥有智能语音机器人"小度",因此也是以"局内人"的身份来参与研究。总之,研究者与研究对象之间的关系取决于研究者对所研究领域的熟悉程度,在以"局内人"身份存在时,应该时刻注意与研究对象之间的距离,并且对于研究对象的言行保持敏感性,从而保证研究的信度与效度。

第三章 传播中的身体与媒介互动模式演进

> 过去的机器旨在代替人的体力,现在的机器可以替代人的智力。——尼克①
>
> 与其呼吁建构关于媒介新旧的总体界定,倒不如说能够敏锐地观察到历史背景和当代生活变迁的研究更为实用——而这种研究拒绝将交互性的思想和理念抽象化。——尼古拉斯·盖恩与戴维·比尔②

"互动性"这个概念源自人际传播互动,然而在人际传播中却因为习以为常而常常被忽略。然而,随着传播技术的发展,"互动性"在技术中却日渐凸显,这也在潜移默化地改变人们在日常生活中的体验、认知与行为,正如麦克卢汉的预判:"凡是接近于整体场瞬间联系的过程,往往都上升到有意识的水平,所以计算机似乎能'思考'问题"③,技术的"自主性"特征显著。尤其,智能传播时代的到来,打破了传统传播模式,人与机器的互动逐渐成为常态,人际交往的互动性准则成为智能化媒介为用户带来良好人机交互体验的关键,突破语言建构的交往世界而呈现更为"自然"的趋势。因此,身体在传播进化过程中的作用凸显。本章节首先基于媒介技术论来建构传播中的身体与媒介互动模式;其次,以媒介技术史为主线,从身体维度来探讨并分析不同媒介发展阶段的传播形态,进而尝试重新划分媒介史阶段;再次,该媒介历史演化分期为掌握身体与媒介

---

① 尼克:《人工智能简史》,中国工信出版集团、人民邮电出版社2017年版,第226页。
② [英]尼古拉斯·盖恩、戴维·比尔:《新媒介:关键概念》,刘君、周竞男译,复旦大学出版社2015年版,第96页。
③ [加]马歇尔·麦克卢汉:《理解媒介:论人的延伸》,何道宽译,译林出版社2019年版,第465页。

互动模式的演变规律提供了历时性分析框架;最后,将身体与媒介互动模式置于上述历时性框架之下,从而分析身体与媒介互动脉络演变,以得出智能传播时代的身体与媒介互动特征。

第一节 传播中的身体与媒介互动

一 媒介技术论视角下传播中身体与媒介互动模式

面对技术发展的日新月异,我们大可以不必过分焦虑,因为在不同媒介技术之间总是会存在中断与连续。正如曼诺维奇所认为的那样,我们不应该将历史与现代割裂开,而应该以动态与发展的视角全面考察新旧媒介的概念,因此熟悉的文化成为文化交互界面语言的主要构成因素,该观点更强调回到现实生活中探究互动规律。海勒也认为应关注"拟物",即过去媒介特征在当前的延续,如此可以发现技术客体的变迁及其物质性与意义的呈现[①]。由此可见,新媒介总是来自旧媒介,或者沿袭旧媒介的某些特征,这为我们提供了启示,可以从前人研究范式来探索身体与媒介的互动依据。在传播领域中,因为最初人机交互总是作为一种艺术设计方式而被讨论,然而随着智能化技术的广泛应用,媒介交互界面也成为日常生活的一部分且无处不在,所以直接探究身体与媒介互动关系的研究较少,但也并非无迹可寻,麦克卢汉与曼诺维奇时期就已经有相关讨论。鉴于此,在本章中,笔者基于麦克卢汉的"媒介冷热论"与曼诺维奇的"再媒介化理论"来重新思考传播中的身体与媒介互动判定标准。

根据麦克卢汉的基本观点,媒介传播中身体感官反馈信息的程度是判断媒介具有"冷""热"属性的标准(见表3-1),也就是身体感知在媒介中的参与度高低,"热媒介"因其本身提供数据充分,因此呈现内容的清晰度更高,人们无须调动更多感知就能理解信息,如麦克卢汉所言,受

---

① [加]戴维·克劳利、保罗·海尔:《传播的历史——技术、文化和社会》(第五版),董璐、何道宽、王树国译,北京大学出版社2011年版,第57页。

众在热媒介中可填补或完成的空白并不多[1]，因此受众在传播中的参与度较低；"冷媒介"则相反，所提供信息较少，所以内容清晰度更低，需要受众自己完成的信息较多，更多信息需要调动身体感知来补充，因此受众在传播中的参与度较高。麦克卢汉关于冷热媒介的划分，其实是对于身体与媒介互动关系的探讨，因为他提及的"参与"是指媒介调动身体感知的方式，从媒介及信息对身体的生理刺激，到人们所产生的心理层面感知，再延伸为一种"冷热"文化，这是麦克卢汉对媒介属性的研究路径。麦克卢汉在"媒介讯息论"中将媒介与人的感官关系表述为，技术对人类的影响已经从意见与观念转向"感官比率和感知模式"[2]，由此观之，不同性质、不同形态的媒介决定了人的感官投入比率与感知方式，媒介对人的感官失衡与平衡至关重要。在此理论基础上的"媒介冷热论"则探讨了感官对于媒介冷热属性的应对机制。麦克卢汉通过人的身体对"冷""热"的感知来描述媒介属性，这本身就体现了媒介与身体的相互纠缠，从中可以得知：媒介作为刺激源，对感官刺激的临界值较低，就需要提高感觉机能来应对；对感官刺激的临界值较高，就需要降低感觉机能。总而言之，媒介内容的清晰度对身体感知的刺激是"冷媒介"与"热媒介"划分的关键。

表 3-1　　　　　　　　麦克卢汉的冷热媒介划分情况

媒介类型	媒介属性	内容特征	交互特征
言语	冷媒介	清晰度低	身体感知参与度高
印刷	热媒介	清晰度高	身体感知参与度低
电话	冷媒介	清晰度低	身体感知参与度高
照片	热媒介	清晰度高	身体感知参与度低
电影	热媒介	清晰度高	身体感知参与度低
广播	热媒介	清晰度高	身体感知参与度低
电视	冷媒介	清晰度低	身体感知参与度高
卡通	冷媒介	清晰度低	身体感知参与度高

资料来源：笔者根据麦克卢汉冷热媒介论梳理而成。

---

[1]　[加]马歇尔·麦克卢汉：《理解媒介：论人的延伸》，何道宽译，译林出版社2011年版，第39页。
[2]　[加]马歇尔·麦克卢汉：《理解媒介：论人的延伸》，何道宽译，译林出版社2011年版，第30页。

第三章　传播中的身体与媒介互动模式演进

然而，曼诺维奇则有着不同洞见。与麦克卢汉的观点相左，曼诺维奇将文字、电影视为交互界面，而且认为这些界面比新媒介具有更高的交互性，因为书写、书籍、电影等传统媒介要求我们"投入"更多的身体感官体验，以获取更为完整的信息，这样比麦克卢汉设想的"冷媒介"更冷，因为它可能就是为了交互而出现，媒介偏向所产生的感官缺失需要人的身体参与来填补。曼诺维奇还认为模拟媒介比电子媒介更热，因为前者剥离了感官中的某些数据，需要投入更多感知，与之伴随，交互性也更高。以电影为例，曼诺维奇认为在传统媒介中，身体处于现实空间且保持静止状态，这里身体是强调人的生物意义，银幕将空间分为现实空间与虚拟空间，前者是指电影院的实体空间，而后者是指电影叙事的虚拟空间，身体可以在电影院活动，同时观众的精神与感知等心理活动则留在虚拟空间中，如此在电影中人们处于身心分离的状态，这需要投入更多身体感知来弥补身体未能进入虚拟空间所留下的空白。与之相反，在新媒介中，身体处于虚拟空间且可以活动。以基于计算机技术的虚拟现实为例，它重构了观看者身体与内容之间的关系。在虚拟现实电影中，摄像机独立于观众，而观众在虚拟空间中与摄像机融为一体来体验运动，身体实际上可以在物理空间中移动，物理空间与虚拟空间边界消失，也可以说虚拟空间代替物理空间，成为身体存在的新空间，此时身体与心灵合一，但是这一空间却受限于程序设定及头显设备的牵绊，目前还未能实现完全互动。鉴于此，曼诺维奇从基于计算机的新媒介来界定"交互"这个概念时，其实比麦克卢汉更为谨慎、也更为全面。一方面，引入时空观念来展示新媒介信息的组织方式与呈现方式。从时间维度看，根据计算机界面所展示内容的时间特征将交互类型分为"实时互动""动态互动""经典互动"[1] 三类，其中，"实时互动"指屏幕显示现在，"动态互动"指屏幕显示过去的移动图像，"经典互动"的屏幕显示静态、永久的图像；从空间维度看，将屏幕实体作为分割点，空间被划分为"现实空间"与"虚拟空间"，屏幕在这两个空间中存在并触发互动行为。另一方面，从技术系统对用户的开放程度视角出发来解释人与技术基础设施之间的交互，具体划分为"开放式交互"（open interactivity）与"封闭式交互"（closed interactivity）[2]，交互是指用户

---

[1] Manovich, L., *The Language of New Media*, Massachusetts: The MIT Press, 2002, p. 105.
[2] [英]尼古拉斯·盖恩、戴维·比尔：《新媒介：关键概念》，刘君、周竞男译，复旦大学出版社2015年版，第88页。

在系统不同范围内的运作,"开放"与"封闭"是指技术系统对于用户参与交互的开放程度。其中,"开放"是指系统更加快速与灵活,为用户提供更多选择;"封闭"指系统严格按照指定程序运作,用户的选择相对而言比较单一,这里技术系统是一个泛化概念而不局限于计算机。

显然,根据曼诺维奇的理论,将传统媒介排除在互动概念之外的这种做法有点简单粗暴,因为对任何新事物的理解仍需要回到旧事物中寻找答案,对于人与媒介互动本质的探索应该具有批判性思维,曼诺维奇对媒介交互类型的划分(见表3-2)也为本章节中身体与媒介互动存在的依据提供借鉴。曼诺维奇的媒介交互理论在探讨电影等传统媒介的交互性时提出与麦克卢汉截然相反的观点,按照曼诺维奇的逻辑,绘画、书籍及电影等所谓的传统媒介也具有"互动性",主要体现为精神意义的互动,因为上述媒介攫取了人们感官当中较高层次的或者更为完整的信息,在人与媒介互动的过程中填补媒介留出的思考空白,以此来塑造人类的体验及精神产物。他引入时空维度,而这里的时间与空间是由媒介所建构的,人们的身体活动及感知体验均是在媒介"嵌入"现实空间或媒介所建构空间中实现,显然身体实践成为媒介发展的伴随性产物。

表3-2　　　　曼诺维奇的再媒介化理论中的交互类型划分

媒介类型	屏幕	身体	时间	空间	开放程度
言语	无	身体可动	实时互动	现实空间	开放式交互
印刷文字	纸/书本	身体不动	经典互动	现实空间	开放式交互
绘画	纸/画布/墙壁	身体可动	经典互动	现实空间	开放式交互
电影	银幕	身体不动	动态交互	现实+虚拟	开放式交互
电视	屏幕	身体不动	动态交互	现实+虚拟	开放式交互
计算机/VR	屏幕/无	身体可动	实时交互	虚拟空间	封闭式交互

资料来源:笔者根据曼诺维奇理论重新梳理而成。

综上观之,身体、媒介、时空、信息是构成身体与媒介互动模式的核心要素,麦克卢汉与曼诺维奇以不同视角来探讨人与媒介技术之间的关系,虽然观点存在迥异,但是他们的前提基本相同,均认为互动产生的基础是技术,技术决定了身体存在的状态及其所处的环境,甚至决定了身体与媒介的交互形态。然而,技术是人自身内部及人与外部环境互动的产物,身体在其中举足轻重,因为"我们的身体和世界互动,创造感知与客体的环境,然后由我们的智能感知这些环境"[1],尤其随着人工智能的强势崛起,无论是从人类进化视角还是人与技术关系视角看,身体都成为必须思考的一个问题。

鉴于此,笔者主要从身体与媒介两个层面考察二者的互动性,同时基于曼诺维奇的时空视角(包括身体),认为身体与媒介的互动模式应从内在/外在与被动/主动两个层面进行探讨(见图3-1)。内在/外在是时空观下的身体与媒介互动要素,其中"内在互动"是指身体与媒介信息互动后用户的感知反馈,即认识论层面的互动;"外在互动"是指媒介信息构建空间之外的身体与媒介互动,即本体论层面的互动。被动/主动是基于身体的主体性及能动性层面的划分,其中"被动式互动"是指身体的主动与媒介的交互过程不完整,用户在封闭的系统环境中与媒介选择性互动,即身体主动而媒介被动。"主动式互动"是指身体主动与媒介实现完整交互,用户可以在开放的系统环境中与媒介全面交互,即身体主动与媒介主动,在身体主动向媒介发出信号的同时,媒介趋于人性化并可以将身体的感知信

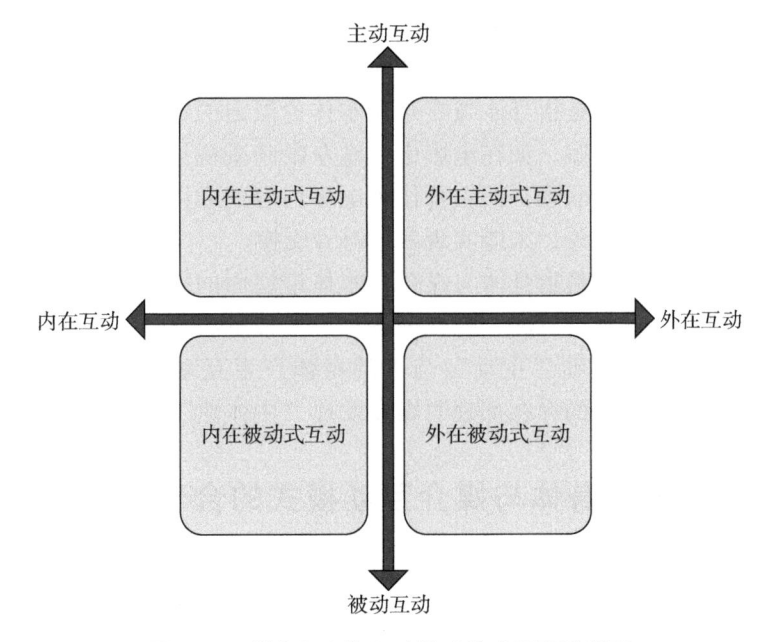

图3-1 媒介与身体互动模式构成要素及类型

---

[1] [美]保罗·莱文森:《思想无羁》,何道宽译,南京大学出版社2003年版,第192页。

息自动化处理后再反馈于身体,如此循环往复而形成持续互动,类似于人际互动。

根据图3-1可知,内在/外在与被动/主动是本书判定身体与媒介存在互动及其类型的主要依据,基于此,这四个要素相互交叉后,身体与媒介的互动模式分为内在被动式互动与内在主动式互动、外在被动式互动及外在主动式互动四类。

内在被动式互动是指身体与媒介在认识论层面的选择性互动,身体主动对媒介传播信息感知反馈,媒介仅在传播过程中发挥镜面作用,因为"跨越时空的延伸,对原物的保真始终是传播技术的目标"①,如在大众传播时代线性传播模式下的身体与媒介关系中,身体在接触媒介信息后会产生反馈,这发生于身体感知系统,如身体与传播内容交互后人们会产生想象,然而媒介却无法自动识别身体感知信息。

内在主动式互动是指身体与媒介的互动产生于认识论层面的完全互动,身体与媒介在感知层面的交互中媒介具有"感知"功能,如大数据挖掘、算法推荐、情绪识别等技术在媒体中的广泛应用赋予媒介智能化特征,可以捕捉到身体发出的信号,如此媒介与身体实现全面互动。

外在被动式互动是指身体与媒介在本体论层面的选择性互动,身体与媒介的物质层面的接触,如在电影中,观众眼睛凝视银幕,通过视网膜而引发其他身体感官的联动,而银幕作为电影内容的载体,除将信息以光学形式折射于视网膜中外,未能实现其他符号交换。

外在主动式互动是指身体与媒介在本体论层面的完全互动,在这个过程中,除身体以语言、触屏、凝视等各种方式接触媒介外,媒介也会以语言及动作等类身体活动"主动"与人的身体产生互动,如各种写稿机器人、智能语音机器人的存在都表明媒介发挥"主体性"作用。

二 传播中身体与媒介互动模式的合理性思考

从上述互动模型发现,身体与媒介之所以可以实现交互,在于身体与媒介这两个互动主体的"主动"性特征,身体的主动主要受人类生理与心理因素的双重驱动,而媒介的主动特征则源自自动化与智能化技术。本书

---

① [美]保罗·莱文森:《思想无羁》,何道宽译,南京大学出版社2003年版,第118页。

主要从这两个方面来验证身体与媒介互动模式的合理性。

关于身体的主动性,主要体现于身体内在/外在维度的划分,那么如此划分是否合理?根据坎贝尔"间接经验的多重系统"(hierarchy of vicariousness)[①]对人类认知层次进行划分,依次为触觉、感知觉和心理功能(见图 3-2),从触觉到思维等心理活动的进化是人类认知的升华,而这三个维度都证明了身体的不同存在样态。由此可见,身体是人类认知的中心,身体对世界的触摸是各类认知与感知的源头,这种直接性的身体接触也是身体与媒介"存在"及物质层面互动的生理基础,由此获取知识的清晰度更高,更有利于人类的进化,这也印证了本书身体与媒介交互"外在"维度浮现的理论根源。直接经验激活了身体的感知系统,人类形成远程认知模式,进而产生了间接认知世界的方法,即视觉、听觉、嗅觉等间接感知觉,这是大脑与外界信息交互后自动对触觉分配后的结果,大脑对真实事件感觉特征进行再现与加工[②],这与劳伦斯·夏皮罗的观点不谋而合,后者认为行动与知觉构成互动循环,即行动创造新知觉,知觉则产生新行动[③],沿着进化论阶梯走向认识论的顶层,即形成思维、想象、抽象等心理功能,以再现事实原貌的形式来回应并掌控所处环境。然而,这些抽象观念对于人类本身没有意义,只有通过传播才能实现其价值,除非人与人之间存在心灵感应(但通常这种情况较为罕见),人们需要借助技术外力将自身抽象的心理活动外显化与移动化,这也是身体主动接触媒介[④]的生理动因,人们对媒介传递的"不在场"内容的感知来自"抽象机制",抽象过程的触发机制为媒介信息表征,因此身体与媒介的互动也存在于内在维度。

与此同时,现象学家胡塞尔也强调身体的"两面性",包括"内在性"与"外在性"两个层面。"外在性"指身体在视觉性与触觉性的外在显现,是空间对象的构成,属于被经验到对象的现象,在传播领域中则指身体与媒介互动时的外在体现,身体是互动空间中的可视化组成部分,触屏、语音控制、佩戴 VR 眼镜等身体姿态都是外在性的身体实践。"内在性"指主体本身,由意志结构与感觉维度构成,也就是身体的自我给与性,突破纯粹的对

---

① Campbell, D. T., "Evolutionary Epistemology" in P. A. Schilpp (ed.), *The Philosophy of Karl Popper*, I, Open Court, La Salle, Ill., 1974, pp. 413-463.
② [美]保罗·莱文森:《思想无羁》,何道宽译,南京大学出版社 2003 年版,第 120 页。
③ [美]劳伦斯·夏皮罗:《具身认知》,李恒威、董达译,华夏出版社 2014 年版,第 244 页。
④ 这里媒介是指广义层面的介质。

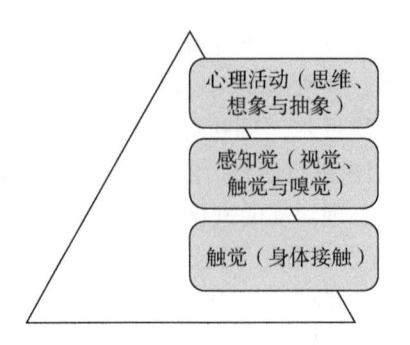

具身存在：智能传播时代的身体与媒介互动

```
        心理活动（思维、
         想象与抽象）
       感知觉（视觉、
        触觉与嗅觉）
     触觉（身体接触）
```

图 3-2 坎贝尔间接经验的多重系统中的认知层次

象性感知，而成为对象本身。这充分体现了身体的双重性感觉，这是不同身体部位反应与感知的集合。胡塞尔认为身体"触摸"与"被触摸"的关系是可逆的，自身给与性是外在性认知的基础，而外在性又强化了自我给予性，这共同构成身体经验，正是这种可逆性也表明"内在性和外在性是同一事物的不同表现"[1]，这也是解读身体及其与媒介互动关系的两个重要维度。

关于媒介的主体性，主要体现于被动式/主动式维度的划分。为何媒介会呈现人类才有的"主体性"？这样的假设是否合理？本书则回归莱文森的"媒介趋于人性化"理论来验证其合理性。从人类心理视角来看，人类发明技术是对自身的迷恋，利用技术来复制自己的感知与认知模式，从而增强其认知世界的能力，同时也更加清晰地认识自我。莱文森的观点从进化论的视角揭示了媒介主体性的来源，因为"一切技术，无论是否有意指向认知，都是由知识的技术体现构成的"[2]，这一点我们从媒介技术史中可以得到佐证，语言是人类智能特征形成的驱动力，文字是人类形成抽象思维及知识积累的工具，电力是电报、电话、电视、广播的基础技术，对人类认知的影响从娱乐工具拓展为认知发展的载体。由此观之，技术是人的内在认知活动的外显化，这在麦克卢汉的论述中也有所体现，他认为电力媒介是中枢神经系统外化的一种工具[3]，人们可以通过媒介技术来更清

---

[1] [丹] 丹·扎哈维:《胡塞尔现象学》，李忠伟译，上海世纪出版集团2007年版，第110页。
[2] [美] 保罗·莱文森:《思想无羁》，何道宽译，南京大学出版社2003年版，第147页。
[3] [加] 马歇尔·麦克卢汉:《理解媒介：论人的延伸》，何道宽译，译林出版社2011年版，第333页。

晰地了解自己的生理与心理机制。从技术层面来看，技术起源的直接目的就是提高人们的工作效率和生活的便利性，这与自恋等心理因素之间的关系并没有那么紧密。而随着技术的发展，尤其媒介技术能够延伸身体的各部分感知，逐渐成为认知的辅助工具，如此媒介技术的发展也成为人类认知进化的一部分，媒介作为一种辅助角色而存在，是由人来设定程序，因而身体与媒介的互动也受到局限，媒介处于相对被动的状态。然而，随着人工智能技术的出现，基于计算机系统的媒介以模拟身体运行机制面世，人类智能可以通过技术载体得到全面展现，身体的各种感知被较全面地整合进技术装置中，人类智能与技术的结合形成"元进化"，即人类进化的一种演进阶段。在某些时候，媒介以更为"人性化"的方式存在，如基于深度学习技术的媒介不仅可以记忆身体的活动轨迹，而且还可以通过数据来判读人们的偏好，媒介中的应用程序仍由人来设定，但是整个系统的设计却更为开放，媒介可以实现"反向传播"，这是媒介之所以被称为智能化的关键，由此身体与媒介互动的自由度则更大。因此，正如莱文森所言"人工智能迫使我们直接去面对智能和人性的有机体性质和进化的性质，否则我们还会把智能和人性当成是理所当然的东西"[①]，媒介的人性化特征成为不得不关注的问题。

第二节　传播中身体与媒介互动模式演化

媒介是传播形态的构成要素，因此伊尼斯与麦克卢汉根据各时代的主导媒介来划分传播时代，即"口语传播时代—书面语传播时代—电力传播时代"，这成为媒介研究及媒介环境学研究的逻辑，为媒介史与传播史研究奠定基础。而罗伯特·洛根则认为伊尼斯与麦克卢汉囿于时代的局限性而未能将日新月异的计算机与网络纳入考量，因此沿着语言起源和演化路径对既有媒介演化分期进行补充，提出"五个传播时代"，即"模拟式传播时代、口语传播时代、书面文化传播时代、电力传播时代和数字传播时代"[②]。由

---

① ［美］保罗·莱文森：《思想无羁》，何道宽译，南京大学出版社2003年版，第232页。
② ［加］罗伯特·洛根：《理解新媒介——延伸麦克卢汉》，何道宽译，复旦大学出版社2012年版，第31页。

此可见，新技术未形成普及时，它们总是处于一种混沌状态，缺乏归属感，然而技术的日臻成熟也为所处时代打上烙印。20世纪70年代微芯片计算机这一伟大奇观出现，麦克卢汉却将其与其他电力信息形式一视同仁，直到21世纪初计算机与互联网技术成为一种时代特征后，洛根才把互动式媒介界定为"新媒介"，并将基于网络的数字传播从麦克卢汉的电力传播中独立出来。随着人工智能技术在新闻传播领域中的"嵌入"，传播媒介正悄然发生变化，互动性成为一种媒介特征，正在逐渐重构身体与媒介的关系与传播形态，那么既有的媒介分期能否适应时代的发展？人工智能进入媒介的整个过程如何？媒介与身体在其中发生什么变化？这些都是本小节探讨的问题。

一 演化分期依据

20世纪50年代人工智能兴起时与传播学开始结下不解之缘。这种渊源应从"信息论"的鼻祖传播学者克劳德·香农（Claude Shannon）开始讲起，香农于1948年发表《通讯的数学理论》[1]，随之"信息论"应用而生，香农跳脱信息文本及语义的框制，引入热力学的"熵"概念与计算公式，将主观抽象的信息量化，香农通过消除信息的不确定性来解读信息传播，这也开启了人工智能等新领域的探索，并被视为人工智能的最早开拓者之一。1943年，图灵曾秘密访问美国并与同行交流破解德国密码的经验，当时香农在贝尔实验室从事密码学工作，其间图灵与香农会面并探讨过通用图灵机；之后，香农也去英国回访过图灵，共同讨论计算机下棋[2]。在此基础上，香农于1950年在《哲学杂志》发表一篇名为《编写数字计算机下棋》（*Programming a digital computer for playing chess*）[3] 的论文，该论文为计算机下棋奠定基础，同时也基本上创造了整个电脑游戏的主题。1956年，达特茅斯会议被公认为是人工智能概念的起源，香农受邀参与此次会议，同年还主编并出版《自动机研究》（*Automata*

---

[1] Shannon, Claude E., "A Mathematical Theory of Communication", *Bell System Technical Journal*, Vol. 27, 1948, pp. 379 – 423, 623 – 656.
[2] 尼克：《人工智能简史》，中国工信出版集团、人民邮电出版社2017年版，第4页。
[3] Shannon, Claude E., "Programming a Computer for Playing Chess", *Philosophical Magazine*, Ser. 7, Vol. 41, 1950.

Studies)①，这都表明他当时对于图灵机及其是否可以参与智能活动的理论基础感兴趣，体现了传播学与人工智能的某种隐性关联，这是人工智能与新闻与传播领域的初始交集。综上所述，20世纪50年代是人工智能在传播领域发展史中的一个分水岭。

鉴于此，笔者基于伊尼斯、麦克卢汉及洛根的分期说，将时间轴的分界点往后推移，将数字化传播纳入考量范畴，以人工智能技术与传媒领域产生渊源的时间20世纪50年代为分界点，再从时间节点向两侧拓展，将媒介技术与传播演进历史分为"前智能传播时代"与"智能传播时代"，从历时性视角来分析传播中身体与媒介的互动关系演进脉络。然而，这两个时代并非完全独立，相互之间仍有交叉和延续。

二 演化分期阶段

1. 前智能传播时代（20世纪50年代之前）

从时间层面来看，前智能传播时代是人工智能技术在新闻与传播领域中出现之前的传播时代，这同时也是人类智能开化的过程，传播史与人类智能进化史同步。然而，前智能传播并不具有人工智能的特性，身体与媒介的关系一直是前智能传播时代中被忽视的维度，因此笔者基于伊尼斯、麦克卢汉及洛根的媒介史分期说，同时结合人工智能技术在传播中嵌入的时间点，从身体视角审视前智能传播时代，根据每一阶段身体感官参与比重的不同，将前智能传播时代重新划分为模拟式传播、口语传播、书写传播、视听传播等传播发展阶段。笔者并不打算重复前人的工作来赘述媒介技术与传播的发展史，而是尝试从身体视角来探析每个传播阶段的横截面特征。

（1）早期智人时代：模拟式传播

在有声语言出现之前，人们的交往形式呈现非言语特征，模拟成为最主要的非语言传播形态。洛根将"模拟式传播"界定为语言出现之前的传播实践，包括"前语言的声音以及手势、面部表情、体态语"②，摩尔根在

---

① 尼克：《人工智能简史》，中国工信出版集团、人民邮电出版社2017年版，第7页。
② ［加］罗伯特·洛根：《理解新媒介——延伸麦克卢汉》，何道宽译，复旦大学出版社2012年版，第25页。

《古代社会》中也强调，人类"必然是先用姿势或手势表达语意而后才有音节分明的言语"①。因此，模拟式传播主要出现于10万年之前的人类远古时期②，具有非语言特征，手势、面部表情、身体姿态及类语言等基于身体的模拟活动成为古人类传播信息与沟通情感的主要方式，所以模拟式传播也可以称作非言语传播，如古人类对于听到的叫喊声做出本能的反应或模仿行为，以发出吸引对方注意力或发出警告的传播信号；在剥皮的树干上用炭石画两根骨头表示危险③；还如青海民和县阳山遗址出土的新石器时代的陶制喇叭筒，这体现了远古时期的社交与传播④。另一方面，从信息获取渠道来看，原始的传播信息主要调动信息接收者的视觉与听觉感官。

（2）智人时代：口语传播

口语传播史与人类发展史近乎相当，因为口语是人类智能发展到一定阶段的产物，是人类身体机能的特征之一。口语传播时代应该追溯到10万到20万年前，文字出现之前口耳相传是主要的传播方式。借用洛根的假设，即随着实践活动趋于复杂，人类仅通过基于身体感觉器官的模拟式传播方式无法满足日趋多元化的社会需求与生活需求，这正如马克思所言"人类在实践中发展到彼此有什么东西非说不可的地步"⑤。因此，与他人交往的迫切需求是口头语言产生的核心驱动力，人类的感知性思维亟待向概念性思维进化，口语词才应用而生并与概念性思维一拍即合，口腔与声音成为口语传播的载体，语音与语义则是传播内容。由此可见，有声语言的产生是人类传播史的一次革命，麦克卢汉用脚与车轮的关系来类比语言与智能的关系⑥，轮子为肢体赋能，所以肢体可以灵活移动，但同时肢体的卷入也在减少，而语言对于智能而言也异曲同工，语言成为智能的代名词。显然，与模拟式传播不同，口语传播的信息接收者主要凭借听觉来获

---

① [美] 路易斯·亨利·摩尔根：《古代社会》，杨东莼、马雍、马巨译，商务印书馆1981年版，第5页。
② 宋昭勋：《非言语传播学》，复旦大学出版社2008年版，第21页。
③ 赖光临：《中国新闻传播史》，三民书局1978年版，第1页。
④ 方汉奇：《中国新闻传播史》，中国人民大学出版社2014年版，第1页。
⑤ [德] 弗里德里希·恩格斯、卡尔·马克思：《马克思恩格斯全集》（第三卷），中共中央马克思恩格斯列宁斯大林著作编译局译，人民出版社1974年版，第509页。
⑥ [加] 马歇尔·麦克卢汉：《理解媒介：论人的延伸》，何道宽译，译林出版社2011年版，第114页。

取信息，与视觉这种分离性感知系统不同，听觉则是综合性感知。与之伴随，口语传播的过程中也形成了口语文化，本书主要探讨的口语文化是指原生口语文化，这与次生口语文化应加以区别①。原生口语文化主要指口语传播时代人们的行为，而次生口语文化的产生则更侧重于基于电子技术的口语传播。在原生口语文化中，语音对于口语词的约束呈现序列性特征且更加抽象化，这促使人们形成个性化的表达方式及思维方式，因为声音具有以人为中心的属性，在此传播过程中，口语词作为意识外化的一种技术削弱了集体意识或直觉，汇聚群体智能并形成社群感。另一方面，由于声音的转瞬即逝，信息的储存较为困难，这也对于口语的表达形式产生影响，如生活在口语时代与文字时代之间的赫西奥德通过包含易于口耳相传及便于记忆的套语等诗歌形式来书写著作②。

（3）现代人时代：书写传播

书写传播的核心构成要素包括文字与书写媒介，这两个核心因素的演化又将书写传播细分为三个阶段，分别为象形文字、拼音文字及印刷文字。囿于口语传播的同步性、即时性等时空局限，古人采用结绳、雕刻、烽烟、旗鼓等符号来辅助口腔与语音传播信息，这是文字功能可以追溯的最早起源。正如洛根所言，信息超载是新语言出现的动力，人类正是迫于大脑记忆的压力，需要一种替代物来延伸大脑，文字也就应用而生，这也是人类智能进一步发展的产物。关于象形文字，世界上最古老文字的记载为生活于底格里斯河和幼发拉底河流域的苏美尔人于5000—6000多年前创造的楔形文字，此外中国最早的汉字为甲骨文，龟甲与兽骨是这些会意文字的载体，以象形符号来传情达意。关于拼音文字，象形文字的出现提高了人类的社交频率，催生了拼音文字与字母表这种音形合一的文字系统③，根据记载，最早的字母表来自巴勒斯坦，出现于约公元前17—前16世纪，此后腓尼基字母表、希腊字母表、伊特鲁里亚字母表纷纷涌现。相较于象形文字，字母表延续其视觉的统一性，而且在书写过程中均有序排

---

① ［加］戴维·克劳利、保罗·海尔：《传播的历史——技术、文化和社会》（第五版），董璐、何道宽、王树国译，北京大学出版社2011年版，第88页。
② Havelock, Eric A., *Preface to Plato*, Cambridge, MA: Belknap Press of Harvard University Press, 1963, pp. 97-98, 294-301.
③ ［加］戴维·克劳利、保罗·海尔：《传播的历史——技术、文化和社会》（第五版），董璐、何道宽、王树国译，北京大学出版社2011年版，第59页。

列并生成不同文字。关于印刷文字,纸张与印刷机是印刷文字得以出现的技术驱动力,而中国功不可没,公元 105 年蔡伦发明了造纸术,文字有了固定载体,将记忆以稳定的形式呈现并保存下来,同时社会分工及传播方式发生重构,如人工抄写的出现,也将身体纳入到文字线性生产链条中;之后,约公元 800 年前中国又发明活字印刷术,拉开了信息结构化与标准化的序幕,也打破了文字的个性化局面。这三个文字发展阶段构成了书写传播时代,对于传统的传播模式产生影响,虽然书写传播内容源自口语,但是口腔却不再发挥主导作用,取而代之的是手与眼,尤其对于信息接收者而言,阅读成为获取信息的主要途径,"凝视"成为身体常态,与口语传播相比,书写传播中的身体感知功能更趋于分裂,书写身体(手、眼、大脑)与书写媒介发生作用并构成书写行为,这也决定了信息接收者的阅读行为,这是一种身体感知的"内卷"过程。

(4)容器人时代:视听感知传播

从技术视域看,电力无疑是一次技术革命,它促使媒介从电报到电视发生演化,将信息以更快的速度传播到更远的地方,基于电力的信息传播可以独立于交通而存在,这就是电力传播的过程,这也印证了麦克卢汉所揭示的传播史主旋律,即新媒介是旧媒介的补救与延伸,因此口语词与书写词并非过时,而是内嵌到电子媒介中成为其内容,如此,信息可以不必依赖于身体而移动,电子媒介全方位地延伸了时空观念并全面解放身体感知。电子技术的蓬勃发展使得信息的层级结构趋于平行,这是大众智能的集体进化,也是身体感知的革命,如麦克卢汉所言"电力媒介介入的速度造成了个人知觉和公众知觉结成的不可分割的整体"[①]。

19 世纪 40 年代,电报的出现将"话语转化成为电子脉冲"[②],电报以文字作为传播内容,这强化了信息传播的同步性,拉近人与人之间的感知距离。19 世纪 70 年代中后期,电话以声音作为传播内容打破了书写的门槛,模拟面对面的"言说—倾听"交往模式,信息传播处于共时情境中,信息存在的空间性与时间性得以延展,同时也开辟了人类社交的新维度。19 世纪 90 年代,投影运动的照片画面成为现实,与此同时电影摄像机日

---

① [加]马歇尔·麦克卢汉:《理解媒介:论人的延伸》,何道宽译,译林出版社 2011 年版,第 281 页。
② [加]戴维·克劳利、保罗·海尔:《传播的历史——技术、文化和社会》(第五版),董璐、何道宽、王树国译,北京大学出版社 2011 年版,第 150 页。

趋完善，窥视孔活动电影放映机也随后诞生，这为电影的兴起奠定基础。电影作为一种媒介技术，与口语和文字相比并非单一媒介，而是聚合听觉、视觉等多种感知，甚至将观众的感知迁移到传播者所构造的影像空间中，而口语、书写及基于这两种媒介的电报与电话则借助于接受者的大脑而发挥作用，即在想象中再现信息情境，而电影则关闭了想象的感知输入途径，直接将内容呈现给观众，将观众的个人感知转变为公众感知。19世纪90年代末（准确而言是1896年），古列莫·马可尼（Gulielmo Marconi）发明无线电报，起初被视为有线电报的替代品，之后于20世纪20年代得到广泛推进，无线电的受众由爱好者转向广泛大众，无线电也成为声音的传播媒介，广播时代来临。广播成为个人空间与公共空间的纽带，人们既可以通过广播享受独有的、私密的静谧时光，这主要在于听觉具有封闭性与排他性，又可以通过电波接收同一信息，通过声音激发群体智能及大众体验，以部落号角的方式唤醒人类的原始情感，有学者指出，"广播至少提供了哈贝马斯笔下'公共领域'中部分的原始功能"[1]。

从20世纪20年代英国工程师约翰·洛吉·贝尔德的首台电视机诞生到20世纪50年代电视已经发展成为一种革命性媒介，直到互联网的诞生，电视黄金时代消逝而电视也开始踏上转型之路。电视将传播者所传递的信息可视化，声音、图像与文字是电视媒介承载的内容形式，尤其视觉在电视媒介传播中处于首位，其次为听觉。麦克卢汉认为电视为"冷媒介"，即电视是一种低清晰度媒介，观众的参与程度相对较高。虽然这一观点颇具争议，但是电视媒介确实全面激活人的神经系统，受众的长期"凝视"会让身体感知内卷到电视媒介所构筑的文化社会中。

2. 智能传播时代（20世纪50年代至今）

计算机技术与网络技术是人工智能产生的起点与基础。人工智能技术落地的关键在于海量数据，因此该技术的本质也是信息传播，信息的本质是去除不确定性，将语言、文字、图片及视频等内容形式数字化，即信息编码并传输后，再解码重新再现内容，这是数字化传播的核心逻辑。正如美国康奈尔大学的教授弗雷德·贾里尼克（Fred Jelinek）所认为的那样，人工智能模仿人类智能，而人类智能的实现就是一种信息传播，即人的大

---

[1] ［英］Asa Briggs、Peter Burke：《大众传播史：从古腾堡到网际网路的时代》，李明颖、施盈廷、杨秀娟译，韦伯文化国际出版有限公司2014年版，第179页。

脑被视作信息源，基于大脑中已有的信息数据来进行思考并以口语方式表达，这是编码过程，通过媒介再传到信息接收者耳朵，这是解码过程。由此得知，人工智能也是类似逻辑，而此时不同之处在于，信源与信宿不局限于人类，技术具身也包含其中，因此信息传播逻辑是基于人工智能传播的核心逻辑，正如贾里尼克认为，可以采用信息传播的解决方法来应对人工智能传播中存在的问题，如使用大量数据对智能语音技术进行训练，人工智能的技术具身通过深度学习数据来实现人—机器的信息传播全过程，这将会重塑传播形态，"智能传播"概念的提出则延续了香农在人工智能领域的理念。因此，笔者从人工智能技术的基础设施互联网与媒介交汇的历史开始梳理。

（1）电子人时代：网络传播

1969年阿帕网（ARPANET）的诞生拉开了互联网历史的序幕，截至目前，全球互联网已经有50多年的发展史，而关于中国的互联网发展史源头应追溯到1989年"中关村示范网"的落地[1]，由此观之，中国互联网也有30多年的发展史。网络在不同领域的广泛应用更是吸引了各领域业界人士与学者的注意力，纷纷从技术、社会、商业、治理及媒介等层面来梳理其发展历程。然而，作为媒介的网络更是开辟了传播的新纪元。

早在1987年，美国《圣荷塞信使报》（*San Jose Mercury News*）就开始利用互联网传递报纸内容，中国最早开启媒体电子化之路的媒体为《杭州日报》，该媒体于1993年通过杭州市联机服务网传输信息，但这次的实践仅是浅尝辄止并不算真正意义的网络媒体。我国学界与业界普遍认同的首家互联网媒体为国家教委主办的《神州学人》通过互联网发行的《神州学人周刊》，比较有意思的是，无论是国外还是国内，互联网与媒介结合的试点都是纸媒。由此可见，网络传播中有文字书写的基因，因此，彼时的传播仍是以线性传播为主，因为网络内容的制作与传播均是纸质媒介在网络中的复制，由于互联网基础设施不完善，普通大众对于互联网概念还比较陌生。

伴随互联网技术基础设施的日臻完善与成熟，网络媒介也开始普及并成为时代变革的强劲驱动力，对于社会的影响由"欠连接"进入"强连接"状态（见表3-3），正如尼古拉·尼葛洛庞帝曾在《数字化生存》中

---

[1] 彭兰：《中国网络媒体的第一个十年》，清华大学出版社2005年版，第17—18页。

提出："计算不再只和计算机有关，它决定我们的生存"①，虽然这句话写于20世纪90年代，当时可能还是一句预言，但是时至今日，已经成为一种生活常态，尤其是随着移动互联网的普及，社交媒体、App及短视频等各种新媒介形态绽放，全方位刺激身体感官，人们从对于网络一无所知到无法离开网络，基于网络的虚拟空间成为人类生存的第二空间，与之前传统媒介相比，已经不是某种身体感官的偏向或延伸，而是借助于信息来重新构建人类身体，身体可以突破生理机能的局限而"在场"，如在社会交往中，人们经常处于"一心二用"的状态，他们可以在咖啡厅中与朋友会面，同时也能与网友聊天，身体穿梭于现实空间与网络空间之间。因此，媒介的边界趋于模糊并逐渐内化为身体的一部分。

表3-3　　　　　　　　　全球互联网发展阶段划分

阶段	特征	年代	产生影响	代表性应用	通信基础	网民普及率	社会连接
1	基础技术	20世纪60年代	军方用途	包交换	有线电话	—	欠连接
2	基础协议	20世纪70年代	形成技术社区	TCP/IP	有线电话	—	欠连接
3	基础应用	20世纪80年代	学界全球联网	电子邮件	有线电话	-0.05%	弱连接
4	Web1.0	20世纪90年代	商业化	门户网站	有线、宽带	0.05%—4%	弱连接
5	Web2.0	20世纪00年代	媒体变革	社交媒体	2G、3G	4%—25%	弱到强
6	移动互联	21世纪10年代	生活变革	应用程序	4G	25%—50%	强连接
7	人工智能/物联	21世纪20年代	社会变革	人工智能	5G	50%	超连接

资料来源：该表内容引用于《全球互联网50年：发展阶段与演进逻辑》(1969—2019)。

在网络传播中，人类拥有两个身体，分别为"物质身体"与"虚拟身体"。其中，虚拟身体就是由个人在媒介中留下的数字痕迹建构而成，而

---

① [美]尼葛洛庞帝：《数字化深生存》，胡泳、范海燕译，海南出版社1997年版，第15页。

且随着技术的发展这两个身体将合二为一，物质与非物质的边界趋于消失，人类开始演化为"电子人"或"赛博人"，这个概念最初来自20世纪50—60年代，当时太空飞行试验中被安装渗透泵的小白鼠就被称为"赛博格"，是一种混合生物体，之后20世纪80年代，唐娜·哈拉维在其著作《赛博格宣言》将"赛博格"界定为机器与无/有机体的混合物，是现实社会与虚拟社会碰撞的结果与产物[1]，具体为技术"介入"后形成人机结合体，突破了传统的人类进化逻辑。因此，如传播学者孙玮所言，传播主体已发生改变，从利用工具的自然人转向技术与身体融合的"赛博人"[2]。

（2）智能主体时代：智能传播

虽然人工智能与传媒领域之间的渊源可以追溯到人工智能概念出现时，但是由于人工智能技术的发展历程坎坷，影响了其在媒体中的应用与普及。回首人工智能历史，发现其呈现三个主流发展方向：其一，通过经典逻辑或符号主义来实现人工智能，这是一种自上而下的控制，主要来自逻辑学与符号学方面专家的关注；其二，以模拟人类大脑的人工神经网络或联结主义来实现人工智能，是一种自下而上的控制，侧重于心理学维度；其三，基于进化编程，细胞自动机及动力系统的人工生命是对生命系统的一种模拟。人工智能与人类智能相关，带来百家争鸣学术氛围的同时，也因内部思想割裂而对其发展掣肘，如围绕"符号论"与"控制论"出现两派之争，致使人工智能的发展起伏不定。20世纪50年代，控制论的兴起可以算作人工智能的第一次发展高潮，第二次高潮则在20世纪80年代，符号人工智能开始占压倒性优势，以专家系统和日本第五代计算机项目得势为标志，但是好景不长，20世纪90年代人工智能处于发展低潮，直到21世纪以后，才迎来第三次高潮，人工智能与媒体及传播的历史也才由此开始书写。最早将人工智能技术用于传媒领域大约发生于20世纪80年代末，《大西洋月刊》记者比尔·戴德曼（Bill Dedman）通过计算机来梳理海量住房相关数据，并通过发布系列报道揭露该行业的隐性种族歧视，其作品获1988年普利策奖。从21世纪开始，人工智能才真正进入新闻与传播领域，准确而言是从2017年开始在美国、英国、法国、

---

[1] Haraway, Donna J., *A Cyborg Manifesto*, *Manifestly Haraway*, Minneapolis: University of Minnesota Press, 2016. ProQuest Ebook Central, http://ebookcentral.proquest.com/lib/warw/detail.action?docID=4392065.

[2] 孙玮：《赛博人：后人类时代的媒介融合》，《新闻记者》2018年第5期。

中国等国家的新闻生产与传播领域中掀起了一场热潮，随着信息技术的迭代升级，计算能力有质的飞跃，加之图像、语音、文本等海量多模态数据涌现，因此人工智能在新闻与传播领域迎来增长爆发期。

人工智能的广泛应用加速了媒介的智能化趋势，人工智能与媒介的融合更为深入与全面，多元化智能化媒介形态逐渐涌现，种种迹象表明人工智能将会引领下一场媒介技术革命。超过50%的互联网流量是由机器—机器交互产生[1]，不仅如此，人机对话也在持续显著增加，尤其是聊天机器人、软件机器人和虚拟个人助理将成为人们生活和工作中不可或缺的一部分，如"写稿机器人""记者机器人""媒体大脑"等机器人形态涌现，智能编辑部与智能化社会正在浮现，智能传播时代已经来临。

根据信息论的观点，人工智能技术是人类传播主体智能的延伸，二进制代码流在一定程度上可以代替神经元的传递，"机器成为患有神经感动的人类，而人类反而成为患有神经感动的机器"[2]。由此观之，身体被视为一种信息模式或信息系统，与计算机仿真不存在本质性的区别，人机关系及生物体之间的边界模糊，机器人形象与人类身体开始从本体到认知有融合趋势。不可否认，身体与技术趋于同质，这在传播中则表现为传播主体与媒介的界线不再明确，主要体现在两个方面：一方面，人工智能技术已经具备传播主体的某些生理特征，人类可以利用虚拟机器人与实体机器人来代替人类身体完成部分工作，从而解放人力去挖掘更深的人类层智慧，最大限度地发挥创造能力，"技术具身"是人类身体的延伸物或替代物，如新华社推出的AI主播有时候可以替代主持人邱浩来进行24小时的新闻报道，观众甚至可能都无法肉眼分辨出二者的区别，又如2019年两会期间央视推出的记者机器人"小白"，利用语音交互技术模仿白岩松的语音语调，基于海量的两会相关数据，其出色的业务能力也可以完全代替以往的咨询员。除此之外，还可以透过文字与图像来追踪及感知受众的情绪变化。另一方面，人工智能技术可以全面模拟人类感知智能，最大限度地还原人类的生存环境，这也是其再次复兴的根本原因之一，如保罗·莱文森

---

[1] Elliott, A., *The Culture of AI: Everyday Life and the Digital Revolution*, New York: Routledge, 2019, p. xxi.
[2] [美]凯瑟琳·海勒：《我们何以成为后人类：文学、信息科学和控制论中的虚拟身体》，刘宇清译，北京大学出版社2017年版，第86页。

认为，技术生命的长度取决于对自然模式的还原程度①，例如人工智能技术对三维感知的复制，因此也就出现全息、VR技术等新智能化技术，通过模拟人类的生活环境或其他创新环境加强了人们的"临场"感，身体与虚拟环境互动后的感知以数据形式反馈给媒介，身体与智能化媒介形成互动。综上所述，在智能化传播时代，物质身体不再是人类身体的唯一形态，数字身体与技术身体均为其形态，因此人类演变为智能主体，成为人类与智能机器的结合体。

纵观人类传播发展史，智能的进化是一个漫长的过程，从体态模拟、口耳相传到书写印刷，从电报、电话、电视到网络，再到人工智能，在相应的历史时期都是智能革命，媒介技术是核心驱动力，然而媒介技术在演进的过程中不仅引发智能革命，还在变革内容生产方式、传播方式及社会形态。

三 演化脉络

> 数字时代中所谓的交互性是一种幻想，因为新媒介技术为并不具备比传统的模拟媒介更强的交互性。——曼诺维奇②

如上所述，曼诺维奇认为与传统媒介相比而言，交互性在新媒介中并不显著。由此可见，曼诺维奇比较的前提是承认传统媒介存在交互性。笔者与曼诺维奇观点一致，认为在前智能传播时代中媒介与身体亦存在互动。媒介技术的发展推动了作为传播主体的人类的进化，从"智人"到"后人类"，媒介与身体的互动模式也随之发生嬗变。"互动"不再是基于计算机等新媒介的智能传播的专属特征，因为超越身体的互动并没有完全实现，这也招致一些学者对于互动性神话的质疑，史蒂芬·格拉汉姆认为新媒介时代的互动性并没有兑现用户将突破身体与物理限制的承诺③，曼诺维奇也对此表示肯定，他甚至怀疑新媒介互动性的存在。因此，当前基于计算机技术的人机交

---

① [美] 保罗·莱文森:《思想无羁》，何道宽译，南京大学出版社2003年版，第249页。
② [英] 尼古拉斯·盖恩、戴维·比尔:《新媒介：关键概念》，刘君、周竞男译，复旦大学出版社2015年版，第85页。
③ Graham, S., "From Dreams of Transcendence to the Remediation of Urban Life", in Steven Graham (ed.), The Cybercities Reader, London: Routledge, 2004, p.11.

互并非身体与媒介交互的历史源头,如曼诺维奇所言"交互作用的过程虽然看起来与先前的媒介传统毫无关联,实际上却并非前所未有,因为人机界面本身就是先前文化形成或交互界面的产物"①,任何新媒介都会成为旧媒介的内容,都可以从先前技术形式中得到合理解释,因此身体与媒介的互动源头也需要追溯到人类智能进化史中寻找答案。鉴于此,结合上述身体与媒介互动性的判别依据,身体参与度较高的互动模式为"强互动",身体参与度较低的互动模式为"弱互动",本节通过基于身体与媒介互动各演化分期的历史来分析其互动模式的演化脉络。

1. 身体与媒介强互动:身体(媒介)—身体

(1) 模拟式传播:身体(媒介)—身体

在早期智人时代,人类生理功能的进化所呈现的传播形态为模拟式传播,这种传播形式的特征为:媒介是身体的一种属性或功能,依附于物质身体而存在,媒介与身体融为一体,身体与媒介的互动产生于身体各部分之间,身体既是互动发生的场所也是互动形态本身,如互动形态外化为面部表情、肢体动作及声音,因此身体与媒介的互动具有内在性,而媒介作为身体的特质是依赖于身体而存在的,尤其在信息传播过程中表现为"身体即媒介",所以与身体的互动性保持一致,在模拟式传播中,无论是从传播主体还是传播者而言,身体在互动中处于主动状态。根据之前的身体与媒介互动类型划分标准可知,在前智人时代,身体与媒介的交互类型为"内在主动式互动",由于媒介是身体的一部分,所以互动为身体感知与行为之间的互动,身体既是互动的"场域"也是互动主体。人们对于身体体态、面部表情及声音(如咕哝、尖叫、呻吟等)的模仿就成为内在主动式互动的结果及表现,这时媒介依附于身体而存在,而没有实体形态,是一种隐喻化的表达,因此笔者认为互动的主动性主要来自身体,集中体现为身体的感知活动,如类人猿本能地通过身体接触感知世界,通过触觉调动身体感知,以模拟方式再现身体感知,以达到交流目的。

(2) 口语传播:身体(媒介)—身体

在智人时代,随着传播速度的加快,人们以叠加身体感知的方式(即联合发挥肢体语言、面部表情及声音的功能)来再现场景已经显得捉襟见

---

① [英]尼古拉斯·盖恩、戴维·比尔:《新媒介:关键概念》,刘君、周竞男译,复旦大学出版社2015年版,第54页。

肘，无法满足人们的交流需求，这倒逼复杂的经验感知升华为抽象思维及概念，这也就诞生了抽象层面的口语。在口语时代，人们不再手舞足蹈来描述一个物体或一个事件，而通过"口腔+声音"联动来发挥身体的媒介功能，有机体内部则成为说话声音的来源，所谓的有机体——口腔+声音则成为媒介，但是仍然从属于身体，身体在与外界接触后产生系列感知反馈，即触觉—身体感知—抽象思维，这呈现了身体（媒介）与身体互动的内在性，然后通过口腔与声音表达出来，口腔与声音虽然为身体的一部分，但是已经外化为一种更为清晰的信息载体，在传播语言的过程中会产生触觉，但这仅是生理层面的感知，并未构成认知反馈，这也是为何不像其他身体感知在时间中留有痕迹的原因，因此根据身体与媒介的互动类型判别依据发现，互动类型为"内在半主动式互动"，即身体与媒介在认识论层面的选择性互动，这里的选择性实则媒介的被动性，主要体现为口腔与声音作为媒介在传播中发挥中介作用而无法将信息反馈于身体，口语则成为智人时代身体与媒介互动的产物，肢体、面部表情在口语传播中也仍然存在，却成为口语的辅助工具。

值得关注的是，无论是模拟式传播还是口语传播，身体在场是传播实现的物质基础，这里"在场"指人们需要在现实空间中面对面来完成传播，身体则成为传播的载体，身体即媒介，"媒介"这个概念最开始依附于身体而存在。从物质层面来看，在实体媒介还未形成之前，通过身体姿态以及口语来将信息外化而进行传递，这时媒介与身体之间存在内在互动。

2. 身体与媒介弱互动：（身体）—媒介—身体

（1）书写传播：身体—媒介—身体

在现代人时代，麦克卢汉就认为，拼音字母表是"文明人"形成的技术路径[1]，因此文字与书写也标志着现代人时代的到来。与此同时，身体"在场"的传播已经不能满足人们基本交往的需求，因为对纷繁复杂信息的记忆让人们精疲力竭，虽然口语可以代替肢体语言缓解大脑压力，但是韵律对言语的安排却产生较大局限，而象形文字与字母表这种视觉化的记录方式则开始辅助大脑记忆，这也是媒介脱离身体而存在的物质形态雏形，而书写材料与印刷技术的出现则强化了字母表的视觉统一性与延续

---

[1] ［加］马歇尔·麦克卢汉：《理解媒介：论人的延伸》（55周年增订本），何道宽译，译林出版社2019年版，第120页。

性，书写传播由此而诞生。在这个传播过程中，身体与媒介的交互类型为"外在被动式互动"，交互的"外在性"特征主要在于媒介开始有独立于身体的物质形态，身体与媒介的交互呈显性状态，即"一种明白显豁的技术"①，这主要体现于两个层面：立足传播者视角，传播者将口腔传递信息的功能赋予文字，而其心理活动或大脑认知可以不必通过口腔来外显，书写材料成为口腔的延伸工具，传播者通过书写媒介将其思想与观点以字母表或象形文字的形式外化；从受众视角来看，书写传播强化了受众的视觉感知，由原来的"身体（媒介）—身体"交互模式变为通过媒介来了解信息的模式，即身体—媒介—身体，即使传播者与受众不在同一时空场域，仍然可以实现交流与传播。与之相伴随，受众的身体姿态也由倾听变为凝视与阅读，视觉感知尤为凸显并超越听觉感知。

那为何该阶段身体与媒介的交互呈现"被动式"特征？一方面，书写媒介与肢体语言及口语一样，仍然发挥"转换器"功能，媒介本身没有自主性，人们可以阅读文字或者书写文字，但是基于拼音的文字或书写媒介本身并不具有意义，同时也不能对身体姿态或个人行为做出回应，因此该时期与早期智人时代及智人时代类似，媒介与身体的互动是身体的单方面弱互动。另一方面，受众在阅读文字时也处于相对被动的地位，尽管从《皇家学会会刊》（*Transactions of the Royal Society*）到《观察家》（*Spectator*），这些早期纸媒的编辑会主动提出让读者对内容进行回应，但是这种现象在当时仍不普遍，传播者被动接受媒体安排的内容，因为书面媒介本身并不能对读者的询问做出回应，保罗·莱文森之前也对此表示，苏格拉底早就抨击书面词并不能回应读者的探询，同时还认为在电报发明之前，"一切超过身边物质环境的交流，都造成互动能力的丧失"②，这些均表明在现代人时代，媒介囿于距离的限制与身体之间的互动较为被动，甚至较为滞后。

（2）视听感知传播：媒介—身体

基于电子技术的发展，容器人时代到来，"容器人"这个概念由日本学者中野牧于1980年出版的《现代人的信息行为》中首次明确提出，以隐喻方式来解释大众媒介对于个人心理的影响，本书借用"容器人"这个概念，

---

① ［加］马歇尔·麦克卢汉：《理解媒介：论人的延伸》，何道宽译，译林出版社2011年版，第86页。
② ［美］保罗·莱文森：《思想无羁》，何道宽译，南京大学出版社2003年版，第178页。

具身存在:智能传播时代的身体与媒介互动

不仅指文化层面和心理层面,如人们在该媒介环境中内心处于封闭状态,而且更强调物质与生理层面,如媒介技术已经不再是彰显人类的某种感知(如视觉或听觉),而是将其重新融为一体,尤其是电报、电话、广播、电视等大众媒介的陆续出现,触发并聚合人们的视听感知。根据上述媒介与身体互动判别依据发现,在容器人时代,媒介与身体的互动类型为"外在半主动式互动"。从文字诞生以来,媒介开始脱离身体以独立姿态而存在,而电力时代的媒介也不例外,媒介与身体的互动也呈现外显状态,在容器人时代则更强调媒介延伸之后与身体的关系,强化了二者的外在互动特征。根据麦克卢汉的观点,电报、电话、广播成为语言与听觉的一种延伸,它们可以再现面对面交流的场景,因此二者均是语言与听觉等身体感知的综合,电视成为身体中视听感知的一种延伸,这也就是保罗·莱文森提出的媒介人性化趋势,而这种人性化趋势在媒介与身体关系中的表现则体现为二者的互动性萌芽,但整体仍较为被动。该观点正是基于康德的真理:"我们对任何事物的认识,仅仅是我们所感觉到的东西"①,因此想象、声音、色彩、动画及第三维功能是媒介和身体感知对应性由少到多的体现,显然这种互动也是由被动到主动的一个演变,因此为"半主动式互动。"以广播、电视为例,如戴维德·沙诺弗(David Sarnoff)所认为,身体与广播媒介的交互则体现为手与转动式或是按钮式开关的交互②,以此来调整各个不同波段,而电视与广播一样通常被视为较为被动的媒介,然而在遥控器发明后,电视的科技互动性则开始凸显③,遥控器赋予电视一定的"主动性",观众可以不用近距离地用手来接触电视机,而可以选择一个舒适的位置按动遥控器,即可发出信号到有线电视台、选择频道、回复民意测验,或者是订阅付费节目,电视以相应内容来回复观众的探询,这就构成了媒介与身体之间的外在半主动式互动模式。与此同时,媒介对人们认知的频繁反馈改变其身体姿态,身体本体由"前倾"变为"后仰",而且遥控器的出现增加了身体的可移动范围,人们在观看电视时不仅在心理层面得到慰藉,在生理层面同样得到缓解,整体身体感知内卷于广播电视等电子媒介构建的视听世界中,因此强化了人们对于电子

---

① [美]保罗·莱文森:《思想无羁》,何道宽译,南京大学出版社2003年版,第233页。
② [英]Asa Briggs、Peter Burke:《大众传播史:从古腾堡到网际网路的时代》,李明颖、施盈廷、杨秀娟译,韦伯文化国际出版有限公司2014年版,第182页。
③ [英]Asa Briggs、Peter Burke:《大众传播史:从古腾堡到网际网路的时代》,李明颖、施盈廷、杨秀娟译,韦伯文化国际出版有限公司2014年版,第382页。

媒介的心理依赖，电视荧幕在情感亲密性的氛围中融入观众，而观众则通过凝视来"触摸"并"进入"荧屏；最终，荧幕不但对观众完全敞开怀抱，更影响了观众的行为，他们愿意沉浸于这种媒介包裹的世界来寻求安慰，容器人时代也随之到来。

3. 身体与媒介强互动：身体—媒介—（身体）

> 我们在"交流"时，交流者的肉体已经不再是体现其独特个性或人格的无可辩驳的象征；我们的面孔、行动、声音、思想和活动，都已经全部迁移到媒介之中，它们无须得到我们的允许就可以尽情散播我们的个性。交流已经无须身体在场。——约翰·杜翰姆·彼得斯①

> 信息，如同人类，不可能离开使它作为物质实体存在于这个世界的载体而存在，而这种载体是实在化的、特定的。载体可以被摧毁，但不能被复制。一旦构成它的特定格式消失了，丢失的数据就不会再回来。——凯瑟琳·海勒②

随着互联网时代的到来，媒介设备日益融入到日常身体实践中，身体与媒介的互动问题也随之凸显。人类如何与没有血肉之躯的存在物进行交互，这成为20世纪交流所面临的难题。然而，彼得斯与海勒的观点则反映了该阶段媒介与身体互动认知的复杂性。这两类观点虽然各异，却有一个共同的前提，即身体与媒介存在互动。在智能传播时代中，身体的"在场"与"离场"成为身体与媒介互动两种主流存在形态，二者不可偏废其一，这是构成人类传播的统一体。

（1）网络传播：身体—媒介—身体

在电子人时代，身体在离场的情况下也能实现互动与交流，彼得斯使用"交流"颇有深意，这或许是互联网时代对于身体与媒介互动的另一种诠释，因为交流对象已经不局限于人类，各种技术具身的出现打破了人们面对面交流的形式，而且"交流"凸显出技术具身趋于人性化与智能化，尤其计算机技术的出现催生出许多具有人类智能特征的"存在物"，它们均可以成为人

---

① ［美］约翰·杜翰姆·彼得斯：《对空言说：传播的观念史》，邓建国译，上海译文出版社2017年版，第328页。
② ［美］凯瑟琳·海勒：《我们何以成为后人类：文学、信息科学和控制论中的虚拟身体》，刘宇清译，北京大学出版社2017年版，第65页。

类的交流对象，在这样的交流过程中，物质身体是否在场貌似已经不是交流的必要条件，而由信息所构成的虚拟身体代替物质身体而存在，也就是"电子人"形态，而从传播视角来看、媒介充当了技术具身的角色，身体与媒介的互动更为真切，因为这时"人体已经外化为媒介"①，或者可以称媒介为人体的复制，人们的身体与媒介的接触实则是两个身体的互动，即物质身体与虚拟身体之间的交互。这与本书的身体与媒介互动性判别依据中的"内在主动式互动"不谋而合。

身体与媒介的"内在主动式互动"是指身体与媒介的互动产生于认识论层面的完全互动，这时身体为虚拟身体，信息成为身体的载体。正如上述身体与媒介互动判别依据中对于"内在主动式互动"的界定，即身体与媒介在感知层面的互动被视为一种符号关系。主动式互动则体现为媒介的"主动性"，即媒介可以主动捕捉人们身体发出的信号，然后以同样的符号形式做出回应，而全程无须身体的外部"在场"，只需要传递符号就能实现互动。与此同时，"符号也因新媒介技术而成为可能"②。媒介的"感知"功能是基于各种算法逻辑而实现的，与身体本身的"感知"达到的效果相同，却有本质性差异。例如，伴随大数据挖掘、算法推荐、面部识别等技术在媒介中的广泛应用，媒介在一定程度上就某些问题可以掌握用户的需求，如今日头条、抖音等可以根据对内容的浏览次数、用户的注意力停留时间等指标来精准测算用户需求，进而"投其所好"并自动推荐类似内容，以供用户阅读。由此可见，在新媒体时代，传播方式发生了转变，由用户"主动搜索"到媒介"主动推荐"，也可以从其中窥探媒介"主动式交互"的端倪。

（2）智能传播：身体—媒介（身体）

澳大利亚政治学教授约翰·基恩的一篇文章《新机器时代革命：对人类的建议》③ 引人深思，他独辟蹊径从机器视角来探讨以人工智能等技术驱动形成的新机器时代，他认为作为实体的人类并不稳定，机器人正在潜移默化地改变人类，触及人性及人类的精神与思维。这与本书从身体视角来考察媒介的变化形成互补与耦合，正是因为媒介技术的进化，基恩提到

---

① ［美］约翰·杜翰姆·彼得斯：《对空言说：传播的观念史》，邓建国译，上海译文出版社2017年版，第329页。
② ［美］马克·波斯特：《第二媒介时代》，范静晔译，南京大学出版社2005年版，第105页。
③ 约翰·基恩、刘沫潇：《新机器时代革命：对人类的建议》，《全球传媒学刊》2019年第1期。

的"新机器时代"与本书的"智能主体时代"相呼应,共同构成了智能传播中身体与媒介互动的大环境。

首先要厘清该部分"智能传播"与之前演化分期"智能主体时代"中的"智能传播"概念。后者为广义的"智能传播"概念,其按照分期来看,包括智能化技术应用的早期阶段与发展阶段,但是在智能化技术应用早期,囿于种种限制并未形成气候,因此对于传播的影响虽有潜移默化之势,但是也微乎其微;然而,该部分的"智能传播"应该对应智能化技术应用的发展阶段。在该阶段中,各种"元年说"开始涌现,如"2016年为虚拟现实元年"①"2017年为人工智能元年"②。这与网络传播中的计算机介入的身体与媒介互动关系不同,结合第一节中的身体与媒介互动判别依据发现:在智能主体时代的智能传播中,从物质性层面来看,智能传播的身体与媒介的互动关系为"外在互动",身体与媒介在本体论层面的完全互动,除身体各部分器官主动接触媒介外,媒介也以类似于身体活动的方式与人类互动;从意识层面来看,智能主体时代的身体与媒介的互动关系亦是"内在互动",因为随着智能化技术的注入,媒介技术的自主性特征凸显,主要体现为可以自动识别用户行为,甚至是情绪与意识,并通过算法对其分析后并进行反馈,有时甚至在深度学习用户行为习惯后"主动"为用户提供推荐选项,这是对于网络传播中身体与媒介内在主动式互动的一种承接或延续。由此可见,智能传播时代下的身体与媒介互动为内在/外在主动式互动,这也体现了身体与媒介的"强互动"特征。

我们可以从传播学中找到支撑,海勒针对"信息人文主义"中强调的信息能够从其所处的身体与媒介中分离这一观点进行拓展或者解构,则认为信息不可能离开物质或身体而存在,而这种存在总是要依赖媒介,字里行间中透露出海勒的身体视角,她承认在信息时代身体确实发生了重构,但也认为脱离身体实践的"后人类"也无存考证,与维纳等人所坚信的"机器能够像人类一样工作"③的控制论观点不同,她更强调身体的物质性,因此人类身体延续存在于身体与机器的互动性物质实践中,身体与机

---

① 剑白:《2016,虚拟现实元年》,《科学大众:小诺贝尔》2016年第7期。
② 张洪忠:《人工智能元年,谁在引领媒体大势?》,2017年4月26日,http://media.people.com.cn/n1/2017/0426/c404465-29238175.html。
③ [美]凯瑟琳·海勒:《我们何以成为后人类:文学、信息科学和控制论中的虚拟身体》,刘宇清译,北京大学出版社2017年版,第10页。

器彼此相互建构，而这里的机器则对应传播学中的媒介，据此发现海勒的观点也揭示出物质层面的身体与媒介互动关系，这与人工智能时代的大背景更为契合。从意识层面来看，尤其随着技术的演进，媒介甚至以智能方式与人类对话，不仅处于主动地位，更开始发挥主体性作用，因为互联网作为新媒介的基础支撑有其自身的计算逻辑与法则，而其运行逻辑的制定与人的发展密切相关，身体的发展规律也被纳入其中，媒介逻辑与身体实践逻辑形成共振，身体与媒介处于"共情"状态，这主要体现于两个层面。

从技术维度来看，以虚拟现实技术为例，身体与 VR/AR/MR 等沉浸式虚拟现实系统的交互与之不谋而合，听觉与视觉是人类产生空间感的核心元素，因此他们对于声音更为敏感，而虚拟现实技术更注重听觉体验，以创造身临其境的存在感，将用户置身于知觉与三维空间互动而建构的"体验场域"中，突破"凝视"屏幕这种机械的身体姿态，而使得全身感官体验得到满足与释放，用户甚至可以在这个空间中探索自己的体验，除物质界面不同外，一定程度这与书籍、电影中构建的虚拟空间颇为相似，只不过虚拟现实将虚拟空间可视化，而这种沉浸式的交互性则最大限度地延伸了人的感知能力，从而促使身体与显示界面处于"强互动"状态。

从社会维度来看，盖恩认为应将新媒介技术理解为"真实世界里人与人交互的镜像"[①]，侧重于探讨人机交互的社会与心理动因，将新媒介技术人格化，人机交互实则是回归至人际交往。基欧希斯则进一步强调人的能动性是影响交互性的重要变量。在人工智能时代，智能化媒介的交互性更值得深思，人工智能技术在新闻与传播领域中的应用呈现"拟人化"特征，如"写稿机器人""采访机器人""AI 主播""智能音箱"等智能化形态的涌现，无论是从形态还是到功能都是以人的需求为核心准则，机器学习并模仿人的行为以更好地与人交流，无论是在新闻生产中还是社会交往中，都以"助理"或"伴侣"的类人化角色存在。对用户而言，之所以倾向于使用这些智能化形态，本质上还是体现了对于人际交流的渴望，同时也强调了身体"在场"及其主体性。

由此可见，在智能传播时代，身体与媒介的互动性呈现于多个维度，

---

① ［英］尼古拉斯·盖恩、戴维·比尔:《新媒介:关键概念》，刘君、周竞男译，复旦大学出版社 2015 年版，第 89 页。

逐渐由物理交互向智能交互转变，从而也改变了传统的人机交互图式，以新型人机交互形式来实现人际交流的目的，而各种关系的交织也是智能主体形成的重要条件，本书主要以智能化技术在媒介中的广泛应用所形成的智能传播为研究背景，将其身体与媒介"强互动"视为智能传播时代身体与媒介互动模式建构的基础。

第三节　本章小结

综上所述，身体与媒介之间存在互动性，而且贯穿于整个媒介进化史，在身体与媒介的互动过程中，互动的"内在"与"外在"则聚焦于身体，身体呈现"具身性"特征，从"内在"与"外在"不同空间中身体的切换，到身体于"内在"与"外在"的具身体现；而互动的"主动性"则聚焦于媒介，随着信息技术的发展，媒介的人性化趋势浮现，由"传声筒"转向与人类身体特征相当的"交流者"，从被动应对身体转向主动与身体交互，媒介从一个依托于身体而存在的概念逐渐变为一种可以离开身体或者代替身体存在的一种实体或物质，甚至成为能够站在人类身体对立面的一种主体，因此对于媒介物质化探讨的声音也越来越多，这也在潜移默化地改变人类的传播方式。互动性呈现由弱到强的趋势，这里的强弱程度取决于身体与媒介二者共同的参与程度，而对于参与程度的界定则主要从"内在/外在"与"被动/主动"来进行判断，身体与媒介的"内在/外在"特征以及主动性特征强势，则可以界定为身体与媒介的"强互动"；与之相对，身体与媒介的"内在"或"外在"特征之一及"被动"特征强势，则可以界定为身体与媒介的"弱互动"。鉴于此，综上观之，身体与媒介互动的演化脉络为"强互动—弱互动—强互动"，媒介从一个隐喻概念走向实体，从依附于身体转向成为独立的个体；身体与媒介的互动也体现于"内在"与"外在"的共在，具身性的特征显现，尤其在智能传播中身体与媒介的互动为"强互动"，身体与媒介的自主性增强。那么智能传播的"强互动"如何体现？又有何影响？以下章节将具体阐述。

第四章 智能传播中身体与媒介强互动模式建构

根据第三章传播中的身体与媒介互动演化脉络，在媒介技术论视域下，智能传播中的身体与媒介为"强互动"，身体与媒介（身体）是核心要素，那么这种"强互动"模式又该如何建构与理解？这是本章节所要探讨的问题。本章首先以智能传播实践中的身体与媒介现象来论证二者强互动的可能性，并将其上升至技术哲学的高度，从现象学的人与技术关系来挖掘人机交互的本质，以建构考察身体与媒介强互动实践的分析框架，将人机交互—身体与媒介互动—人与技术关系这三个层面的逻辑融会贯通，也是期望在传播学与现象学之间进行理论对话，以此来共同探析智能传播中的身体与媒介互动特征。

第一节 智能传播中主动的身体与媒介

一 媒介的自主性

5G技术促使信息传输路径发生改变，设备之间无须通过基站则可以直接建立连接，手机等移动设备将不再是人们依赖的唯一媒介形态，万物皆可为媒介，这不仅加速了传播手段及形态的升级，更可能重塑新型传播形态，这也更新了人们对于媒介的认知，媒介呈现"渠道—环境—交流者"的身份演变路径。传播渠道维度的研究重点关注媒介的"信使"角色，即突破地域限制在传者与受者之间传递信息，媒介处于被动、中立的地位；环境维度重点关注媒介如何为人们的生活及交往构建新型公共空间，媒介开始产生社会影响,而不只是纯粹的媒介;交流者维度重点关注媒介如何作为"交流对象"的角色而存在,改变了传统的人际交流模式,媒介也更为独立与自主,媒介的"自主性"角色尤为突出,这在智能化媒体实践中得到验证。

媒介可以自主"感知"人的言行举止。媒介借助于传感器及算法技术可以测量人的数字化行为轨迹甚至是人的数字意识,从而由"信使媒介"转向"感知媒介"。在社会交往中,这种感知性体现于两个层面:其一,作为传播主体,尤其是内容服务商而言,他们可以依托智能化技术来预测或计算用户的身体实践,对用户进行精准画像,从而更加精确地掌握用户情况及需求,将用户相关认知深化到生理信息层面,与此同时,用户也可以根据媒介的"主动推荐"来更有针对性地选择所青睐的内容。其二,媒介也为感知自我及人内传播提供了支撑。例如,媒介从日记转向社交媒体,自我传播形态也由口语日记转变为 Vlog,其演变逻辑为身体的浮现及日记的公开化,本质在于媒介对于自我的全面监测。智能化媒介成为自我—自我互动的中介,也是自我审视的主要工具。媒介的自主性在于媒介对于身体内在与外在层面的测量。其中,外在层面又指物质层面,人们可以借助于媒介了解身体状态与运动,如"微信运动"等;内在层面则强调精神层面,如情绪、意识等心理状态。由此可见,媒介也成为对人的一种监视工具。

二 身体的觉醒

人工智能时代的交互界面载体发生变迁:正由物质实体转向身体主体,如人工智能语音及虚拟现实等新技术的涌现,使得听觉与知觉成为人机交互的新界面,而非媒介工具本体,交互界面嵌入到身体中,正趋于人性化,不仅发挥介质作用,还充当人们交流的对象,这唤醒了沉睡已久的身体。

身体知觉融入媒介,媒介即身体。屏幕这一物理界面已经不能满足用户全面体验世界的需求,甚至成为人们探索新世界的一种阻碍。人工智能嵌入媒介后,媒介趋于智能化,这唤醒了长久隐藏于媒介背后的身体,虽然目前还是处于弱人工智能时代,从单向物理界面转向基于身体的智能对话界面,这加速了作为界面的媒介与人身体之间的边界消融,媒介形态将呈泛化趋势，而基于身体知觉的参与式媒介或成为媒介的新形态：一方面，新媒介将身体知觉全方位激活，2018年世界电信产业权威咨询公司Ovum发布的《5G将如何改变媒体与娱乐商业》报告显示[1]，5G技术将解锁媒体新互动方式，促进AR/VR应用程序开发，尤其与VR功能相结合的高响应触觉装备将拓展媒体消费的感官维度，甚至基于这两种技术的混合现实（Mixed Reality）技术也开始由想象变为现实，该技术以先进的光学设备和计算机为基础，用户利用头戴式设备与身体感官的互动将数字世界与物理世界融为一体，以意识与动作作为交互方式，用户将产生近乎于现实环境的"临场感"，他们很难区分信息传播中的信息源是来自界面、身体本身，还是身体与界面交互的结果，因此有论调认为交互界面的意涵也发生改变，从物质的工具性转向身体的生理性，"媒介正成为人体的一部分"[2]，如近期微软发布的Spectator View工具就是利用混合现实捕捉技术（Mixed Reality Capture），不借助于戴Hololens耳机的普通用户也可以直接体验现实世界与数字世界的融合，将电影里中的虚拟世界变成现实，与VR不同的是并非以"第一视角"而是以"第三视角"来体验两个世界的融合。

5G时代的到来还为构建"永久在线与永久连接"社会提供契机，整个世界处于快节奏的状态。有学者认为"永久在线与永久连接"状态对人的行为与认知产生影响，"永久在线"是指人们处于经常使用移动在线设备的状态，以满足其资讯、娱乐及社交等需求；"永久连接"是指人们与移动终端的互动行为会潜移默化地形成一种警觉心理[3]，人们需要随时随地来应对海量信息，稍有不慎就可能被淹没在信息海洋中，于人机交互界而言，有可能会阻碍信息传播与社会交往。因此，需要短平快的内容产品与服务，以提高效率并增加身体的舒适度，简洁与自然或将成为人们与媒介交互的目标。有研究表明，一些用户已经开始养成新的媒介接触习惯，即通过"命令和控制"的交互方式来获取和更新简讯，近一半受访者

---

[1] Ovum, *How 5G Will Transform the Business of Media & Entertainment*, London：Ovum, 2018.
[2] ［丹］克劳斯·布鲁恩·延森：《媒介融合：网络传播、大众传播和人际传播的三重维度》，刘君译，复旦大学出版社2015年版，第87页。
[3] Vorderer, P., Dorothee Hefner, Leonard Reinecke & Christoph Klimmt, *Permanently Online, Permanently Connected Living and Communicating in a POPC World*, New York：Routledge, 2018, pp. 30–31.

（56%的美国人和45%的英国人）表示他们会通过简报功能获取信息，他们喜欢简洁、控制与聚焦感[①]。又如手动输入将成为一种历史，因为机器人助手能够自动执行越来越多的常规任务，这在智能化新闻实践中就已经开始实现，这样可以提升生产效率并为更多有意义的任务留出时间。由此可见，身体的实时在场成为智能化技术需求日益增长的根源，我们已经从用手机械按键、手触摸屏幕，正在过渡到身体与意识作为交互界面的时代，身体正逐渐觉醒并主动与媒介进行互动。

然而，这是一个任重道远的过程，虽然对话与沉浸式互动还未普及，还是作为一种辅助工具的角色而存在，但是它们却为人们提供了可能的创意空间和趣味性，而这些现实和想象与利用无线电识别技术使得物理客体与身体能够通过互联网进行定位与跟踪这一身体网络化实践相比，无疑是交互界面的变革。在技术驱动下的智能化时代，媒介边界泛化且人性化趋势显著，显然身体将成为媒介的新归宿，媒介与身体的交互实践将成为常态。

第二节　智能传播中身体与媒介强互动模式建构

无论是人机交互还是身体与媒介互动，其本质都是人与技术关系在不同维度的表达。在复杂多变的智能传播环境中，身体与媒介的强互动模式的建构也依然要回归到其本质——人与技术，从中寻找建构路径。在第二章的理论基础部分已经对于伊德的人与技术关系和身体与媒介互动之间的关联有所揭示，该部分则主要借助于现象学的"变更"研究方法，围绕"阐释关系""具身关系""它者关系"，来对于身体维度的媒介技术史演变中的身体与媒介互动模式雏形进一步拓展，以建构智能传播中身体与媒介强互动模式的研究框架。

需要说明的是，在第二章中我们已经得知，"变更"是现象学研究方法之一，以下将采用这种方法将人—技术—世界三者关系变更为现象层面的身体—媒介—环境三者的关系，基于之前媒介技术论中的身体—媒介（身体）

[①] Newman, N., *Digital News Project November 2018 – The Future of Voice and the Implications for News*, 2018.

的互动模式，同时将身体的存在时空这一要素考虑在内，以此来探寻身体与媒介"强互动"的建构逻辑。

一 阐释关系：[身体→（媒介—环境）]

在"阐释关系"中，世界类似于"不透明的文本"①，这里技术应用与语言、意义指向功能一致，技术则介于人与世界之间，成为人们"观察世界、理解世界、进而操纵世界的工具"②，而人们对于世界的认知也并不是现实世界本身，而是技术所建构的世界，这里强调的是技术对于文化的意义，其关系图式为[人→（技术—世界）]。伊德以新技术来解读人与技术的关系，新技术以仪表板、刻度盘等表征来指示世界，与此相对，人则以"阅读"的身体姿态来与技术建构的世界发生联系。这里有两个暗示，一是技术有"能力"代替人们了解世界，从而形成"去身体化"的过程；二是人们对于技术的解读则体现于知觉性，即身体与知觉意义的回归。在新闻传播中，媒介与技术有异曲同工之处，媒介成为人们了解世界的中介，但是又不局限于此，我们通过媒介感知世界的同时，身体知觉又建构所感知到的媒介环境（媒介与世界的结合），身体与媒介的互动终归回到身体，这一点在海德格尔和胡塞尔的观点中均有所指示。在此基础上，研究者从传播学视野来分析，将伊德的阐释关系意向公式变更为[身体→（媒介—环境）]。

在智能传播时代，[身体→（媒介—环境）]的意向性表达显示，身体与环境之间并不透明，环境并没有直接展现在身体面前，而成为一种媒介化的表象，这在智能化媒介中尤为显著。一方面，媒介成为现象的"解构者"，媒介与环境之间不存在明显的一致性。在智能传播时代，媒介泛化已是事实，用户身体对于环境的感知则主要来自媒介，用户根据媒介对于数据的分析及算法推荐来浏览新闻；关于传播者，媒介也为他们生产与传播新闻内容提供了阐释路径，如媒介可以提供当日的舆情热点，还可以依托于大数据技术来制作新闻，从综合性视野来提供新闻制作框架甚至是内容；另一方面，身体也随着环境的不同而呈现多元化，本书主要基于之前身体的内在/外在

---

① 杨庆峰：《翱翔的信天翁：唐·伊德技术现象学研究》，中国社会科学出版社2015年版，第72页。
② 牟怡：《传播的进化：人工智能将如何重塑人类的交流》，清华大学出版社2017年版，第137—138页。

维度，并结合现象学的身体观，来分析实践中的身体形态，人们在通过媒介解读环境的过程中并不会感知到自身的存在，或者可以说媒介的自动化搜索与内容生成代替了身体实践，但是从知觉层面来看身体切实感知到媒介产生的文本，如此身体与媒介的互动就构成了阐释关系，这体现了身体与媒介的"外在主动式互动"。

二 具身关系：[（身体—媒介）→环境]

"具身关系"是指"技术是人类身体的化身与具体体现"[①]。伊德以人类经验作为起点，这与胡塞尔、海德格尔及梅洛-庞蒂一致。在实践中，"具身"是人们与世界的一种关系表达方式，"具身关系"指人与环境的关系，其中技术或人工物呈现物质化特征，并融入到人们的身体经验中，其关系类型为[（人—技术）→世界]，如视野是以眼镜或目镜作为中介，听觉是以手机为中介，仪器探头的末端则成为感知远处研究对象的表面结构的中介，这也体现了伊德对于"具身关系"本质的解读："技术是人类知觉的延伸"[②]，这与卡普的"技术体外器官理论"以及麦克卢汉"媒介即人的延伸理论"一致。然而，技术体验逐渐被整合为知觉体验，伊德在这方面却关注较少，对此杨庆峰就提出一个被忽视的维度"技术成为身体的有机部分"[③]，笔者认为综合上述两方面，具身关系的理解才比较完善。显然，"技术人工物或技术制品不仅是一种工具，而且它与使用者构成一个共生体"[④]。那么在传播学视野下，"具身关系"的本质也即[（身体—媒介）→环境]，人们通过身体与媒介融为一体来感知世界。

[（身体—媒介）→环境]的关系意向性表达显示，在智能传播时代，身体与媒介相互融合并共生，媒介在适应身体后便会"离去"，身体对于媒介的感知呈现透明性，人们会下意识地将媒介作为身体的组成部分并融

---

① 张璐：《浅谈唐·伊德的人—技关系理论中的四种关系》，《吉林省教育学院学报》（下旬）2014年第9期。
② 杨庆峰：《翱翔的信天翁：唐·伊德技术现象学研究》，中国社会科学出版社2015年版，第73页。
③ 杨庆峰：《翱翔的信天翁：唐·伊德技术现象学研究》，中国社会科学出版社2015年版，第73页。
④ 吴国林：《后现象学及其进展——唐·伊德技术现象学述评》，《哲学动态》2009年第4期。

具身存在：智能传播时代的身体与媒介互动

入到身体实践中，这也就是海德格尔所说的"上手"① 事物在使用时的撤退，即"切近的上手事物的特性就在于：它在其上手状态中就仿佛抽身而去，为的恰恰是能本真地上手"②。这在以虚拟现实媒介为主的人机交互中更为显著，如人们佩戴头戴式设备进入虚拟世界或虚拟与现实融合的世界，会忽略头戴式设备的存在，这与伊德的眼镜案例如出一辙。由此可见，"具身关系"强调身体与媒介突破主客体的边界，媒介在其中不仅发挥工具作用，而且与身体形成新的共生主体；身体与不同环境的互动则形成新的身体图式，符合身体与媒介的"内在主动式互动"模式。

三 它者关系：[身体→媒介—（—环境）]

"它者关系"是一个技术现象学的概念。伊德的"它者关系"来源于法国哲学家列维纳斯（Emmanuel Levinas）最早在伦理学中提出的"他者"概念，在人与人关系范畴中讨论，如果将"他者"视作能够被我者思想、关系同化的奴隶，这仍然是以自我为中心的表现，而这里的"他者"是一个完全有别于自己且不可能被"我者"同化。伊德将其延伸到"人与技术关系"③ 的阐释框架下，用第三人称"它者"来区别与人类的本质。"它者关系"是将技术作为交互主体而存在，技术的具身化则体现为技术的自主性并且有自己的发展规律，也就是伊德所谓的"人工物人格化"，以"它者"或者"准它者"而存在，其关系类型为［人→技术—（—环境）］，在此关系图式中，"（）"表示一种非必然性，即指人类可以通过技术指向世界的意向关系［即（—环境）表达中"—"的前项可以为技术］，但是这并非一种必然，因为世界也可以成为一种背景，人类的意向性聚焦于技术本身。伊德在早期的研究中以玩具为例，因为它充当了"玩具"与"玩伴"两种角色，然而随着技术的发展，之后以机器人为例，强调技术不是完全附属于人，也不是人们连接世界的中介，它是具有自主性

---

① 根据海德格尔的观点，这里"上手"并非强调手是生理身体的一部分，而是指手所发动的活动，其中"在"就体现了手的日常状态与时间性。
② ［德］马丁·海德格尔：《存在与时间》，陈嘉映、王庆节译，生活·读书·新知三联书店2012年版，第74页。
③ Ihde, D., *Technology and the Lifeworld: From Garden to Earth*, Bloomington: Indiana University Press, 1990, pp. 98 – 99.

及人性化特征的人造物,并以这种方式与人类"相遇"。从关系维度而言,学者马克·寇克尔伯格提出关系主义(relationism)以弥补在实证主义框架下人机关系的认知缺陷,也提出人机关系会以"它者"关系而存在[①],具体指机器人除实体本质外,在与人类互动的过程中产生意义。伊德其实对于上述人机关系并没有多做阐述,然而随着人工智能技术、机器人技术的发展,这种交互的主体性逐渐凸显,引发传播学界关注,因此传播学者牟怡延续该逻辑提出,在面对人与机器的关系时,无须刻意将机器人具化为人类认知一部分,因为"机器人……与人类的他者无异"[②],这都体现了媒介的自主性与能动性,也只有在人工智能时代才可以实现,而根据传播学的逻辑,人与技术的关系亦可以变更为[(身体→媒介—(—环境)]。

[(身体→媒介—(—环境)]的关系意向性表达指出,身体与媒介作为独立个体而存在于世,而身体与媒介的互动也是二者共存的状态之一,因此彼此都作为对方的他(它)者而存在,如果说在具身关系中主体与客体边界消融,那在"它者关系"中则生成新的主体与主体关系。媒介作为"它者"而存在,基本独立于身体,而身体的社会属性凸显。鉴于此,人机交互形成类似于人际之间的互动,这在作为媒介的社交机器人中尤为显著,社交机器人无论是从内在还是外在都与身体形成互动,即符合"内在/外在主动式互动"模式。

第三节　本章小结

综上观之,媒介技术论视野下的智能传播中身体与媒介的强互动框架,即身体—媒介(身体),位于现象学家伊德的人与技术关系脉络中,本书则主要挖掘人机交互的本质逻辑,即人与技术关系,为身体与媒介的强互动模式提供理论框架。除围绕"阐释关系""具身关系""它者关系"这三类身体与媒介互动关系外,笔者进一步对于身体、媒介及环境这三个

---

① Coeckelbergh, M., "The moral standing of machines: Towards a relational and non-cartesian moral hermeneutics", *Philosophy & Technology*, Vol. 27, 2014, pp. 61–77.
② 牟怡:《传播的进化:人工智能将如何重塑人类的交流》,清华大学出版社2017年版,第138页。

核心要素做出阐释。关于身体，本书主要从本体论与意识论两个层面出发，立足现象学与社会学视野来理解，强调身体是物质身体、文化身体及社会身体的融合；关于媒介，媒介的主动性日渐增强，这与媒介技术论的非中性转向以及现象学中的技术观不谋而合；关于环境，本书以智能传播为大背景，不同的传播场景则构成身体与媒介互动的环境。根据上述框架，本书将主要从人的认知、娱乐及社交三大需求出发，来观照智能传播的三个场景：新闻传播、娱乐传播及社交传播，虽然这三个场景并非完全独立，相互之间存在交叠，但是研究者在此主要侧重于考察智能传播时代三个场景的各自突出特征，进而结合身体与媒介的互动现象来分析不同场景中的身体与媒介互动特征及其对于这三种传播形态与社会的影响。还有一点需要说明的是，本书仅是借助于伊德的人与技术框架来考察不同场景中的身体与媒介，但并非完全从现象学理论来阐述，而更侧重于从现象学与媒介技术论的融合与碰撞中来理解身体与媒介的互动现象。

第五章　人机互动：智能化新闻传播中的身体与媒介互动

> 产业和娱乐中新型的相互关系，是电力技术瞬息万里速度产生的结果。我们的新式电力技术使知识的瞬间加工过程得以延伸。这种借助相互作用对致使在瞬息之间完成加工的机制，早已发生在我们的中枢系统中。——马歇尔·麦克卢汉①

在人工智能时代，信息传播方式与信息获取方式发生变革，智能化特征日渐凸显，媒体融合是人的信息感受系统的全方面延伸，这也是人与人，人与物关系的重构。在这个重构的过程中，正如彼得斯所述"技术中的身体却是现代传播的一个两难问题"②。这里的"两难"是指身体在媒介与传播中存在悖论，人们一方面希望突破身体本身的生理限制以拓展其"在场"空间，而另一方面却又不满足于脱离交流文本的身体"在场"，希望通过身体真切感知世界，这种困惑在智能传播时代中的新闻场域中依然存在。目前，人工智能、大数据、虚拟现实等各种智能化技术在新闻生产中的应用虽然处于初级阶段，但在一定程度上新闻生产的自动化特征凸显，智媒时代新闻场域的轮廓初现，人机关系的理性思考也与之伴随，其中新闻生产者陷入矛盾：一方面，希望借助智能化技术突破身体的生理限制，以更及时、精准地报道新闻；另一方面，却为写稿机器人、AI主播等技术具身替代自己身体参与新闻生产而感到焦虑，正如美国社会学家安东尼·吉登斯所言"在场与不在场之间的交织关系背后的心理动力机制，根

---

① ［加］马歇尔·麦克卢汉：《理解媒介：论人的延伸》，何道宽译，译林出版社2019年版，第426页。
② ［美］约翰·彼得斯：《交流的无奈——传播思想史》，何道宽译，华夏出版社2003年版，第205页。

源在于身体,在于身体的需要及其满足控制的形式"①,显然身体成为探讨智能化信息传播中人机关系问题的关键。在日新月异的新闻场域中,智能化技术则重置身体与技术之间的关系,身体成为理解智能化新闻生产与传播态势的新视角。

鉴于此,本书并非仅以文本话语作为智能化新闻传播研究的基础,而立足于阐释关系框架,即[身体→(媒介—环境)],聚焦于智能化新闻场域中的身体与媒介互动实践,以身体为视角,通过探析新闻场域中新闻生产者身体"在场"与"离场"问题本质来揭示智能化信息传播中的身体与媒介互动实践特征及其对于新闻生产与传播的影响。

第一节 智能化新闻场域的考察进路

本章节聚焦于新闻场景,该部分对于身体与媒介互动的研究主要以实地研究为主,问卷调查的量化研究为辅。实地研究即包括收集分析观察资料、访谈资料等方法。本书主要以新华社作为研究场域,因为新华社在媒体融合实践中一直在国内遥遥领先。尤其在近几年,新媒体创新实践更是表现不凡,随着智能化技术的更新迭代,新华社由数字化走向智能化,推出一系列人工智能新闻实践,尤其 2019 年 12 月 12 日,新华社智能化编辑部正式成立并在新闻制作与传播全链条中投入使用。这也是本研究选择以新华社作为研究案例的主要原因。在此基础上进一步聚焦于新媒体中心,因为智能化新闻编辑部的建设就是以新媒体中心作为依托,也是新华社应用智能化技术较多的部门。根据上述考量,研究者于 2019 年 4 月 15 日至 5 月 1 日在新华社新媒体中心编辑部就人工智能技术在新闻领域中的应用情况展开调研。研究者的身份角色是非正式实习生,这里"非正式"指工作形式不固定,根据新媒体中心编辑室的需要而协助其工作,而作为这种非正式实习生,也有利于研究者在进入和离开田野时更加灵活。这次研究的目的:一是了解国内外智能化技术在

---

① [英]安东尼·吉登斯:《社会的构成:结构化理论纲要》,李康、李猛译,中国人民大学出版社 2016 年版,第 49 页。

第五章　人机互动：智能化新闻传播中的身体与媒介互动

新闻中的应用情况；二是确定新闻场域中身体与媒介互动的关键要素及逻辑；三是从身体实践着手观察并访谈，这也为本章的撰写提供思考路径。

在进入新华社之后，研究者主要以参与式观察与深度访谈为主来收集资料。关于参与式观察，研究者以"参与观察者"的角色进入新闻媒体中心，即以观察为主，参与为辅。在申请成为新华社新媒体中心的实习生起，就向该机构表明自己身份，在获得领导批准后参与到新媒体中心的日常工作中。新媒体中心每天分为三班，早班、白班与晚班，研究者为对新闻生产工作形成全面了解，因此观察时间段主要为早上八点半至晚上六点半，这对应该中心的白班。研究者参加每天早上的选题会及每周的例会。在每天早上 8：30—9：00 的选题会中，基于微博数据选出热度指数最高的选题，同时结合本社的舆情系统数据对于热度与强度指数较高新闻的进展情况进行汇报，也监测其他热度较高的新闻事件并对于选题进行补充，最终由相关负责人来确定当日需要跟进的选题，并确定新闻报道类型。在选题会之后，各工作人员进入新闻编辑与审核阶段，研究者主要以静态观察为主，偶尔也会参与中心负责老师交代的任务，同时也参加每周一的例会，以坐在一旁聆听为主。除此之外，也对于凤凰网、中国青年网等媒体及相关主题论坛进行考察。

访谈是指目标指向性较强的信息获取方式，也是获取社会经验材料与数据的必要途径，访谈对象、访谈形式及访谈内容为访谈研究方法的核心要素。经过一到两天的观察，发现智能化技术的应用主要集中于新闻采集与视频制作等方面，因此进一步明确了研究对象为主编、记者、视频编辑、媒体大脑运营师；访谈形式以"创造性访谈"（Creative Interviewing）为主，该概念是由学者道格拉斯（Douglas）[1]总结提出，强调访谈形式应不局限于固定规则，如此才可以理解被访者的内心世界及深层体验，而与受访者建立良好的人际关系是创造性访谈得以实现的关键。研究者在进行访谈之前针对这三类群体拟定访谈大纲，但是在提问时则不拘泥于结构化的访谈大纲，而在新华社，主要是在相关老师的引介下与受访者快速建立人际关系。访谈内容则根据对象的不同也发生变化，对于记者、视频编辑等新闻媒体专业工作人员而言围绕新闻生产建构话题，而对于媒体大脑运

---

[1] Douglas, J. D., *Creative Interviewing*, CA: Sage, 1985, p. 1.

营师的访谈则主要聚焦于技术层面的身体与媒介互动实践。新华社与新华智云中的访谈对象共计 11 人，以腾讯、搜狐、百度的相关工作人员作为补充访谈对象，共计 5 人，每次访谈时间为 30—60 分钟，研究者通过录音笔记录后并将其转为文字，利用 MAXQDA 软件来分析访谈资料并确定主题，分别为"新闻场域""多态身体""去身体化""身体在场""人机协同"。

除新闻生产主体，新闻受众也是本书重点关注的对象，他们的身体体验与实践也是智能化新闻场域的重要组成部分，同时也是揭示新闻场域中身体与媒介互动规律的切入点之一。研究者采用传统的媒介效果研究方法——网络问卷调查等量化研究方法，针对受众与智能化媒介等要素来设计问卷《智能化媒介接触与使用调查基本问卷》，于 2019 年 9 月 10 日至 2019 年 12 月 9 日在"问卷星"调查问卷平台上制作与发布问卷，同时也通过微信、论坛等多种渠道来发布，共收回问卷 254 份，其中被调查者主要来自北京、太原、成都等城市。关于问卷调查内容，该问卷共有 20 道题，尤其结合后现象学研究路径，本书除传统的媒介接触问卷调查中关于接触频率与形式的相关问题外，尤其侧重于受众在接触智能化媒介时的身心体验，从而得出新闻生产内容的关键词为"语音新闻""沉浸式新闻""建设性新闻"。

第二节　智能化新闻场域：理解智能化新闻传播

在探讨智能化新闻传播中的身体与媒介互动关系之前，首先应该对互动实践发生的新闻场域进行界定。目前，智能化技术在新闻传播中的应用方兴未艾，学界对"智媒时代新闻场域"的界定还无定论，笔者尝试从"新闻场域"概念的流变中探究"智媒时代新闻场域"概念建构的核心要素。"场"是一个物理学概念，是物理量在空间的分布区域，时间的嵌入与否又分别构成"静态场"与"动态场"，这里的"场"指自然空间。其中，布尔迪厄（Bourdieu）引入"静态场"概念来阐述社会空间中的客观关系，他将"场域"定义为"各种位置之间存在的客观关系的一个网络，或一个构型"①，这是一个抽象概念。基于此，布尔迪厄②进一步将场域理论引入新闻领域并提出"新闻场域"概念，罗德尼·本森（Rodney Benson）③则揭示出该概念的本质，认为新闻场域是文化场域的下位概念，但二者不同之处在于新闻场域的内部关系并非完全客观，还受政治场域与经济场域的影响与牵制。随着"人人皆媒""万物皆媒"时代的到来，新闻业发展呈现"液态化"，布尔迪厄的场域理论对于新闻场域概念的解释力渐弱，但也并非一无是处，其中"力量主体"与"关系"核心要素仍为"智媒时代新闻场域"概念建构的基础。

从力量主体来看，在智能化时代，新闻场域的核心力量主体仍为新闻生产者与受众，集中于理性心智与生物性形式的主体性，随着技术的"嵌入"，力量主体也发生异化，技术化具身的主体性凸显，形成新型智能主体。根据目前实践来看，新型智能主体的特点主要体现于以下两方面：

一方面，新闻生产者与传播者具有赛博格的特质。图克尔④认为，人们与智能手机等通信设备的融合使得所有人都成了赛博格。尤其在控制论视域下，赛博格并非指生物形式的主体性与基于技术的媒介主体性完全等同，而是强调生命体与媒介在信息控制的本体论逻辑下所存在的共性及联结性。因此，新闻生产者与传播者也逐渐由基于生命体的新闻工作者衍生为写稿机器人、AI主播、发稿机器人等非人类实体并在新闻编辑室纷纷涌现，媒体工作者与这些非人类实体的频繁交互已经成为新闻实践常态。人工智能的类人化特征正逐渐让这些非人类技术形态成为新闻工作者眼中的"他者"，具有一定主体性，如新华智云运营师ZY在谈及媒体大脑时特别强调："完全由MAGIC生产的短视频的作者署名为MAGIC"，这就是技术形态主体性的体现，它们共同构成新的新闻场域中的主体力量及新型关系网络，新闻生产者与传播者的主体性边界也在拓展，智能化技术从最初作

---

① ［法］皮埃尔·布迪厄、［美］华康德：《实践与反思——反思社会学导引》，李猛、李康译，中央编译出版社2004年版，第133页。
② ［法］皮埃尔·布迪厄、［美］华康德：《实践与反思——反思社会学导引》，李猛、李康译，中央编译出版社2004年版，第2—9页。
③ Benson, R., "Mapping Field Variation: Journalism in France and the United States", In R. Benson and E. Neveu, eds., *Bourdieu and the Journalistic Field*, Malden: Polity Press, 2005, pp. 85 - 112.
④ Turkle, S., *Alone Together: Why We Except More From Technology and Less From Each Other*, New York: Basic Books, 2011, p. 152.

具身存在：智能传播时代的身体与媒介互动

为新闻生产者与传播者的一种附庸到目前在某种情境下可以单独承担原来新闻工作者承担的责任，这种人与新技术的频繁互动及数字化生活的浮现解构了自然与人造、主观与客观、本体论与认识论的二元对立关系。

另一方面，同样作为力量主体的受众，其感知能力逐渐增强。调查显示（图5-1），5成多（54.72%）的被调查者选择"用手指点击屏幕"的方式获取新闻，然而与智能音箱/智能电视等智能媒介的"语音交互方式"则紧随其后，受访者比例为26.77%，由此可见，受众可以通过佩戴VR眼镜与身体感官形成互动，身体与VR眼镜融为一体共同建构感知世界。2019年爱立信消费者研究室（Ericsson Consumer Lab）发布报告《2030年十大热门消费趋势——感知互联网》[1]发现，消费者预测，到2030年，基于屏幕的体验将越来越多地与几乎与现实密不可分的多感官体验竞争。此外，更有研究发现[2]，VR新闻报道不仅可以提高观众的参与度还可以提高新闻报道的可信度。由此观之，虽然人类有机体与机器之间的完全结合仍任重道远，但是在"永久在线与永久连接"的生活环境下，智能化技术已经开始为新闻受众赋能，受众的智能化技术感知能力提升，受众感知被全方位激活，不再满足于身体离场的信息刺激，而利用人工智能、VR、AR等技术能够深化读者与观众对于新闻报道的感知能力，因为智能化媒介与传统媒介最大的不同是引入了用户控制的空间动力学，为受众带来更多信息场景并从中寻求自我认同。依稀可见，新闻生产与传播中的力量主体已不仅仅是媒体工作者与受众，如上所述还包括许多非人类的存在物。

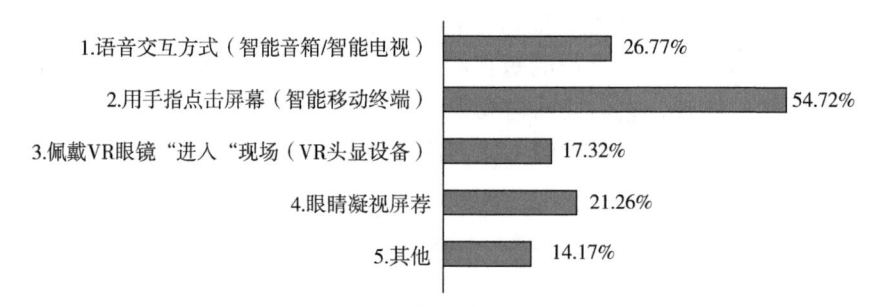

获取新闻方式	比例
1.语音交互方式（智能音箱/智能电视）	26.77%
2.用手指点击屏幕（智能移动终端）	54.72%
3.佩戴VR眼镜"进入"现场（VR头显设备）	17.32%
4.眼睛凝视屏荐	21.26%
5.其他	14.17%

图5-1 近半年受访者选择获取新闻内容方式的比例

---

[1] Ericsson Consumer Lab, *10 Hot Consumer Trends 2030: The Internet of senses*, December 2019.
[2] Kang, S., Erin O'Brien, Arturo Villarreal, Wansoo Lee & Chad Mahood, "Immersive Journalism and Telepresence", *Digital Journalism*, Vol. 7, 2019, pp. 294–313.

第五章 人机互动：智能化新闻传播中的身体与媒介互动

从人机关系维度来看，随着力量主体的异化与多元化，新闻生产中的"关系场域"也将发生变化，上述智能传播的身体与媒介的强互动特征则构成新闻场域中人机关系的新维度。新闻场域力量主体发生嬗变的核心驱动力在于智能化技术的"嵌入"，这突破了生产主体与社会的二元关系框架，因此技术成为新闻生产与传播中关系构成的新型核心要素。技术成为"元新闻"概念界定中不容忽视的因素，"智媒时代新闻场域"是布尔迪厄"新闻场域"概念在技术维度的延伸，即以力量主体与技术在新闻生产中的各种位置之间的关系图式所构成的网络，核心为人机关系。如上所述，既然新闻工作者与智能化机器被一视同仁地当作自主、自律的个体，那么在新闻实践中人机关系主要体现于两个方面。

其一，人对机器的全面解读，新闻工作者主动学习智能化技术的逻辑，正如新华社安徽分社记者 TY 所言："新华社每年经常有各种各样的培训，现在媒介技术迭代比较快，所以必须要不断地去学习一些新的东西。"这在维纳的年代早已有揭示，他认为人类首先会被当作信息处理实体，而本质上类似于智能机器，因此应全面了解新媒介技术的运行机制，并深入了解其逻辑才可与智能化媒介形成共鸣。

其二，人对机器进行"规训"。一方面，新闻审核以人为主，机器为辅，对于媒体大脑等智能化新闻生产技术而言，新华智云的运营师 ZY 认为："当然你说像新闻那些肯定是需要人工审核的，机器只是帮助你完成了 80% 至 90% 的工作，但仍需要人工参与进行审核"，新华社安徽分社记者 TY 也强调"技术审核这块可能只能做一个常规审核，最终还是由人来把关，因为文字稿件有校对的一些字幕程序，有一个转码分析，识别错误率，但也仅仅是错别字、简单的语序与逻辑及标点符号方面的识别与更正"。显然，虽然技术在某个瞬间会呈现主体性，但仍然以辅助角色而存在，在新闻生产中，新闻工作者是最终"把关人"，目前囿于技术限制，机器仅限于较为机械化、程式化的工作，而对于与情感、深度逻辑等人类智能相关的审核任务则心有余而力不足，仍需要新闻工作者来做权衡。另一方面，机器并不能完全替代人，新华社记者 TY 也明确提出："我觉得它（媒体大脑）可能在突发事件或现场要求比较高的特定场景有作用……实际上你如果是要特定表达一些内容，在新闻场合表达的话可能还是相对比较弱一点，它可以实现镜头的转接和过渡，但是还没有办法去看内容，比如我这个稿子想表达的是什么事情，选取什么角度，它是不知道的。"由此可见，目前人工智能技术还处于弱人工智能阶段，在新闻领域中所承担的工作仍是重复率较高且较为机械的任务，不能精准把握新闻的价值取向及叙事深层逻辑，还需要新闻工作者来设定程序运行规则，因此从目前来看人工智能技术对于新闻工作者并未构成根本性威胁，机器始终受到新闻工作者的"规训"并服务于人，会按照新闻工作者的要求提供相应的分析报告或检测报告，如实时检测热门话题指数，提供有价值新闻议题并围绕话题挖掘相关数据与资料。

综上观之，"力量主体"与"关系"共同交织构成智能化新闻场域，在该场域中身体与媒介的互动实践如何？这是以下小节所要探讨的核心问题。根据前面章节的互动模式特征，身体为互动模式探讨的新突破口，基于此来考察新闻场域中的身体与媒介的强互动实践。在该过程中，身体的形态如何？身体与媒介的互动关系如何？对于新闻生产与传播形态有何影响？这一系列问题都亟须得到回应。

第三节　多态身体：智能化新闻场域中主体的具身体现

在智能化时代，新闻场域的力量主体仍是新闻生产主体，即新闻生产工作者，然而随着技术在该场域的嵌入，力量主体也发生嬗变，本书在上述空间中探讨其力量主体在新闻生产与传播过程中发挥的作用以及他们相互之间的关系图式。新闻场域的智能化与虚拟化特征对新闻生产与传播过程中行为主体的思维与身体产生巨大影响，以下主要探讨智能化新闻场域中新闻生产主体力量的具身体现——身体形态。本书以伊德的"三个身体理论"[①]为框架，结合其他现象学与社会学的身体理论与观点，重点考察智能化时代新闻工作者较为恒定的身体形态，发现新闻生产主体存在三种身体形态，即"物质态身体""社会态身体"与"技术态身体"，在智能化新闻场域中这三种身体形态相互交融与共生。

---

① 杨庆峰：《翱翔的信天翁：唐·伊德技术现象学研究》，中国社会科学出版社2015年版，第93—96页。

第五章 人机互动：智能化新闻传播中的身体与媒介互动

一 物质态身体：传播者与受众体验的现世存在

根据物质态身体的核心内涵，新闻与传播领域的物质身体为传播者及受众等主体的身体，如记者、编辑及受众在新闻生产与传播过程中的生物机体存在及其行为与知觉体验。在智能化新闻场域中主要体现为新闻生产者及传播者使用智能化媒介时内在性与外在性的身体。一方面，身体的内在性在智能化新闻场域中的显现决定了新闻记者使用何种技术来制作或以何种媒介传播内容，如新华社记者TY所述："因为传统的设备又大又重，多一点都不想带，现在使用比较多的是轻量化采集设备，如手机平台、无人机，尤其无人机可以去人去不了的地方。"其中，"轻量化"就是新闻记者身体对于智能化媒介的感知体验，媒介微型化已是不争的事实，身体从技术具身中解放出来。另一方面，身体也作为一种对象物而存在，体现为其视觉性与触觉性的外在显现。根据调查发现，关于人们使用智能化媒介的原因，37%的受访者选择"身临其境感受真实"，仅次于"工作与生活带来便捷"这个原因，这表明受众在智能化信息传播中更注重身体"在场"的视觉与触觉体验的满足。

二 文化态身体：新闻生产者的"把关人"身份

基于文化态身体的核心内涵，身体经验成为社会与文化建构的重要因素，鉴于此，本书主要考察专业新闻生产主体在新闻生产过程中的角色或身份，即社会规则与新闻职业规范"规训"下的身体实践。在新闻场域中，记者掌握信息生产的关键环节与一系列传播工具等丰富资源，因此在新闻生产与传播过程中占据一定地位，会无形地形成一种不平等关系。然而，社会赋予记者更多权力的同时也对记者的行为有更多规制。首先，应该具有社会责任意识，如新华社编辑C认为："不为别人，就为了给我们自己一个交代。……融媒体也好，专线也好，我们都有责任。"看似新闻工作者是从自身视角出发，而其实是根据社会对新闻工作者的规制与要求来建构一种身份认同；其次，随着技术规则的植入，全媒体化素养成为未来记者社会身体的新图式，例如新华社编辑HJ就强调："这两年新华社都在做这个事儿，就是搞这个全媒体的培训，想把记者训练成一个单兵，并且什么都能做，我觉得这个培养的方向是对的，因为记者全面的学习有助于组织策划能力的提升。"最后，新闻报道客观、真实、全面等传统新闻职业规范在智能化新闻场域中仍然生效，这要求记者理性控制其身体，如亲临现场、尊重事实、以旁观者身份对真相秉笔直书，尤其在智能传播时代，由于技术本质上也具有文化性，记者还应遵循技术逻辑来更精确掌握信息。

三 技术态身体：机器人+电子人+数字化身

目前，在智能化新闻场域中，虽然人工智能等技术的应用还处于初级阶段，其技术与身体的互动实践仍围绕技术工具论，但是技术态身体的雏形已经开始浮现。从身体外在形态来看，主要体现于三个层面：其一为技术的"具身性"存在，如基于界面的新华社写稿机器人"快笔小新"以及有实体形象的人民网江西演播室的智能机器主持人"小明"等；其二是电子人形态，即身体与机器融合后的身体形态，如在沉浸式新闻中，用户需要佩戴VR头戴式设备来阅读新闻，此时新闻传播过程中的身体形态就是用户身体感知与VR眼镜等技术具身存在共同作用的结果；其三为数字化身，即在技术作用下，由信息构成并可以脱离人的肉身而独立存在的身体形态，包括建立在相对成熟的数字动画基础上的"虚拟主播形象"以及基于人工智能技术的AI虚拟主播，如2018年新华社与搜狗联合发布的全球首个全仿真智能AI主持人，通过人脸识别、唇语识别、情感迁移及语音识别等多项前沿技术联合建模并让机器深度学习和训练，从而生成等同于真人视觉效果的AI分身模型。从构成身体的内在逻辑来看，数字化技术的迅猛扩散，尤其是互联网技术促成了"永久在线永久连接"的生活状态，智能化技术对于新闻场域的影响潜移默化，"智能化信息秩序"也正在形成，隐性地规制了身体与媒介互动时的存在状态。本书中智能化媒介接触的相关问卷调查显示，随着智能语音技术及虚拟现实技术的发展，三成多被调查者选择用"听觉"与"触觉"来感知新闻，这突破了传统的触屏及视觉化信息获取方式，这是身体与技术交织的结果，而且被调查者也呈现更为主动的技术态身体。

第四节　作为媒介的人工智能：身体化+传播者

一　媒介物理形态微型化：媒介"身体化"特征凸显

人的身体本身就是媒介，智能化技术促使身体媒介与其他媒介深度融合，从而也改变传播方式，从口口相传的人际传播，点到面的大众传播，到以人为核心的网络传播，再到虚拟与物质边界消融的泛在传播，这都是人与技术互动的结果，人机交互趋于深化，而麦克卢汉早有预言"电脑技术有可能给人的各种感觉编制程序使之接近于人的意识"[①]。从媒介形态来看，一方面，随着泛在传播时代中大数据等智能技术的应用，新闻媒体可以对用户需求与感知精准画像，利用虚拟现实技术模拟感官知觉场，人的感知可以作为身体与新闻事件的连接渠道，因此"去媒介化"已经成为未来新闻媒介形态发展的趋势，媒介的实体形态趋于无形。根据最新预测，到2020年，30%的搜索将在没有屏幕的情况下完成[②]，由此可见，"去媒介化"的本质为媒介与身体的边界消失，媒介甚至有"嵌入"身体的趋势，因此媒介泛化后基于身体知觉与听觉的参与式媒介或成为新媒介形态，身体承载的功能却越来越多，将重新发挥其媒介作用，身体也可以享有多种姿态，而非视觉凝视各种屏幕这一种姿态，新媒介将身体知觉全方位激活，尤其声音将成为新载体，随着智能语音技术的发展与神经语言程序设计的完善，基于语音的搜索将成为万物互联的引爆点之一，"嵌入"人们的生活中，智能音箱的诞生就是参与式媒介的雏形之一。由此可见，人机交互界面已经发生变革，由原来的物理交互界面转向身体，媒介已经退去物理化的外衣而更加趋向于身体及人性的回归，同时人与人工智能之间的交互，本质而言仍是人际交流与人内传播模式。

---

① ［加］马歇尔·麦克卢汉：《理解媒介：论人的延伸》，何道宽译，商务印书馆2000年版，第97页。
② Carl Dombrowski, "5 Reasons Why Voice Ai will Dominate in 2018", Medium, December 9, 2018, https://medium.com/@carldombrowski/5-reasons-why-voice-ai-will-dominate-in-2018-47f2249c252a.

二 媒介角色的转变：从"中介"转向"传播者"

在"阐释关系"框架下，本书结合传播形态演变史来观察媒介角色的转变，从而发现，媒介不仅发挥中介作用，更是承担"传播者"的角色。在自动化技术驱动下，媒介形态也更趋智能化，在新华社中则主要以写稿机器人、AI 合成主播、媒体大脑等形态而存在，它们除具备人性化特征外，还发挥传播者的功能，这里的"传播者"角色也体现于媒介对于新闻素材与数据的理解、解读及呈现等功能。

1. 作为中介的媒介

在大众媒介时代，传播学传统研究通常认为，传播行为是发生于具有传播能力的人之间，媒介则被视为"个人与个人"以及"个人与群体"[1]之间信息交流的中介工具。当时学界聚焦于信息传播效果，而对于媒介本身并未给与过多关注，同时也凸显现代本体论对于人类的意义，作为传播主体的只能是人或人的复数，媒介则被认为是内容生产者与其受众之间的传播渠道。媒介发挥工具价值，注重传播目的与效果，发挥"搬运工""转述者"或"促进者"的作用，这也决定了电视、广播、报纸等大众传播媒介的单向、线性传播。我们从传播特征的描述也可以看出：无论是"大众传播"还是"线性传播"，媒介都在发挥中介作用。

2. 作为场所+社会参与者的媒介

随着基于网络的数字媒介的蓬勃发展，当时新媒介颠覆了传统大众媒介的线性传播模式，而呈现强交互特征。学界对于媒介社会角色的认知体现于两个方面：一是媒介形式转向以计算机介导的人际交流，改变了新闻生产者与用户之间信息流的形式及其二者之间的关系，传播方式由点到面转向点到点，呈现网络化特征。二是媒介是人机交互发生的场所或环境；三是认为用户对于计算机的交互式信息反馈是人类互动规则的体现，即将计算机视为"社会参与者"[2]，然而这种参与行为仍然不能算是完全意义上的参与，因为媒介的社会意义仍依赖于与人的物理界面交互而产生。

---

[1] Barnlund, D. C., "A Transactional Model of Communication", In Communication Theory, 2nd ed, edited by C. David Mortensen, New Brunswick, NJ: Transaction, 2008, pp. 47-57.

[2] Nass, C., Jonathan Steuer & Ellen R. Tauber, "Computers are Social Actors", In Proceedings of the SIGCHI Conference on Human Factors in Computing Systems, New York: ACM, 1994, pp. 72-78.

3. 作为传播者的媒介

近十年来，人工智能技术的更新迭代赋予媒介自主性及个性化特征，丰富了人际传播的形式，与之伴随，媒介的社会身份也更为多元。其一，部分媒介可以被视为人类的交流对象及独立传播者[①]，即媒介可以自主完成类人的交流行为，如 AI 主播及 AI 聊天机器人。其二，在部分新闻编辑任务中可以代替人类传播者而存在，如写稿机器人在体育、财经等领域中表现颇佳，自动搜集数据并撰写稿件，现在可以实现全程无须新闻工作者参与，写稿机器人发布的内容可以直接与受众产生连接关系。在整个新闻传播中，虽然全自动化的生产链条还未实现，但是写稿机器人等智能媒介却已经被纳入到新闻编辑链条中并发挥重要作用，成为除人类之外的"传播者"。这引起学者的广泛关注，有学者专门就自动化新闻的研究文献进行梳理，发现媒介的传播者角色体现于几个方面：一是模仿大众传播环境中的传播者角色，如利用新闻写作程序来编辑内容并借助于网络及手机等新媒介分发内容，传播方式为"多对一"的形式；二是媒介可以直接与用户就内容进行交互，如聊天机器人与社交机器人等具有不同功能的机器人技术被运用于不同内容领域，成为跨语境的"传播者"[②]。

第五节　从去身体化到身体在场：智能化新闻场域中的人机互动逻辑

除身体与媒介的静态维度考察外，本书还立足动态视角探讨"技术至上"大背景下的身体与媒介互动后的身体动态性实践，发现身体"在场"与"离场"的交替存在是身体与媒介关系相互作用的表征。其中"在场"是指新闻场域中专业新闻生产主体身体在新闻生产过程中存在意义的显现，而这里身体也是"技术态身体"，准确说是技术嵌入后的身体形态在

[①] Guzman, Andrea L., "Voices in and of the Machine: Source Orientation Toward Mobile Virtual Assistants", *Computers in Human Behavior*, Vol. 90, 2019, pp. 343–350.

[②] Lewis, Seth C., Andrea L. Guzman & Thomas R. Schmidt, "Automation, Journalism, and Human-Machine Communication: Rethinking Roles and Relationships of Humans and Machines in News", *Digital Journalism*, Vol. 7, 2019, pp. 409–427.

新闻生产环境中的一种显性存在；而"离场"则与之相对，强调身体在新闻生产过程中的缺席，媒介成为身体的延伸物，代替身体发挥某部分功能或延展其机能，在该过程中，媒介显性存在，而非新闻生产主体的身体则退居其后，代替身体与环境进行交互，身体则通过媒介来建构人们对于环境的体验，此时的环境也为"拟态环境"。因此，智能化新闻场域中身体"在场"与"离场"问题，实质为身体与媒介的互动，新闻生产者对身体在这两种状态中穿梭产生了从焦虑到满足的心态变化，关键在于身体与媒介的互动从异化到正常的转变，而从身体维度来看，身体与媒介的互动实践逻辑体现为从"去身体化"向"身体在场"的演变，从而形成人机互动。那么"人机互动"与"人机交互"有何区别？这个问题的甄别有助于更深入理解人机互动。根据文献梳理，"人机交互"作为技术概念存在时与"人机互动"等同，它们是对于"Interaction"一词的不同翻译表达，但笔者认为二者并不能完全等同，从概念辨析来看，"交互"是计算机科学的一个术语，即"通过计算机输入、输出设备，有效实现人与计算机对话的技术"[①]，因此人机交互为技术层面的人与机器（计算机或其他设备）的关系。然而，"互动"则与之不同，其内涵与外延更广，包含"交互"的技术意涵，同时也传承社会意义，在媒介自主性增强的基础上，媒介作为"传播者"，如此人机互动则颇有人际互动的意味，是文化层面的人与机器的关系。

一　去身体化：智能化新闻场域中身体适应媒介

案例1

传统的设备又大又重，多一点都不想带，现在使用比较多的是轻量化采集设备，如手机平台、无人机，尤其无人机可以去人去不了的地方。此外，还有语音识别技术，采访完将录音收集回来后上传，然后自动转换成文字。（TY，北京，2019-04-16）

案例2

人就可以做一些更有意义的事情，其实机器替代你做的都是那些

[①] Interaction Design Foundation, "Human-Computer Interaction (HCI)", https://www.interactiondesign.org/literature/topics/human-computer-interaction, retrieved on April 28, 2020.

第五章 人机互动：智能化新闻传播中的身体与媒介互动

重复的、机械的工作，你像上字幕这种交给机器去做，但现在传统媒体像上字幕这种还是需要编辑手动一个个来拍，一个个来改，这个是花费大量时间的，包括配音，那主持人你可以做一些更有意义的事情，出去采访也好，或者是其他发挥更大价值的事情，你像配音，这种事情交给机器就好。（ZY，北京，2019-04-19）

笔者发现新闻工作者在身体"在场"与"离场"中徘徊，其中身体"在场"之所以可能在于隐藏物质态身体，这样新闻工作者才可以突破生理限制并实现在各种环境中的"在场"；身体"离场"实则为一种新闻生产自动化的过程，即人为因素介入较少的情况下并基于已有的程序规则与编辑规则将海量数据转化为可视化的新闻文本、图像或视频的自动算法过程，因此身体"在场"与"离场"的条件与结果在于"去身体化"，这里身体是指"物质态身体"，而且技术支配下物质身体与媒介关系的暂时性失衡，身体与媒介的互动发生异化，偏向于身体适应媒介。

根据智能化新闻生产实践与新闻工作者的体验叙述发现，这种"去身体化"本质上是技术支配下的媒介与身体"强互动"的异化，主要体现于以下两方面：其一，技术具身突破物质身体的时空限制，在一定条件下成为记者身体的替身，恢复身体本身具备的能力，可以节省身体的损耗，提高新闻生产效率，尤其在地震等突发性灾难类报道中，受地理、交通等外部因素限制，记者无法前往灾区第一现场进行报道，其身体的各种感知能力的发挥受阻，由无人机、写作机器人等技术具身来完成地震相关信息的采集与搜索，以此来恢复记者在新闻报道中的身体功能，为记者的身体行动拓展提供了可能，从某种意义而言，技术发挥的替代效应恢复了灾区现场报道的媒体环境，提高现场新闻报道的时效性。例如，新华社智能编辑部利用"媒体大脑"摄像头新闻机器人和"鹰眼"智能监测系统能够较早记录与捕捉突发事件及新闻热点，记者不必亲临现场就可以获得素材与数据，这在一定程度上节省了新闻生产的人力与物力，身体与媒介的互动呈现异化，新闻生产者的物质态身体处于离场状态。其二，技术具身突破身体机能的局限，从机械化行为甚至到认知层面，技术具身代替新闻工作者身体完成部分工作，如搜狗智能录音笔 C1 自动化转录音频与媒体大脑 2.0 "MAGIC"智能生产平台对内容的秒级、海量生产，都为新闻生产效率的提高开辟新路径，尤其 2019 年在智能编辑部正式成立后，记者广泛采用智能手机、AR 智能眼镜、智能录音笔等智能硬件随时随地发起"现场新闻"全息直播，增强了记者的视觉与记忆，都为新闻生产效率的提高开辟新路径，这也表明：技术能够突破身体局限，进而协助人们改善其可以利用的环境。

由此可见，技术支配下身体与媒介的互动发生异化与失衡，智能化技术正强制性地融入媒体人的身体，人的思考和编辑能力变成了点击鼠标的机械动作，致使大脑和手逐渐解放出来，渐渐脱离于新闻的生产过程。各种实体机器人也现身新闻生产与传播过程中，如河南广电的"飞象V仔"机器人可以在新闻直播间与主持人、嘉宾进行互动对话，这种类人形象的出现及其交互行为表明"身体革命"已从幕后的记者与编辑波及台前新闻主持人，与新闻生产者在空间上的共在已经延伸到意识层面的共在。特别是全球"AI 合成主播"的诞生，更增加了传媒界人士的担忧。该 AI 主播原型为新华社的主持人邱浩，其面部、声音及肢体动作与邱浩几乎无异，而且关键该主播可以突破生理限制 365 天工作且报道零失误，这是真人主播所不能比拟的，由此各种"真人新闻主播面临失业"等悲观论调涌现，虽然问题严重程度可能还未及此，但是主持人邱浩表示，"看着和自己一样的外表，一样的声音说着自己没有说过的话，感觉……说不上来的味道"[1]。因此，新闻生产者的焦虑所在不是身体本体的缺失而是身体主体性的削弱，这也充分体现了技术身体"在场"对于新闻媒体工作者产生一定的冲击力。实际上，自技术诞生之日起，这种担忧就一直存在，海德格尔[2]认为，打字机剥夺了人们身体的本真性，因为随着按键机械动作的熟练，手的书写功能正在丧失，麦克卢汉承接这一观点提出"延伸意味着截除"。上述观点均表明人们对于机器成为身体一部分之后将代替原有器官的忧虑，因此也就不难理解智能化时代媒体人为何对身体离场感到担忧。总而言之，智能化媒介以迅雷不及掩耳之势进入新闻场域，各种技术具身的出现倒逼媒体工作者身体的感知体验脱离新闻生产过程，新闻媒体工作者的身体显得无所适从，他们担心在自动化新闻生产过程中的频繁缺席可能会削弱媒体人的主体性意识，显然媒体人身体与技术具身之间的关系失衡并且有向后者倾斜

---

[1] 百度网：《全球首个"AI 合成主播"正式工作，网友：这样的主播没有灵魂》，2018 年 11 月 8 日，https://baijiahao.baidu.com/s?id=1616541538326931018&wfr=spider&for=pc。

[2] Winograd, T., "Heidegger and the Design of Computer Systems", in A. Feenberg & A. Hanna (eds.), *Technology and the Politics of Knowledge*, Bloomington: Indiana University Press, 1995, pp. 108–125.

的趋势，这迫切需要重置新闻场域中的人机关系，也反面体现其对于新闻生产过程中主体性身体在场的一种渴望。

二 身体在场：智能化新闻场域中媒介开始适应身体

案例1

智能软件自动上好字幕后，然后再进行人工调整，因为它可能有方言，还有实际的一些情况。……新华社的业务类型比较多，有文字记者、电视记者、摄影记者等等，不同记者对人工智能的需求也不一样。（TY，北京，2019-4-16）

案例2

因为机器本身是不具有智能的，今天这些机器这么聪明，它的智能从哪里来的？实际上是我们人训练并开发的，所以你有多少智能就意味着，你需要花多大的精力去赋予它这个制度。（WangJ，北京，2019-06-01）

案例3

其实剪片还是人在剪辑，智能化剪辑不能满足需求，有些内容不适合智能化剪辑，二更的片子，有温度，传递情感，这时候有些不太适合媒体大脑。（WenJ，北京，2019-04-18）

由上可知，"去身体化"这种身体与媒介互动的异化问题亟待解决。无论是物质态身体在新闻生产过程中的缺席，还是新闻工作者对技术具身拓展身体的"在场"的期待，这两个看似存在悖论的问题，实则殊途同归，都指向人们对于身体"在场"的渴望，正如彼得斯认为，身体在交流中的缺席并非没有底线，身体接触不可能被永远压抑[1]，因此身体成为新闻场域中身体与技术关系的一种调和物，身体以何种姿态存在则成为智能化新闻场域中身体与媒介互动关系再平衡的关键。以下从身体—技术的理论根源与技术实践来探寻智能化新闻场域中身体与技术关系的现实转向路径，认为身体是媒介的宿命，媒介源于身体且回归身体，回归身体成

---

[1] ［美］约翰·彼得斯：《对空言说：传播的观念史》，邓建国译，上海译文出版社2017年版，第283页。

具身存在:智能传播时代的身体与媒介互动

为身体与媒介互动关系再平衡的新方向,即媒介开始适应身体。

人类制造工具是为了模拟或延伸其自身功能,因此身体的功能逐渐被附加到智能化技术化身上,看似整个新闻场域呈现媒介化,但实则为"身体化",因为技术最终也要回归到工具理性与价值理性,这是人本质特征的体现。英国社会学家克里斯·希林在肯定人自身能动性的同时也强调"身体的外形与功能为这些技术设定了标准"[1],肯定了身体作为技术来源的重要性,从工具视角发现媒介技术终归是为满足身体需求而服务。约翰·谷兹布洛则以生火为隐喻来揭示技术与身体关系的本质,认为"人能生火并能控制火,这样的能力使我们的身体成为这种技术资源的发展源泉……即使在技术社会态主体主导的时代,生命也必须通过身体来延续"[2],技术不仅源于身体更要回归人的主体性地位,因此也不可能凌驾于身体之上而存在。在新闻与传播领域,媒介是技术的具身载体,因此技术来源于身体的观点实则媒介源于身体,这一观点在媒介环境学派中盛行,从麦克卢汉的"媒介即人的延伸"到莱文森提出媒介技术的演化方向趋于"人性化趋势",这些观点都符合媒介技术依附于人的具身体现而存在的规律。

再回到人工智能时代,从机器人专家的雄图伟略中可以窥见:人工智能的雄心在于以人类为衡量标准,在机器内部建立可以与人类(智能)相提并论的(机器)智能。在智媒时代新闻场域中,从技术的形态与功能分析,技术源于身体且回归身体主要体现为两个层面:

第一,技术具身形态源自身体形态,如出现于演播厅与编辑室的人工智能机器人与AI合成主播,它们或被设计成人形或与人类身体某类特征契合,同时也延伸了媒体工作者的生理极限。一方面,智能化面部识别和语音识别技术延展了新闻生产者主体的视觉与听觉体验,这可以代替新闻生产主体的部分程式化与机械化工作,身体与媒介在智能层面的互动并非使得新闻工作者的身体完全离场,因为目前智能化技术的应用还未形成燎原之势,虽然在常规性工作中可以代替新闻工作者,但是仍然无法智能地适应环境变化,以语音识别为例,就方言等异质性内容则无法识别,还需要新闻工作者的参与来完成。另一方面,技术的应用始终是为了满足人类

---

[1] Chris, S., *The Body in Culture, Technology and Society*, London: Sage Publications Ltd., 2005, p.178.
[2] [英]克里斯·希林:《文化、技术与社会中的身体》,李康译,北京大学出版社2011年版,第213页。

的需求，在新闻场域中，新闻工作者由于工作需求不同，所需要的技术也不同，由此可见，人类始终是处于主体性地位，所以技术具身的人性化特点也正是这种体现。

第二，技术具身运作原理来自新闻工作者工作实践，如自动化新闻的生产是将传统编辑室中的策划、采集、编辑、审核、发布生产流程自动化，虽然目前还未能完全实现，但是像"现场云""媒体大脑"等智能化新闻生产平台，甚至运行的新华社"智能化编辑部"，其运作原理就是新闻编辑部的生产规程，这些规程始终由人来制定，正如专家LS强调"有多少智能就有多少人工"，腾讯视频编辑WJ也对此表示赞同并认为"因为机器本身是不具有智能的，今天这些机器这么聪明，它的智能从哪里来的？实际上是我们人训练并开发的，所以你有多少智能就意味着，你需要花多大的精力去赋予它这个制度"。这与新华社的"现场云"中的智能化视频编辑特点契合，如"现场云"编辑WJ就认为："其实（现场云）剪片还是人在剪辑，智能化剪辑不能满足需求，有些内容不适合智能化剪辑，二更的片子，有温度、传递情感，这时候有些不太适合媒体大脑"，因此需要人工来弥补智能化媒介所无法触及的地方。总而言之，智能化技术在新闻生产环节的应用还处于初级阶段，虽然可以突破物质身体的时空限制，却并不能探究人的心理，因此目前只适用于突发事件、体育与财经新闻等客观新闻内容，而对于有温度、有情感新闻的生产却仍存在不足，因此技术无法全面替代人。

总而言之，身体与媒介互动关系的探讨就是在厘清身体与媒介的主体间性，即谁为第一性、谁为第二性的问题，上述理论与实践表明，身体一直以来是媒介的源泉，因此也需要回归身体才能调和倾斜于技术支配的身体与媒介的互动关系。虽然不能无视智能化技术对人类身体的改变，但新闻工作者在新闻生产过程中也要突出自身身体的主体性地位，因为技术价值的实现最终还是要回归到人本身，从身体适应媒介逐渐回归到媒介适应身体。

第六节 人机互动中的智能化新闻生产与传播特征

虽然智能传播中的新闻场域处于建构与发展阶段，但是新闻生产模式已悄然发生变化，根据上述"智能化新闻场域"概念界定发现，新闻生产模式的本质为人机关系，进而从身体与媒介层面考察，在阐释关系框架下，发现身体与媒介互动的本质为人机互动，其逻辑为"去身体化"到"身体在场"，其中"身体在场"则又体现从"身体适应媒介"转向"媒介适应身体"，身体与媒介强互动关系应用而生。在智能化新闻场域中，身体—媒介双向主动互动强调互动的"非受限性"，即人类在使用媒介时突破传统的媒介刺激—身体被动应对状态：一方面，媒介以最小的限制对身体的各种状态做出反应，以助手的角色来主动完成日常的新闻生产任务，帮助新闻工作者与受众认知世界；另一方面，新闻工作者与受众主动参与新闻生产与传播过程，以最大自由度来操控媒介。这种人机互动的特征体现于两个方面：其一，身体与媒介互动的显性化，人机协同特征凸显；其二，身体与媒介互动的多态性和平衡性。

一 人机协同：人机互动中的智能化新闻生产特征

"隐含性"是人机互动发展的特征及方向，被定义为"由用户执行的操作，其主要目的不是与计算机系统交互，而是被计算机系统理解为输入"[1]，即用户可以在一定程度上无须为交互的运行而分心，从而让人机互动类似于人人交流且更为自然。然而，身体—媒介互动也具有这种"隐含性"，在一定程度上，身体与媒介的交互感趋于无形，突破了传统的"显性"交互方式，无须身体给予刺激，而借助于智能化技术主动监测到身体的变化并对其做出反应。目前，身体—媒介强互动的"隐含性"特征在叙

---

[1] Schmidt, A., "Implicit human computer interaction through context", *Personal Technologies*, Vol. 4, 2000, pp. 191–199.

事方式、新闻生产主体身份等新闻生产要素中已初现端倪，进而形成人机协同的生产模式。

1. 人机协同叙事：技术为身体赋能+机器生产内容

新闻叙事方式主要体现在内容题材和内容组织方式二元结构中，本书将主要围绕这两方面来考察智能化、沉浸式媒介中的新闻叙事方式。从内容题材来看，新闻题材范围拓展，随着智能化技术的应用，记者可以利用技术到物质身体无法到达的地方报道和拍摄，尤其对于灾难、政治、战争等题材新闻的报道而言更是如此，可以让受众在第一时间直击新闻现场，近年来两会新闻的报道就是人工智能技术的一场盛宴，受众技术化身体的"在场"使其可以"亲临"庄严的人民大会堂与领导人近距离接触，弥补囿于文化与时空因素限制带来的缺憾，满足用户的"临场"需求。对内容组织方式而言，媒介融合的深化加速了由倒金字塔等线性内容组织方式向"UCG+PGC+MGC"的协同叙事方式的转变。网络技术的发展催生用户生产内容的叙事方式，即用户与媒体工作者共同生产内容，而智能化技术的应用则使得机器也成为编辑部门的成员，并与媒体工作者合力完成新闻内容生产，机器生产内容是智能化新闻叙事的体现，如新华社"媒体大脑"和"AI合成主播"在体育与财经等基于数据的新闻生产中发挥重要作用，他们替代人完成较为机械的新闻生产工作，如自动调取数据、自动剪辑视频等耗费新闻工作者大量体力的工作，以提升新闻时效性。以新华智云的MAGIC为例，运营师ZY介绍MAGIC时就强调了媒介在图形交互中就有这种"主动性"，让身体与媒介的互动更为自然与流畅：

> 但是在我们平台，你这个图片如果没有占满整屏的话，你不用担心这个事情，机器会自动帮你加上，他会识别出你这个图片没有占满屏幕，那黑屏肯定是不好看的，那我自动给加上一个毛玻璃的效果，你这个视频起码是完整的，像这些字幕是机器自动提取出来的，再加上一个标题。（ZY，北京，2019-06-01）

但是机器生产内容的审核仍由编辑层层把关，智能机器根据新闻工作者制定的模板运行，与此同时，新闻工作者未修改的内容会以智能化生产平台命名，而修改之后的内容则署名仍为编辑。纵观整个新闻生产过程，新闻生产主体协同叙事体现为新闻工作者物质身体与技术具身在新闻场域的共在。

2. 人机协作中的媒体工作者角色嬗变:"把关人"角色升级

案例1

> 我原来也是做媒体的,但是我现在可能每天要花大量的时间跟技术产品要在一起并肩,因为离了它们我基本上是寸步难行,所以人工智能在我们平台上的整个的一个作用来讲,我觉得它是我们整个的一个血液,血液需要渗透到整个工业化系统中。(WJ,北京,2019-06-01)

媒介形态与新闻叙事方式改变的一个重要影响就是媒体工作者身份的转变,这实则探讨伊德提及的文化身体,文化身体是物质身体在社会文化意义上的延伸,而在智能化时代,文化身体在物质身体与技术身体的夹缝中发生异化。笔者通过梳理新闻工作者的身体实践发现,新闻工作者的心态产生"欣喜—麻木—担忧—重拾自信"的演变,与之伴随,他们与技术的相处模式重新定位了其在新闻生产中所承担的角色,新闻工作者已经由新闻生产的执行者而变为管理者,具体体现为:一方面,重拾其对内容的"把关人"职责,虽然技术提升了新闻生产效率,但其仍不能完全替代人,所生产内容仍需新闻媒体工作者把关,因为算法推荐等技术会加剧种族与性别偏见,甚至加速错误新闻的"病毒式"传播,如《洛杉矶时报》的写稿机器人 QuakeBot 于 2017 年错误发表了一篇关于 1925 年地震的突发新闻文章[①],这就是由算法在使用地质调查局的数据时与实时更新信息混淆所致。另一方面,还将参与技术规则制定,应凸显新闻生产的价值理性,在"流量为王"的价值观驱使下,一些媒体工作者的伦理意识日渐淡薄,以"技术中性"来掩藏其价值导向,专门推送虚假低俗内容以博人眼球,如 2018 年频频陷入危机的今日头条就是典型案例,这都强调了媒体工作者对机器生产内容逻辑把关的重要性,因此,技术发展的同时也赋予媒体工作者双重身份,既是编辑又是技术专家,如此才能更好地引导技术的理性发展,最大限度为其身体赋能,未来还应提升媒体工作者的媒介技术素养以能更合理地利用技术,在新闻规范与技术应用规则的双重规制下,媒体工

---

① George, T., "Newsrooms must learn how to use AI: 'Trust in journalism is at stake'", Journalism. co. uk (12 December 2018), https://www.journalism.co.uk/news/lessons-learned-in-the-last-four-years-of-using-artificial-intelligence-at-the-associated-press/s2/a731760/, Retrieved by December 9, 2018.

作者的文化身体意涵也更为丰富。以智能化推荐的实践为例，腾讯视频编辑 WJ 对于智能化技术在新闻领域的蓬勃发展表示肯定，认为"每天会花大量的时间跟技术产品并肩作战"，但同时也揭示出自动化推荐的本质："这块我们目前全部是人工＋智能的方式，也就是人工＋个性化的方式来去做内容的匹配"，这里边其实大量的是人工＋技术的各种指标，去相互结合配套来运营，其中各种指标就是人的身体与社会交织的结果，这也规定了人机互动发展的方向。

无论是从海德格尔提到的"座驾"，还是到斯蒂格勒将工具视为"义肢"，这都表明身体与技术关系的探讨是一个古老的话题，而在人工智能时代，人机关系又有了新的形态，人们对于这一关系的认知也应更新。基于智能化新闻场域中的新闻实践，本书认为未来人机交互将从物理交互延伸至智能交互，如智能语音交互形式的兴起就是标志之一，人们的身体可以挣脱媒介的束缚，无须眼睛凝视屏幕或手指接触屏幕，而只通过感觉与知觉（如声音）就可以满足认知需求，从而实现人与媒介的智能化深度"交流"；其二，人机关系趋于耦合，这在新闻业中体现于人与机器角色互补，即在新闻生产中人与机器分工明确且优势互补，以协作方式完成任务，却不局限于此，人机耦合的最终归宿为人类思维与机器思维的融合，而数据新闻与 VR 新闻则就是两种思维的不同尝试，前者融入数据化与可视化的大数据思维，而后者则更注重人的知觉场域的激活。因此，并非像后人类主义者所认为的那样，即随着技术的发展机器终将会超越身体，恰恰相反，无论技术如何迭代更新，身体仍是技术的源泉和存在场所，媒体的发展都要秉持"以人为中心"和"以人为本"的原则，正如美联社的商业编辑 Lisa Gibbs 所述："机器人不是未来的记者，它们是记者的助手，而且是非常好的助手。"

二 智能化新闻传播中身体—媒介互动多态性及新闻形态

身体与媒介的"主动式互动"的其隐含性意义在于追求人与人之间更为高效与自然的互动，这是敲击鼠标键盘、触屏等传统物理交互界面所无法实现的，然而语音识别、手势识别、语义理解等智能化技术为媒介更好地感知与理解人类意图而助力，这些新型交互技术对于身体与媒介的互动产生影响。根据新闻实践与新闻场域主体力量的身体实践发现，对于新闻传播形态的影响主要体现于语音互动、感知互动与情感互动三个维度，新闻类型及新闻传播形态具有多态性与平衡性特征，进而重构新闻内容与传播图景。

1. 语音互动：智能语音新闻实验

声音是人类古老的交流方式，也是身体与媒介互动的起源，在之前章节就有对口语传播中的身体与媒介互动进行探讨。然而，在智能化时代，人工智能技术的发展使得人机交互更为高效与自然，这促使语音交互开始作为人机交互的形式，主要由语音采集、语音识别、语义理解和语音合成四种技术构成。自从苹果公司在2011年向iPhone用户推出语音助理Siri以来，语音助手已经发展成为一项主要功能，不仅在智能手机上，而且随着5G时代的到来在各种支持网络的设备上亦是如此，尤其最引人注目的是智能音箱等智能语音平台的迅速崛起，它成为新型智能传播终端，"从基础层面促进声音媒体的智能化发展"[①]，并充当信息传播者与信息接受者交流的载体与界面。这种语音交互界面也是传播媒介的一种变革，虽然还尚未形成气候，但是正在改变传统的局限于屏幕的信息传播方式，声音重新成为满足人们信息需求的传播形式，身体与媒介的互动形式也开始呈现语音交互特征，这种特征既"熟悉"又"陌生"，"熟悉"在于口语传播、广播都是声音介入的互动形式，而之所以"陌生"是因为存在以下不同之处：与口语传播的区别在于并非是身体—身体的互动，而是身体—媒介的互动；与大众传播的广播的区别在于后者是身体—媒介的单向互动，而在智能化时代则为身体—媒介（身体）的双向互动。在这个过程中，一方面，人们的身体得到解放，可以突破空间的限制，随时随地以更为便捷、自然的方式获取新闻；另一方面，媒介不仅可以传递消息，而且还可以"理解"信息，甚至对其做出回应。国内外新闻媒体也开始纷纷探索语音交互的可能性，这种新型身体—媒介互动图式也催生智能语音新闻形态。调查显示（见图5-2），智能语音新闻成为受众在最近半年最常浏览/收听的智能化新闻类型，选择智能语音新闻的受访者比例独占鳌头，为近四成

---

① 殷乐、朱豆豆：《声音媒体的智能化发展——新终端 新应用 新关系》，《中国广播》2019年第4期。

(38.19%)。目前,囿于智能语音技术在新闻领域中仍处于摸索阶段,所以智能语音新闻还并未形成一种范式,而是仍处于实验阶段,但是已经成为未来新闻传播的一种趋势。在智能语音新闻实践中,身体与媒介的互动也呈现以下特点。

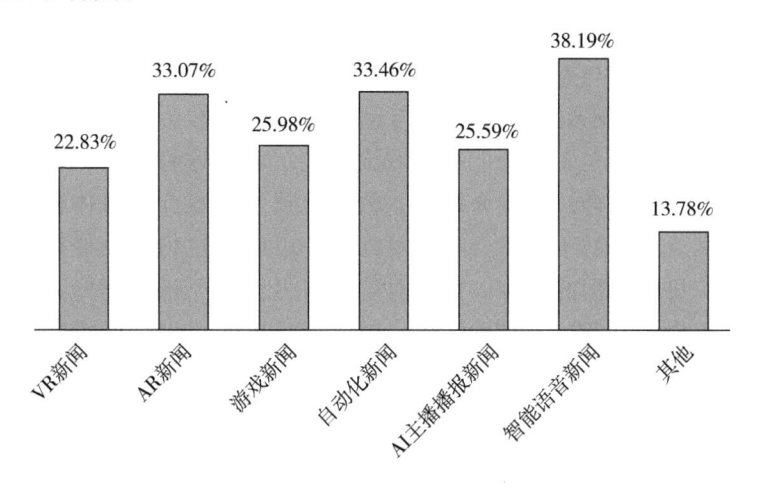

图5-2 最近半年受访者选择经常浏览/收听智能化新闻类型的比例

一方面,从传播方式来看,语音搜索则成为身体与媒介互动的新形态,也是获取信息的新方式。关于智能化媒介接触目的(见图5-3),选择"搜索信息""浏览新闻""社交"的受访者比例位列前三,其中"搜索信息"遥遥领先,占比为42.52%;新闻等事实类议题也成为语音搜索内容主题中除琐事与天气之外的第三种内容议题。那么语音搜索为何会成为一种习惯或趋势?从技术层面来看,语音搜索是一项允许用户通过在智能手机、智能设备或计算机上提问以在网络中执行搜索的技术,借助于语音搜索,声音为传播者与新闻内容建立联系,与手动输入文字的传统搜索方式相比,语音搜索更加即时、便捷与自然,这也是人们之所以选择这种信息获取方式的主要原因之一。从身体—媒介互动逻辑来看,语音搜索的完成也在于身体与媒介的双向互动传播。传播学者吴飞将媒介技术进化的理解归结为"媒介是否可以强化人类特有的符号系统"[①],这一观点是基于

---

① 吴飞:《媒介技术演进脉络的哲学考察》,《新闻记者》2018年第12期。

恩斯特·卡西尔揭示出"人是符号动物"①的独特本质,这为传播与沟通奠定基础,而传播存在于真正的共同体中,因为"传播技术时代的必然逻辑就是生存共同体的存在或建构,尽管当前的传播中仍存在一种支配性的气氛"②。该逻辑也映射到语音搜索这一身体—媒介的互动传播中:从身体维度,在语音搜索中,声音是人作为有机体凭借声带与舌头发出有意义的符号,是人类思维与意识的外在表征,此外还要依赖于肢体在不同空间的移动③,然而互联网却将身体实践与感知割裂,常常会出现身体存在空间与身体感知的异步,人工智能技术的出现则缓解了这种尴尬,促进基于身体的符号系统的融合;从媒介维度,智能化技术为媒介与身体构成互动传播共同体赋能,借助于手机、音箱等终端,以语音这种人类最古老的传播方式来回应身体发出的指令,形成对等的符号系统,进而回归人类初始的沟通天性。根据调查(见图5-3):搜索信息成为用户智能媒介的主要使用行为,受访者占比为4成多。

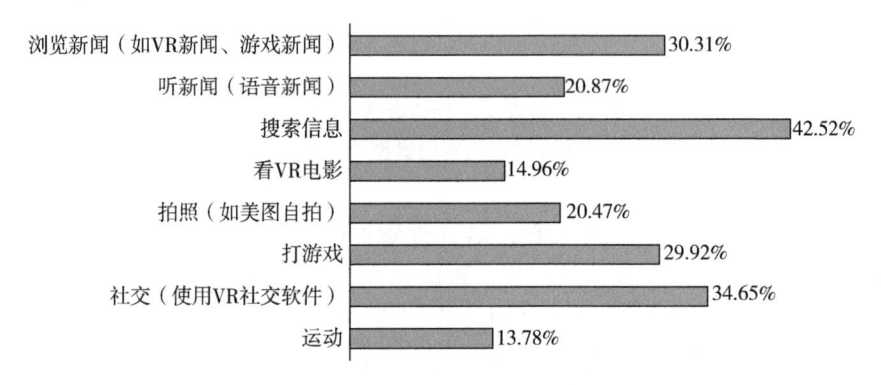

使用目的	比例
浏览新闻(如VR新闻、游戏新闻)	30.31%
听新闻(语音新闻)	20.87%
搜索信息	42.52%
看VR电影	14.96%
拍照(如美图自拍)	20.47%
打游戏	29.92%
社交(使用VR社交软件)	34.65%
运动	13.78%

图5-3 最近半年受访者选择智能化媒介使用目的比例

另一方面,智能语音搜索的新闻传播方式也在逐渐改变新闻形态,智能语音将成为新闻内容的新蓝海。国内外媒体纷纷与智能音箱公司合作,推出智能语音新闻实践,目前新闻形式主要体现为四种类型:播客新闻、AI语音头条、新闻测验、互动广播,受众在新闻中接触媒介的方式也遵循

---

① [德]恩斯特·卡西尔:《人论》,甘阳译,上海译文出版社2004年版,第34—35页。
② [英]雷蒙德·威廉斯:《文化与社会》,吴松江等译,北京大学出版社1991年版,第395页。
③ [美]保罗·莱文森:《真实空间:飞天梦解析》,何道宽译,中国人民大学出版社2006年版,第17页。

"听新闻—问新闻—答新闻—聊新闻"（见表 5-1）的逻辑，这促使语音互动层层递进，身体与媒介的关系特征分别对应为被动式、命令与控制式、互动体验式三类。

表 5-1　　　　语音交互新闻中的身体与媒介互动形态

语音新闻类型	媒介	受众/用户	媒介接触	互动方式
播客新闻	智能移动终端	青年群体	听新闻	被动式
AI 语音头条	智能音箱	中老年群体	问新闻	命令与控制式
新闻测验	智能音箱	所有	答新闻	命令与控制式
互动广播	智能音箱	所有	聊新闻	互动体验式

资料来源：笔者结合网上数据而得。

音频在新闻中的作用举足轻重，全球范围内的各大媒体纷纷在新闻播客领域亮出招式。然而，就传播形式而言，播客新闻仍沿袭传统的线性传播方式，因此严格来讲互动性较弱，本书并不对此做详细阐述。AI 语音头条是技术与内容的结合，从而产生了"AI+音频"的新闻模式，同时也是新闻媒体与亚马逊的 Echo、谷歌的 Home、阿里巴巴的天猫精灵及小米的小爱同学等智能终端与传统媒体的融合与创新，南都传媒、都市快报、华西都市报及封面传媒、沈阳晚报为首的四家媒体与天猫精灵迅速展开合作。在这个过程中，受众以声音代替手指来激活智能终端，如用户可发出"Alexa, play 'The Daily'"或"天猫精灵，早上好！"的语音命令来收听新闻内容，新闻传播形式更为智能化，用户可以根据自身需求及喜好来给媒介下命令询问新闻。新闻测验是以语音方式获取内容，如发令"Alexa, 开启《纽约时报》新闻测验"即可实现，测验内容目的在于了解听众对问题的理解，听众回答之后告诉他们正确答案，听众以"答新闻"的方式与智能语音媒介互动，《纽约时报》的《每日新闻》栏目就是如此。互动广播则指在上述基础上语音终端以更加智能化与个性化的方式识别、理解并对用户的身体感知做出反应，用户以人与人之间"聊天"的方式来获取新闻，BBC 在 2019 年年底针对 Echo 智能音箱推出交互式语音新闻服务并推出内部语音助手软件 Beeb，用户可以与 BBC 记者进行更深入的对话，通过算法推荐等技术识别用户需求并自动做出回应，以此循环往复形成交流，由"Alexa 给我新闻"变为"Alexa, 给我 BBC 新闻"，如此听众可以跳过或直接进入采访报道，但是该技术还远未成熟，仍需要"下一个"命令的驱动。显然，智能语音新闻实践才刚刚兴起，新闻的连贯性与深度都较弱，加强新闻与用户的相关性将是未来发展方向，如"对话式人工智能"是软件 Beeb 的核心，以期让听众与记者之间的交流语言更加自然，从而达到真实互动的效果。身体与媒介的互动是新闻传播的未来发展趋势，人类与机器对话将成为新闻信息生态系统的重大方向之一。

2. 感知互动：沉浸式新闻

感知交互也是肢体动作、智能化媒介与环境之间进行的自然交互，由运动追踪、手势识别、运动捕捉、面部表情识别等一系列技术支撑[①]，身体与媒介的互动更为自然，其中媒介技术设计以身体感知为尺度，这强调了智能化新闻场域中媒介技术在设计时以受众的身体感知为标准，尤其随着虚拟现实技术在新闻领域的应用，将大众媒介时代分裂的身体重新融为一体，无论是 VR 头显设备，还是智能手机，都是全方位满足身体感知与体验需求，而且随着媒介微型化，这种物质的边界感逐渐消失，在技术可控的最大范围内，逼真还原与再现身体所处的现实环境，身体的临场感得以深化，这体现了虚拟现实技术在新闻领域的应用实践。

如果说人工智能技术是人身体机能的延伸，那么虚拟现实技术就是身体现实处境空间的再造和人们在环境中知觉体验的延展。在"用户为王"的时代，新闻受众希望获得第一手信息的需求与日俱增，因此"新闻+虚拟现实"成为新闻媒体转型的新路径，"沉浸式新闻"应运而生并获得受众青睐，这是一种基于虚拟现实技术并以受众第一人称视角体验新闻报道中描述事件或再现情景的新闻制作形式，在该过程中，受众身体处于"在场"状态，"体验感"和"临场感"得到深化。关于受众对智能化新闻类型态度的调查显示，虽然智能化新闻对于受众而言是新生事物，在接受度上仍存在一定的抵抗情绪，但是也开始尝试刺激感官的新闻类型，选择"主动浏览"与"选择性浏览"VR 新闻与 AR 新闻等沉浸式新闻的受访者比例为 35.43%（见图 5-4），与其他智能化新闻相比遥遥领先，原因就在于 VR/AR 新闻能够使得受访者"身临其境感受真实"，这得益于新闻制作中深化人机交互体验的技术操作，在沉浸式新闻中，新闻生产者不再将受众视为陌生的观察者，而将其视为"切身"的介入者，虚拟现实技术也承诺将会打破新

---

① 中国电子技术标准化研究院等：《人工智能标准化白皮书》（2018 年版），2018 年 1 月 24 日，http://www.cesi.ac.cn/images/editor/20180124/20180124135528742.pdf。

闻的"第四面墙"①,其中陈述者成为使用 VR 设备的用户自身而非"无言的使者"②,即受众越过屏幕或传播者直接进入仿真报道现场。

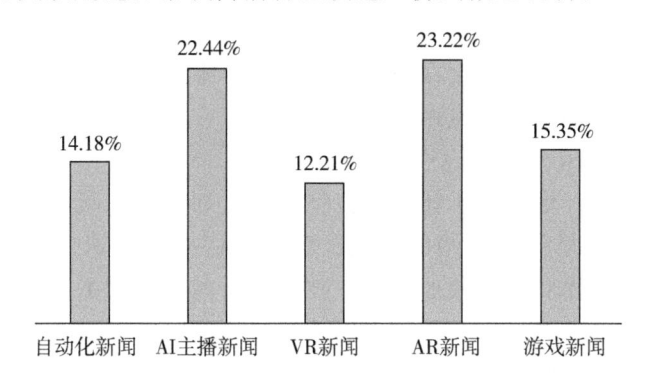

自动化新闻	AI主播新闻	VR新闻	AR新闻	游戏新闻
14.18%	22.44%	12.21%	23.22%	15.35%

图 5-4 受访者"选择性浏览"与"主动浏览"各类智能化新闻的比例

综上所述,在沉浸式新闻中身体与媒介在感知层面交互的主要逻辑体现为:一方面为具有沉浸感的虚拟现实技术,这种沉浸感主要来自通过虚拟现实技术建构的拟真环境,与传统技术延伸身体感知不同,而是将身体置身于所建构的环境中,视觉、听觉、嗅觉被全方位激活,也即强化了身体已有的符号系统,如此媒介与虚拟环境融为一体,身体可以"嵌入"到媒介中,这是一种基于媒介物质性的"嵌入",用户形成近乎于临场的感知,所构建的三维环境成为身体感知的一部分,身体与媒介形成一种嵌入式交互,如用户借助于计算机与头戴式设备可以"进入"新闻现场,以第一视角来了解事件真相。另一方面,虚拟现实技术与人工智能技术的融合还赋予媒介"人性化"特征,这种随时随地的泛在沉浸感来自媒介对于身体实践数据的"理解",这里"理解"是指人工智能技术物不仅可以"感知"到身体的变化,如在沉浸式新闻中实时处理用户的肢体动作、面部情绪等相关数据,而且还及时根据数据分析结果来进行"回应",如用户与

---

① Owen, T., Fergus Pitt, Raney Aronson-Rath & James Milward, "Virtual Reality Journalism", November 11, 2015, *Columbia Journalism Review*, https://www.cjr.org/tow_center_reports/virtual_reality_journalism.php.
② Malkki, L. H., "Speechless Emissaries: Refugees, Humanitarianism, and Dehistoricization", *Cultural Anthropology*, Vol. 3, 1996, pp. 377-404.

虚拟环境中的人物、事物可以形成互动。目前，由于涉及技术的复杂性与高难度，因此这种互动方式还处于实验阶段，在4G环境下用户远无法实现虚拟现实的深度沉浸，那么随着5G时代的到来，在带宽足够大的情况下，虚拟现实技术可能才会在新闻领域呈现集中式爆发，因此这将会成为未来感知交互在新闻领域应用的新路径。

3. 情感平衡互动：建设性新闻

在网络时代，情感对于新闻而言将变得更加重要，新闻工作者与公众的选择与回应就是他们情绪的体现，因此我们必须认识到新闻范式的转变，人工智能技术将深刻改变用户、技术、新闻之间的关系，将重心转向情感。情感对于人类感知、认知及行为至关重要，而身体与媒介在语音与感知维度的互动就为情感互动奠定基础。如何通过身体与媒介这两种异质性的来实现情感上的互通？关键在于人工智能时代学界所探讨的情感可计算。

人工智能与情感的研究最早出现于19世纪末，随着计算机技术的发展，人机在情感维度的交互成为各领域关注的焦点，1985年人工智能奠基人之一明斯基（Minsky）[1]明确提出计算机与情感之间存在关联性，关注于没有情感的机器如何产生智能这个问题[2]，在此基础上，20世纪90年代初耶鲁大学心理学教授彼得·沙洛维（Peter Salovey）提出"情感智能"（Emotional Intelligence）概念，之后1997年MIT媒体实验室皮卡德（Picard）最早提出"情感计算"（Affective Computing）概念，强调计算机可以根据人类的"情感计算"外在表现来测量与判断其内在情感[3]，初衷是为计算机"注入"情感，并能像人一样具有感知与表达情绪的能力，从而带来更为自然的人机交互体验。那么情感计算何以实现？这个问题的回答对于身体与媒介在情感维度的互动至关重要。学界对于实现情感计算的态度褒贬不一：有学者对于技术持有乐观态度，认为情感计算的本质还是计算模型，因此在情感信号获取、情感状态识别、情感理解与反馈及情感表达[4]等技术的加持下，那么情感也可以计算；然而，有学者则认为，情感可计算主要在于情感反应，虽然人类情感反应与人工智能情感反应一定程度存在共振，然而"无论我们怎样进行大数据式的情境与情感反应的锚定，都

---

[1] Minsky, M., *The society of mind*, New York: Simon & Schuster, 1985.
[2] 王志良、解仑、董平：《情感计算数学模型的研究初探》，《计算机工程》2004年第21期。
[3] [美] 罗莎琳德·皮卡德：《情感计算》，罗森林译，北京理工大学出版社1997年版，第2页。
[4] 张迎辉、林学闇：《情感可以计算——情感计算综述》，《计算机科学》2008年第5期。

第五章 人机互动：智能化新闻传播中的身体与媒介互动

不可能穷尽人的情感反应的所有情况"①。传播学者洛根也有类似表述，"人的有些行为和反应是可以用数学计算量化和复制的，但另一些行为和反应是不能分析的，欢乐、懊悔、悲惨、爱心和精神就不能分析"②，理论源自实践，这种悖论性在新闻场域中也依然存在：一方面，随着认知维度人工智能技术的提升，人与作为智能主体的媒介之间的强互动特征凸显，主要强调媒介不仅可以识别用户的心理、行为及身体所处情境，而且凭借对用户和场景的全面识别，精准把握身体实践的意涵及目的，并灵活且主动做出回应，这强化了机器情感智能在新闻场域中的作用，新华社在智能化技术的应用方面遥遥领先，除"媒体大脑"等产品外，新华网研究院最早于2015年开始推出生物传感智能机器人Star，尤其在2018年的两会期间大放异彩，在总理做报告时，实时捕捉受众情绪数据并自动计算，将人机交互技术数值化的同时自动生成受众"情绪曲线"；另一方面，智能化媒介对于情感的理解还较为粗糙，还远未达到人机智能交互，整体而言，智能化技术在新闻生产环节的应用还处于初级阶段，一定程度上甚至还暴露了智能媒介在新闻生产中的局限性，尤其人工智能技术驱动下自动化新闻呈现机械化剪辑、弱情感色彩且应用范围有限等特征。以下根据访谈及相关问卷调查，从新闻生产与受众体验两个方面发现目前身体与媒介的情感互动现状及发展方向。

从新闻生产来看，根据访谈资料，新闻工作者对于人工智能媒介在新闻领域中应用情况的认知较为理性，并没有陷入技术带来的狂欢而不能自拔，以新华社的媒体大脑等智能化技术应用为例，一方面目前智能化技术主要用于大型体育赛事、突发事件、财经报道等"范式性"较强及"工程化"的新闻类型。如新华智云媒体大脑运营师ZY谈道：

> 深度学习技术本身需要大量数据来做，能够有一个大量的数据积累，才可能在某些点通过深度学习，或大数据的技术，来做自动化的工程，能够有大量数据的地方一定是范式性比较强的东西，所以像世界杯，对我们来说范式性比较强。

---

① 王峰：《人工智能的情感计算如何可能》，《探索与争鸣》2019年第6期。
② [加]罗伯特·洛根：《理解新媒介——延伸麦克卢汉》，何道宽译，复旦大学出版社2012年版，第290页。

这里访谈者借用库恩的"范式"概念对于新闻这种意识形态的产物来进行界定,也表明仅是强调新闻生产中共性的规律。另一方面,这类新闻却忽视了范式之外颇具个性化的内容,这体现在两个层面:其一,该新闻对于基于情绪的有温度、有情感的新闻却无法触及。新华社新媒体中心现场云编辑 WJ 则感同身受认为:

> 媒体大脑与现场云数据是接通的,……,主要为弱感情色彩,机械剪辑,其实剪片还是人在剪辑,智能化剪辑不能满足需求,有些内容不适合智能化剪辑,像二更这样的片子,有温度,传递情感,这时候有些不太适合媒体大脑。

如此,新闻生产的特征体现为人机协同,人与机器取长补短共同完成新闻制作任务。其二,人工智能技术虽然一定程度可以复制人类的身体特征(包括语言与非语言特征),却无法甄别个体在文化与潜在社会结构相互作用下产生的情绪。如新华智云运营师 ZNN 所言"像很多很搞笑的画面,比如说有一个守门员在扑球的时候吃了一个蝴蝶,球场上哪个人特别可爱,这类其实是偏'软性'的内容,那不一定是机器所擅长的了"。这里"软性"与技术的"硬件"相对,是指人类有机系统中的内在构成部分,如认知、理性及情感,搞笑画面就属于认知与理性之外的不稳定因素情感,"媒体大脑"要想理解这些搞笑画面,需要大量数据与建模来覆盖人类与各种场景的关系,而这也为当前的媒介技术带来挑战。

从受众身体感知体验来看,在技术至上的时代,受众却更倾向于有态度与有温度的新闻类型,而对于基于智能化技术的自动化新闻的热情并不高。关于受访者对于新闻类型态度(见图 5-5),选择"深度报道"的受访者比例较高,为近 3 成(29.53%),其次为"暖新闻"(20.08%),而"自动化新闻"的受访者选择比例则最低,尤其就受众对于 AI 主播与真人主播的感知与体验而言(见图 5-6),逾三成受众(33.07%)认为,AI 主播不能完全代替真人主播,因为"AI 主播没有情感,更喜欢真人播报"。由此可见,受众对于情感的需求正日益增加,尤其是在"后真相"时代,基于理性与平衡情感的新闻则较为稀缺,而建设性新闻正是在这样的时代背景下应运而生。

"建设性新闻"的概念于 2008 年由丹麦广播电视台(DR)新闻部负

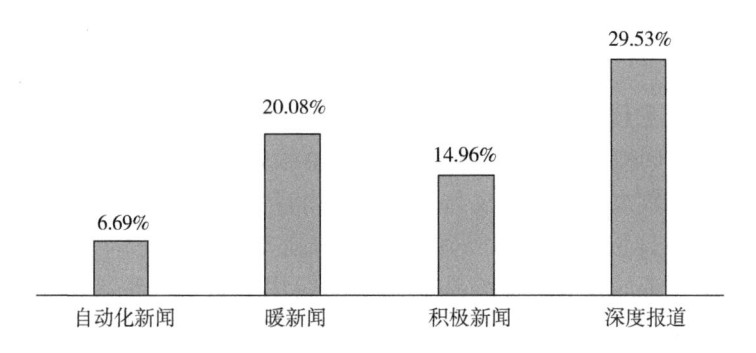

图 5-5 受访者对于新闻类型态度

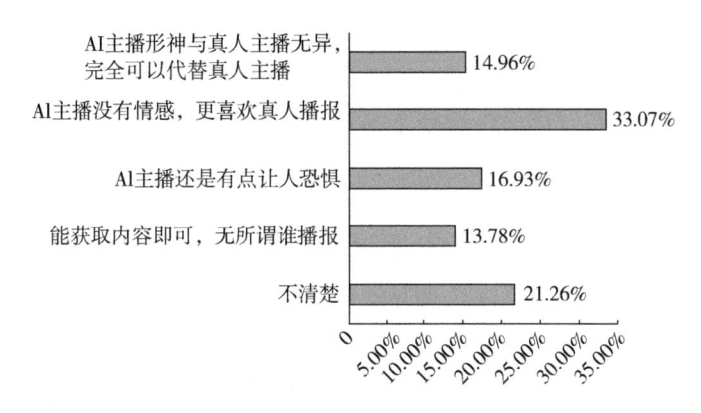

图 5-6 受访者对 AI 主播播报新闻的态度

责人乌瑞克·哈根洛普（Ulrik Haagerup）在专栏文章中首次提出，主张未来的记者应该用建设性的新闻标准来调整传统的新闻价值观，凯瑟琳·吉登斯特德（Catherine Gyldensted）在肯定哈根洛普理念的同时则强调新闻业可以借鉴积极心理学等行为科学，来缓解新闻记者描绘世界的偏见[1]，并将"建设性新闻"界定为"记者应该更多地关注积极的、鼓舞人心的、基于解决方案的新闻"，这弥补了自动化新闻人文关怀的缺失，这是新闻中的技术理性与人文感性的一种平衡。情绪在新闻中的引入与媒介的人本主义相互观照，即"应将人的身心健康看成一切人类生活的尺度和标准"，

---

[1] Bro, P., "Constructive journalism: Proponents, precedents, and principles", *Journalism*, Vol. 20, 2019, pp. 504-519.

该逻辑同样折射到建设性新闻生产中的身体与媒介互动关系中。建设性新闻是身体"感性"与媒介"理性"的耦合，其根本逻辑在于人机协作，这与新闻场域中身体与媒介在情感互动的内在逻辑相呼应。从身体层面来看，建设性新闻侧重于关注受众的情绪，情绪是身体的表征也是情感构成的基础，尤其致力于解决方案与正能量的内容更能唤醒情感系统，彰显新闻的人文关怀价值，这是机器所不能至的地方；而媒介作为影响人类感知、认知及思考的主要形式，在新闻中的应用也呈现一种技术向善趋势。以美国网络媒体 ATTN：为例，该媒体利用大数据技术来判断受众对于新闻内容的态度，根据评论数、点赞数及转发数等内容反馈指标，来实时掌握新闻是否有助于激发用户的积极参与行动机制，基于此，新闻工作者不仅对内容做出调整，而且深度挖掘受众所聚焦内容的来龙去脉，并以"文字＋图片＋视频"多模态信息处理方式全方位激活读者对积极信息的感知能力。建设性新闻以建设性途径来平衡个人认知与感知，从而构建个人对于世界的均衡认知图式。

综上所述，人机互动已成为智能化新闻场域的事实并将趋于深化，目前自动化新闻生产对于财经与体育等类型化新闻与突发新闻制作有优势，但是在叙事逻辑、语言修辞及批判性思维等方面仍存在盲点，对于有温度新闻的生产仍需要新闻工作者完成，这也正是新闻工作者未来需要努力的方向，在新闻生产中做更多有创造性意义的事情。因此并非像后人类主义者所认为的那样，即随着技术的发展机器终将会超越身体，恰恰相反，无论技术如何迭代更新，身体仍是技术的源泉和存在场所。

第七节　本章小结

人工智能等智能化技术的应用正逐渐延伸并再造人们的视觉、听觉、触觉等身体感知，改变了信息生产方式，同时也影响了人们的信息认知模式。

随着智能传播中身体与媒介"强互动"特征的确定，以伊德的人与技术关系来进一步考察身体与媒介的"强互动"并建立分析框架，研究发现，新闻场域现象的考察则属于阐释性关系范畴，该章节立足［身体→（媒介—环境）］的关系表达，将智能传播聚焦于人们日常生活中的新闻场景，从该场景的传播实践来具体探讨身体—媒介强互动模式特征及其对于传播形态的影响。

在智能化新闻场域中，身体与媒介的互动也是一个小范围的历时性演变。身体"在场"与"离场"的纠结现状作为新闻场域身体与媒介互动的研究起点，这也是身体与媒介互动失衡的表征，伊德的"三个身体"理论在该场域体现得淋漓尽致，身体形态以"物质态身体""社会态身体""技术态身体"而交织存在，媒介形态"身体化"且呈现阐释性功能，进而揭示身体与媒介互动的本质为人机互动，其基本逻辑为身体呈现从"去身体化"转向"回归身体"的变迁趋势，这对于新闻生产与传播产生影响，主要呈现于两个方面：一是人机协同则成为身体回归后新闻生产的新模式，具体体现为人机协同叙事、新闻生产主体的"把关人"角色升级、以深化受众交互体验为内容生产准则；二是人机平衡与多态互动，从而衍生出智能语音新闻、沉浸式新闻、建设性新闻等基于不同身体感知的互动新闻形态。未来，智能信息传播时代身体与互动图式的变迁趋势从物理交互延伸到智能交互，人机将趋于耦合。

第六章　具身互动：沉浸式娱乐传播中的身体与媒介互动

> 任何游戏的形式都至关重要，博弈论与信息论都忽视了游戏的形式和信息流动的形式。在这两种理论中，信息内容是研究的重点，因此无法探究其中的结构模式。然而，游戏与人们生活的交叉点在于模式而非参与者本身，其中这种模式千差万别的关键在于感官比的不同。——马歇尔·麦克卢汉①

> 正如有些精神病学家指出的，我们每个人都会筑起自己的空中楼阁，但如果我们想住在里面，问题就出现了。19世纪末20世纪初以电报和摄影术为中心的交流媒介创造了躲猫猫的世界，但在电视出现之前，没有人想要活在那个世界里。——尼尔·波兹曼②

自从进入电子媒介时代以来，娱乐已经成为人们生活中不可或缺的一部分，作为公众话语、娱乐精神、内容形态，渗透到人类生活的方方面面，成为人们的一种需求。娱乐是媒介在历史范畴中的一种表达，因此媒介形态的演变与娱乐形态的演变休戚相关。学者殷乐③就根据媒介演变的历史线索来分析娱乐形态的变化，将媒介史维度的娱乐分为"本能娱乐""抽象娱乐""重回身体的大众娱乐""融合娱乐"四种形态，这也构成了娱乐传播形态变迁的逻辑。在此基础上，笔者发现，娱乐传播形态的变迁中也隐约呈现出身体与媒介的关系，通过比较修饰"娱乐"的形容词发现，"本能""抽象""重回身体""融合"都与身体密切相关，如"本能

---

① ［加］马歇尔·麦克卢汉：《理解媒介：论人的延伸》，何道宽译，商务印书馆2000年版，第296页。
② ［美］尼尔·波兹曼：《娱乐至死》，章艳译，广西师范大学出版社2004年版，第103页。
③ 殷乐：《电视娱乐：传播形态及社会影响研究》，中国社会科学出版社2011年版，第26—57页。

娱乐"是指以身体自身能量来传播娱乐;"抽象娱乐"则强调符号转化为人类感知思维之后的娱乐传播效果;"重回身体娱乐"则明确提出大众媒介与娱乐交织下的身体感官觉醒;"融合娱乐"更突出多元媒介与娱乐的交织全面激活物质身体与文化身体。显然,身体作为人的具身体现已经处于智能化技术驱动下娱乐景观中的光亮位置。任何新兴技术的产生都是以人的需求为前提,技术的接受度也主要在于技术与用户预期需求的共存程度,因此个人需求成为技术应用的主要因素。在智能化时代,身体感知体验的全面深化成为人类的新需求,娱乐不仅是媒介的主体功能,更是身体与媒介互动的主要环境,尤其是虚拟现实技术在传媒领域中应用的兴起,为人类沉浸于自己的想象空间提供了可能,媒介、身体、娱乐这三者将融为一体,而尼尔·波兹曼以为这在电子时代来临之前是不可能发生的事情,但这也与波兹曼提及人们通过电视进入自己筑起的"空中楼阁"不同,在虚拟现实媒介中,"进入"不再是一种想象的身体"在场",而是身体切实参与后的一种具身体现,身体与基于媒介的娱乐空间交互甚至置身其中后所产生的实实在在的感官体验,从而用户沉浸于娱乐场景中,娱乐传播也成为身体完全沉浸后的"即兴表演",是一种依赖于意会知识的身体—媒介的沉浸式互动实践。

鉴于此,本章依据"具身关系"框架,主要探讨智能化时代娱乐场景中的媒介与身体互动传播方式,从身体视角切入考察娱乐传播形态特征,以虚拟现实在娱乐中的应用实践为研究落点分析身体图式,进而聚焦到VR游戏与VR纪录片的身体与媒介互动实践,以此来折射娱乐场景中的身体—媒介互动下的传播方式与叙事方式。

第一节　沉浸式娱乐传播的具身进路:从意识沉浸到具身沉浸

人工智能在信息传播中的深化应用已经成为一种普遍现象,满足了人们的信息需求;除此之外,与个人体验及需求密切相关的娱乐也是人工智能在传播领域中的应用场景,业界与学界也纷纷开始关注智能化技术在娱乐传播中的应用。根据研究预测,到2025年,全球媒体和娱乐行业的人工智能支出将增加到 90.646 亿美元①。纵观智能化技术在娱乐场景中的应用，从影视、音乐到游戏，人工智能与虚拟现实已成为重塑娱乐场景的关键角色，渗透到内容生产、内容分发及个人体验等方面，具体体现为智能化内容生产、参与式叙事及沉浸于 VR/AR/MR② 世界。然而，随着人工智能与虚拟现实融合嵌入民主化的数字平台，无论是个性化创作与内容生产，抑或是内容与用户的精准匹配，基于互动游戏的叙事方式，甚至受众根据需求参与叙事并身临其境，最终都殊途同归：以人为中心，打破物理边界的限制，全面调动人们的感知，去看、去听、去触摸，将感觉与多维信息环境融为一体③，从而产生身在其中的深度沉浸感。因此，"沉浸"则成为智能化时代娱乐传播的新特征，沉浸式娱乐传播则成为智能化技术嵌入娱乐场景的传播形态。那么沉浸式娱乐传播如何形成及体现？这是以下所要讨论的问题。预想了解沉浸式娱乐传播，首先就需要梳理"沉浸"在娱乐传播实践中意涵的变迁，本书主要基于"沉浸"概念相关理论与娱乐传播实践来考察沉浸式娱乐传播的现状。

一　沉浸式娱乐传播

根据汉语词典，"沉浸"本意指浸泡与浸入水中，之后引申为完全处于某种境界或思想活动中，语出自王维治学的第三重境界，即"众里寻他千百度，蓦然回首，那人却在，灯火阑珊处"，强调"全神贯注"之意。这种身临其境的感觉最初是指人们全身心投入某事所产生的一种心理状态，这里的"境"是心境、意识。从"沉浸"相关概念溯源中可以发现，有学者提出，创造"完全封闭的幻觉图像空间"也有一定的历史渊源，最早可以追溯到公元前 60 年，一些罗马别墅的房间被专门设计用作模拟另

---

① TechInsight360, *Global Artificial Intelligence (AI) in Media and Entertainment Industry Databook Series (2016 – 2025)*, August, 2019.
② 值得注意的是，目前沉浸娱乐中主要采用 360 度全景视频技术，但这还不算是完全的沉浸式虚拟现实技术，而较为深度的沉浸式媒介为虚拟现实，娱乐媒体在增强现实（Augmented Reality）/混合现实技术（Mixture Reality）以及容积捕获技术（Volumetric Capture）的应用也初见端倪，但无论哪种技术都万变不离其宗，都是以虚拟的方式再现娱乐场景和还原现实，以呈现而非讲述的方式重塑故事，进而实现虚拟和现实的融合。
③ 李沁：《沉浸传播——第三媒介时代的传播范式》，清华大学出版社 2013 年版，第 40 页。

第六章　具身互动：沉浸式娱乐传播中的身体与媒介互动

一个世界[1]。同样的体验也存在于绘画、文学、电影等传统娱乐媒介中，正如前面章节所述，身体感知以不同程度参与其中从而实现"在场"，尤其在电影评论家安德烈·巴赞（André Bazin）看来，电影的历史可以被视为一场朝着终极目标前进的运动，认为电影是"对现实的全面、完整的再现……在声音、色彩和浮雕上重构外部世界的完美幻象……以自身的形象重新创造世界，这种形象不受艺术家的解释自由或时间不可逆转的影响"[2]，从而创造全方位的媒介体验。如果说电影让幻想重生，那么电视等电子媒介则让幻想可视化，电子时代的到来增强了人们的沉浸感，如库尔特·瓦努特（Kurt Vanhoutte）和纳里·韦南茨（Nele Wynants）将沉浸感定义为"在电子媒介环境中被淹没（存在）的感官体验/感知"[3]。正如之前章节所言，技术是沉浸作为身体与媒介互动形式的驱动力，因此它仍然是娱乐传播形态演变的不竭动力。20世纪50年代，计算机技术为虚拟现实的发展提供支撑，虚拟现实为创建与体验虚拟世界的一个计算机系统，具有"沉浸性、交互性及构想性"等特征，这也是首次明确将"沉浸性"视为一种技术特征，因此"沉浸感"是技术对于身体的一种投射，这在不同娱乐文化实践中的意涵不同：从"游戏沉浸性"的注意力和参与程度[4]到人们处于"心流"[5]状态，即沉浸于某项活动而忽视周围环境；人们从在虚拟环境中感知到身体存在[6]到相信行为效果会在基于模拟的算法训练中真实地展现出来。还有学者将沉浸感视为一种有助于加强身临其境体验且基于本体论与关系的欲望，人们在沉浸状态中可以感知到他人身体的存在，以弥补自我与他者之间的物理鸿沟，更渴望身临其境的存在，超越人们当下的"此时此地"。由此可见，现代意义的"沉浸感"离不开技术及媒介传播，

---

[1] Grau, O., *Virtual Art: From Illusion to Immersion*, Cambridge, MA: MIT Press, 2003, p.5.

[2] Bazin, A., *What Is Cinema*? Berkeley: University of California Press, 1967.

[3] Vanhoutte, K. & Nele Wynants, "Immersion", In *Mapping Intermediality in Performance*, ed. Sarah Bay-Cheng, Chiel Kattenbelt, Andy Lavender, and Robin Nelson, Amsterdam: Amsterdam University Press, 2010.

[4] Brown, E. & Paul Cairns, "A Grounded Investigation of Game Immersion", In (*Proceedings*) *ACM Conference on Human Factors in Computing Systems*, CHI 2004, 1297–1300, ACM Press.

[5] Csikszentmihalyi, M., *Flow: The Psychology of Optimal Experience*, London: Harper Perennial, 1990, p.4.

[6] Slater, M., Usoh, M. & Steed, A., "Depth of Presence in Virtual Environments", *Presence: Teleoperators and Virtual Environments*, Vol.2, 1994, pp.130–144.

"沉浸传播"理念的兴起就是最好的证明,但早期大部分研究较为零散且集中于电子通信领域。即便如此,传播学领域学者也尝试从信息与通信技术支撑的人机交互实践中发现传播形态转向的端倪,并认为虚拟现实突破传统的"点到面"与"点到点"传播交流方式,借助于新技术形成沉浸传播[1]。在此基础上,有学者将在移动媒体等新媒体环境中理解沉浸传播[2],人们的感知"浸润于"该环境,并再次预判"虚拟遥在和沉浸式传播"时代的到来。学者李沁则不局限于媒介传播,而尝试将"沉浸传播"概念置于人类生存的大环境下来探讨,在其著作《沉浸传播:第三媒介时代的传播范式》中首次从传播学视域来系统阐述"沉浸传播"概念,并将其定义为:

> 一种全新的信息传播方式,它是以人为中心、以连接了所有媒介形态的人类大环境为媒介而实现的无时不在、无处不在、无所不能的传播。它是使一个人完全专注的、也完全专注于个人的动态定制的传播过程。它所实现的理想传播效果是让人看不到、摸不到、觉不到的超越时空的泛在体验。[3]

上述对于"沉浸传播"理念的理解以"技术决定论"与"媒介的人性化趋势"为逻辑框架,从而赋予该理念更为广泛与深入的传播学意涵,强调沉浸传播重构了媒介与人的关系,认为个人不仅是媒介的主宰者,更是媒介本身,但整体仍立足于媒介生态与媒介文化视野,而缺乏从身体维度来解读沉浸式传播理念。

本书所探讨的"沉浸式娱乐传播"是上述"沉浸传播"在娱乐场景的延伸与创新。因为"娱乐"与"沉浸"也可谓从理论与实践层面一拍即合。从理论层面看,娱乐是满足人身体感知与心理需求的一种方式,娱乐相关研究倾向于心理与认知视角,通过"享受"[4]与"自我实现"[5]来获

---

[1] 杭云、苏宝华:《虚拟现实与沉浸式传播的形成》,《现代传播》(中国传媒大学学报)2007年第6期。
[2] 熊澄宇:《对新媒体未来的思考》,《现代传播》(中国传媒大学学报)2011年第12期。
[3] 李沁:《沉浸传播:第三媒介时代的传播范式》,清华大学出版社2013年版,第49页。
[4] Vorderer, P., C. Klimmt & U. Ritterfeld, "Enjoyment: At the heart of media entertainment", *Communication Theory*, Vol. 14, 2004, pp. 388–408.
[5] Oliver, M. B. & A. Bartsch, "Appreciation as audience response: Exploring entertainment gratifications beyond hedonism", *Human Communication Research*, Vol. 36, 2010, pp. 53–81.

第六章 具身互动：沉浸式娱乐传播中的身体与媒介互动

取幸福感，前者是寻求一种积极情绪，如乐趣、娱乐及放松等体验，后者则指自我满足，即自主性、能力及亲缘关系等内在需求。这与"沉浸感"这种身体感知与心理认知相契合，尤其随着虚拟现实技术的蓬勃发展则最大限度地满足了人们的娱乐需求，即为用户带来全面、立体的感知体验，使其远离现实的喧嚣，突破时空的限制而置身于理想中的世界。从实践层面看，沉浸感与娱乐的结合也有迹可循，娱乐业界普遍认为，早在1995年第一家迪士尼乐园的建立，就标志着沉浸式娱乐的诞生，这种乌托邦式的娱乐场景为用户带来真实的消费体验，从而满足用户的"享乐"与"自我实现"等娱乐动机。随着互联网技术的发展，文学作品、影视作品、音乐、动漫、网络游戏等泛娱乐内容涌现，重新建构娱乐内容生态。根据第50次《中国互联网络发展状况统计报告》，截至2022年6月，我国网络视频用户规模达9.62亿，较2021年12月增长2805万，占网民整体的91.5%。在上述网络大环境下，以IP（Intellectual Property，知识产权）为轴心，推动网络平台内外资源联动，以文学、电视、电影、综艺、音乐等传统娱乐产品为核心，以电竞、动漫等新兴娱乐产品为外围，从而形成协同、创新娱乐内容生态。5G时代的到来则推动沉浸式新媒体的发展，英特尔公司发布《5G娱乐经济报告》预测，到2028年，沉浸式媒介应用规模将史无前例[1]，这表明将满足用户对于娱乐内容的日益增长的需求，通过延长受众注意力与增强内容清晰度来深化他们的沉浸式体验。

综上所述，沉浸传播的优势在娱乐场景中的释放有目共睹，而且改变着人们对于娱乐内容的感知体验，虚拟现实可能成为娱乐场景中用户与内容的新型交互形态，进而形成沉浸式娱乐传播模式与实践。2017年为沉浸式娱乐爆发元年，其核心要素是"即时互动"，聚焦于线上与线下的用户体验及用户参与两个方面。目前，沉浸式娱乐体现为两类：一类是基于故事的沉浸式场景体验；另一类是基于技术的沉浸式场景体验。因此，相应的娱乐传播形态分别为基于故事的沉浸式娱乐传播与基于技术的沉浸式娱乐传播，进而发现这两种传播形态中的沉浸式体验存在转向。

---

[1] Ovum, *How 5G Will Transform The Business of Media & Entertainment*, October, 2018.

二　基于故事的沉浸式娱乐传播：意识沉浸

故事丰富了人类在宇宙中存在的意义。人们通过故事来传播文明与文化，也可以从故事中得到身心愉悦，媒介成为故事内容呈现及传播的载体，这对于娱乐传播形态的形成至关重要，叙事就成为媒介与内容的交互形态，而在这个过程中，正如麦克卢汉所言"媒介即信息"，那么在娱乐领域，信息也即故事，娱乐即故事。这也是大众媒介时代沉浸式传播形成的基础，故事成为人们在娱乐中产生沉浸式体验的渠道，他们可以沉浸于自己的想象空间，从而实现意识沉浸。

虽然沉浸式娱乐传播与人工智能及虚拟现实等智能化技术相伴相生，但沉浸式体验一直都是娱乐媒介使用与满足所追求的目标。故事的传播形式从口口相传到图文传播发生演变，以文学形式延续下来，这种传统的传播方式之所以让读者产生沉浸感，是因为文学作品的内容旨在凸显幻觉性与描绘性，以促使人们达到"心流"状态，为他们创造了想象的空间。当人们在阅读小说时，故事情节有时会吸引其注意力，以至于暂时忘却周围的环境，而"置身"于故事发生的时空中，这使得身体存在空间发生断裂或交融，即人们的物质身体仍处于现实环境，但是想象中的虚拟身体却进入叙事空间中，同时读者在现实生活中的身体感知"离场"。20世纪，随着科学技术的发展，传播媒介空前多样化，电视、电影的出现使基于文字的文学作品受到一定冲击，以镜头的形式将内容可视化，通过音画效果来激活人们更为深入的沉浸式感知，产生代入感，进而与屏幕中的主角感同身受，如观众将影视作品的故事情节与自身的经历相比较。

无论何种传统娱乐媒介，它们所产生的沉浸感更倾向于一种"心流体验"，即人们将精力完全集中于某种活动时全神贯注并享受其中的一种感知状态，会产生高度兴奋感与充实感等正向情绪[1]，这种状态通常出现于回忆中，这也是人们为何沉浸其中甚至无法察觉到自我意识、感官及周围时空的原因。媒介娱乐功能的发挥也在于此，因为可以满足当代人的感官刺激需求，能够不间断地达到契克森米哈赖教授所说的"最优体验"，人们穿梭于现实世界

---
[1] ［美］米哈里·契克森米哈赖：《心流：最优体验心理学》，张定绮译，中信出版集团2017年版，第98页。

与人的意识之间,心灵与身体处于相互交融的状态,人们也形成较为私密的个人体验,这符合之前章节所得出的身体—媒介的"主动内在互动",身体在该互动过程中更为主动,人们进入从主体意识到行动的共同经验模式。

电视、电影等娱乐媒介都依赖于观众与内容交互的界面,主要是荧幕、银幕与屏幕,影视内容是现实世界由界面转换为符号和虚拟行为的结果,从而观众达到可视化沉浸。界面将空间分割为两个部分,即观众身体所处的物理空间与界面中图像所构建的虚拟空间,身体在物理空间中固定不动,电影理论家将这种身体的静止不动视为电影的本质特征,这是影视作品能够让观众产生幻觉的基础,电影理论学家让-路易斯·鲍德里将观众与电影的互动比作柏拉图"洞穴隐喻"中的囚徒,这表明观众的不动并非历史的偶然,而是影视作品等娱乐形态能够产生快乐的基本条件,这也是观众的意识进入虚拟空间的前提。例如,在电影《爱丽丝梦游仙境》中,观众的身体保持不动并"凝视"银幕,而意识则开始"流动",透过银幕中的图像与声音"沉浸"于所构筑的仙境。

三 基于技术的沉浸式娱乐传播:具身沉浸

1. 移动互联网:具身虚拟沉浸

移动互联网的出现从根本上打破了娱乐传播的传统,媒介逐渐微型化,虽然屏幕的可移动性一定程度上为身体在现实空间的移动提供可能,但无论是电影中"遥不可及"的银幕,还是电视固定不动的荧幕以及智能手机即时移动的屏幕都在发出同一个信号:观众处于画面所展示时空之外,它们类似于洞穴的囚徒只能被动接受屏幕的支配,互联网技术与人工智能技术的发展为观众"进入"内容且在深度体验娱乐产生快感提供了可能,这种方式与大众媒介带来的娱乐体验不同,而在身体的边缘试探,产生亦真实、亦梦幻的体验,也即"具身虚拟沉浸",根据相关应用实践的爬梳发现,移动互联时代沉浸式娱乐虽然还并未成为主流娱乐,但是这种虚实结合的体验已经初现雏形。

其一,虚拟身体穿梭于物理空间与虚拟空间,重构娱乐互动传播。这里"虚拟身体"与网络时代的"数字化身"存在差异,前者呈现可视化形象,后者则可以被解构为二进制代码流,尤其体现于娱乐内容展示方面。人们借助于智能化技术形成的虚拟身体进入物理空间与虚拟空间,充分发挥虚拟身体的"代理"角色。一方面，人们可以借助于虚拟形象进入故事空间。而这种虚拟身体的形成依赖于用户的身体实践数据，作为网络数据而永久存在，突破了时空与肉身的限制，可以让喜欢的演员随时穿越在不同屏幕中，甚至人人都可以成为虚拟明星。以人工智能中的"深度造假"（Deepfake）为例，随着移动化技术及对抗式网络技术的蓬勃发展，普通人也可以随时随地实现明星梦，利用该技术进行"换脸"。"换脸"成为一种新娱乐时尚，如线上交友平台"陌陌"推出的应用程序"ZAO"就是典型案例，它作为首款主打 AI 换脸的娱乐应用程序曾风靡一时，用户只需要在应用程序中上传一张照片并在摄像头前做出眨眼、扭头及张嘴等动作，待动作被识别确认后可以"出演"自己喜欢的角色，如"小李子""谢耳朵""玛丽莲梦露"，等等，人脸融合效果非常逼真。这种娱乐方式新颖且颇为吸睛，用户以视觉虚拟的方式将身体置于屏幕的另一端，深化了他们的临场体验，也实现了角色互换。然而，"换脸"技术的代价甚是高昂，不仅耗资巨大，而且还以让渡隐私作为交换，同时也还引发许多伦理问题，这也是 ZAO 火速下线的原因之一，因此这些技术与娱乐的理性结合还有待于进一步探索。另一方面，故事空间中的虚拟身体跨过屏幕而进入到物理空间中，观众与虚拟形象的互动也由线上转向线下。这种现象的出现主要是得益于全息技术，即采用 3D 全息透明屏幕来呈现形象，如 2008 年虚拟偶像"初音未来"的出现就打破了次元壁的限制，利用全息投影技术举办演唱会，以日本声优藤田咲的音源数据为样本，将卡通形象融入到现实空间中，通过透明界面将身体与媒介的互动直接转换为物质身体与虚拟身体的互动，从而将网络文化延伸到线下。同时，已经逝去的明星能突破物质身体的限制"再现"，如 2018 年央视推出综艺节目《一代芳华邓丽君》，全息影像技术再现邓丽君的风采，她以虚拟形象出现在舞台中央与歌手程琳隔空对唱，为观众带来一场视听盛宴，技术不仅可以再现记忆，而且还可以与记忆对话。

其二，观众以参与故事情节选择的方式来增加互动体验，即参与叙事。5G 时代的来临为沉浸式内容提供了更多的可能性，而互动影视浪潮的兴起就是沉浸式内容发展的新路径。2018 年为中国互动影视的发展元年。根据艾媒咨询（iiMedia Research）数据[1]，五成受访网民对互动剧持

---

[1] 艾媒大文娱产业研究中心：《2019—2020 中国互动剧产业现状剖析及用户行为调查报告》，2019 年 11 月 14 日。

乐观态度。互动影视之所以颇具潜力就在于影视内容以用户思维为主，参与性特征凸显，增加了观众的沉浸式体验。目前，业界与学界对于互动影视还没有统一的定义，本书尝试对其做出界定：互动影视是互动叙事与影视内容的结合，根据观众的身体与媒介互动标准，观看方式分为"被动观看"与"主动观看"两种方式，其中互动性体现于"主动观看"，即观众通过手指触摸屏幕等界面来选择叙事元素及剧情分支，以对内容进行反馈，从而实现自主决定故事走向与结局，这成为沉浸式娱乐特有的演绎。此外，互动叙事是文学与游戏的专属，因此互动影视是一种与游戏融合的延伸概念，具体特征为：一是可选择，用户对内容的支配有更大的自主权，观众既是导演也是演员；二是非线性叙事，用户不再按照导演编排好的叙事模式来观看内容，而主动参与到叙事过程中，叙事参与度较高且个性化特征凸显，内容也较为随意和自然，任何人的剧情发展都不同，因此沉浸式体验更为多元。这在国内外互动影视的实践发展中得到印证，具体可以分为两个阶段。

第一阶段为轻度沉浸体验，即观众可选择的空间较为局限且媒介的主动性较弱。互动影视也并非新生事物，最早可以追溯到20世纪60年代，全球首部互动电影《自动电影：一个男人与他的房子》上线，电影播放时由主持人来把控剧情的节奏，电影院的观众在剧情转折处可以通过红绿按钮来投票选择，"互动性"与"参与性"仅体现于观众按下按钮的瞬间，然而颇具讽刺意味的是，最终无论做出何种选择都无法改变男主角的悲惨命运，观众的参与感无法得到满足。与之相比，2008年香港林氏兄弟制作的"全球首部互动剧"《电车男追女》在互动性与参与性方面均得到升华，借鉴了日本美少女游戏（Galgame）的元素，尝试借助于网络平台来实现视频的互动，用户在剧中可以点击不同选项来切换自己扮演的"电车男"与"女神"角色的约会方式，但略为尴尬的是观众在做出选择后并不能得到媒介的实时反馈，而是需要再次点击对应的视频来观看不同走向的剧情，这破坏了观众观看体验的流畅度。虽然这一阶段的影视内容离真正意义的"互动"还有很大差距，但是他们都触及了"互动"的本质——"非线性叙事"与"可选择"。

第二阶段为中度沉浸体验，即观众在内容选择方面的自主权更大，同时媒介的主动性更强，具体体现于以下方面：第一，观众以不同视角参与叙事并与内容互动，其中互动视角包括导演视角、演员角色视角及玩家视角，以此满足观众的控制感，如 2018 年 HBO 推出电视剧《马赛克》的同名应用程序，为观众带来全新的沉浸式解密体验，观众可以将自己视为法官，根据所提供线索找到杀害儿童作家的凶手；如观众在《古董局中局之佛头起源》中可以将剧中角色视作玩家，通过选择动作与语言来主动引导剧情发展；第二，观众可以选择剧情支线来增强他们在剧中的参与感及沉浸感。互动影视借助剧情反转、悬念及选择来增强剧情与用户的连接感，促使观众将注意力投入到剧情中，以《古董局中局之佛头起源》为例，该剧虽为迷你剧却被称为许一城的 100 种死法，尤其根据制作方五元文化介绍，该剧的重放率（即观众重复观看影片的比例）高达 35.5%[1]，显然叙事分支的选择增加了影片的重放率，以形成个性化的观看体验；第三，观众甚至可以穿越"第四面墙"与剧中角色互动，挣脱媒介的束缚。如美国视频平台 Netflix 于 2018 年推出互动电影《黑镜：潘达斯奈基》，剧中主角 Stefan 发现自己被操控时质问"是谁操控了这一切"，观众可以做出选择给与回应告诉他真相，其中一个选项就暗示观众是来自 21 世纪的网络媒体用户，选择后屏幕上出现"我正在 Netflix 观看你"（I am watching you at Netflix），如此观众与主角直接建立对话。

总而言之，互动影视成为网络视频发展的新路径，但是互动影视技术目前还并不成熟，在数量与质量上都有待提升，因此对于用户的渗透率也较低，数据显示[2]，2019 年上半年，仅有 37.9% 的受访网民表示对互动剧有所了解，其中观看过的用户占 93.0%。原因在于：其一，"二选一"的交互选择强化了可操作性，割裂观众对于整体内容的感知，因为触摸屏幕的行为将频繁提醒观众现实社会的存在，这打破全身心投入的沉浸状态。其二，形式大于内容，互动影视虽然具有游戏特征但毕竟不是游戏，仍以内容取胜，而形式的酷炫能带来感官的刺激但也易于让人们产生疲惫感。由此观之，互动影视符合互动的娱乐生态，是未来娱乐的主流趋势，但仍有较大的发展空间。

---

[1] 新浪网：《新风口还是伪需求？详解互动剧的前世今生》，2019 年 5 月 23 日，https：//tech.sina.com.cn/csj/2019 - 05 - 23/doc - ihvhiqay0832480.shtml? cre = tianyi&mod = pchp&loc = 8&r = 0&rfunc = 76&tj = none&tr = 12。

[2] 艾媒大文娱产业研究中心：《2019—2020 中国互动剧产业现状剖析及用户行为调查报告》，2019 年 11 月 14 日，https：//www.iimedia.cn/c400/66772.html。

2. 作为媒介的虚拟现实：具身沉浸

综上观之，基于屏幕的互动叙事娱乐内容的问题之一在于互动元素具有"干预"性质，当用户沉浸于故事世界中，互动则强迫用户关注媒介，这削弱了用户对于内容的情感投入度。那么如何才能克服这种尴尬局面？虚拟现实（Virtual Reality，简称为 VR）的问世与发展提供了新思路。

虚拟现实是利用计算机技术生成图像来创建虚拟环境，用户通过使用头戴式设备沉浸其中，它具有创建 3D 图像的能力，以跟踪技术来追踪用户的运动轨迹。纵观历史，虚拟现实技术与娱乐之间的渊源颇深，有学者认为最早可以追溯到旧石器时代的岩画，再到 18 世纪的全景画，这为沉浸式的虚拟体验场景的技术奠定基础，直到 20 世纪中叶全景式电影的出现，实现了观众以体验剧场的形式来获得身临其境的传播效果。虚拟现实直到 20 世纪 90 年代才进入大众视野，VR 游戏是较早的虚拟现实娱乐内容形态，但是囿于技术不成熟、价格高昂及体验欠佳等因素而被束之高阁。随着技术的日臻完善，2012 年 VR 再次在娱乐领域中兴起，谷歌、亚马逊、苹果和 Facebook 纷纷推出价格可以接受的头戴式显示器和追踪设备，如 Oculus Rift 或 HTC Vive 推出的头戴式设备。英特尔公司发布的《5G 娱乐经济报告》表明，5G 高带宽、低延时等特性将加速 VR 的应用与普及，未来十年 AR、VR 和云游戏的总收入将增长近 240%[①]，这表明 5G 将开启新的沉浸式互动体验，技术硬件和网络能力的提升将有助于人们实现深度沉浸式体验。2022 年，国务院出台的《"十四五"数字经济发展规划》中明确强调深化虚拟现实，人工智能、8K 高清视频等技术的融合，发展互动视频、沉浸视频及云游戏等新业态。因此除游戏与影视领域外，VR 也开始尝试与社交等其他领域相结合，延伸沉浸式娱乐传播的形态。由此观之，虚拟现实作为一种技术而兴起并发展，已经成为娱乐内容传播的新型媒介，用户与 VR 的交互形塑了基于技术的沉浸式娱乐传播形态。

VR 作为娱乐传播的媒介为何受到青睐？一方面，VR 将虚拟世界与物理世界合二为一，观众在虚拟空间与物理空间的身体动作保持一致，这种效果就像是相机被安装到用户头上，身体与媒介的物理距离为零，沉浸感知也随之从意识拓展至身体，这里的身体是视觉身体与触觉身体的融合

[①] Ovum, *How 5G Will Transform The Business of Media & Entertainment*, October, 2018.

体，也就是梅洛-庞蒂所述"我是我的身体"[①]。正如有学者认为，身体若作为技术装置而被控制，会使用户与身体的感知割裂，身体就成为感知本身[②]，因此身体不应该被视为传递个人感知的工具与界面，这正好弥补了之前互动影视的半沉浸式体验所带来的遗憾。另一方面，与其他媒介相比，虚拟现实为用户提供了独特的体验，之所以独特在于它能够调动广泛感知（视觉、运动感、听觉、空间感及平衡感），用头部、手势及全身的转动来构成交互模式。显然，这种独特体验是虚拟现实作为媒介与身体的运动感知系统互动的结果，从而为用户提供了"去媒介化"的初级体验。简言之，虚拟现实比其他娱乐传播渠道更加"真实"，能让人们产生全沉浸体验，全沉浸式VR的典型代表就是头戴式可视设备（Head Mount Display，简称为HMD），而且传播效果最为显著。

在虚拟现实技术蓬勃发展的背景下，现象学的相关观点颇为应景，其中伊德立足工具实在论视野，凭借技术来建构经验[③]，由此产生独特的问题视角：VR技术如何形成人们在娱乐传播中的沉浸式经验？根据文献梳理发现，学界主要从时间、空间及参与三个维度来衡量观众的沉浸式体验，身体则成为三个维度的交汇点，以更深刻地诠释身体的经验感知。在此基础上，本书以现象学的"具身关系"理论为框架，结合娱乐实践发现：身体与媒介的交互时空与参与维度的交叉是理解技术驱动下"具身沉浸"意涵的关键。

虚拟现实与人们日常娱乐结合密切的领域是影视与游戏。以下主要以VR影视的相关实践，尤以VR电影的相关案例进行分析。为了满足用户在娱乐中的深度沉浸体验，电影由二维、三维再到VR实现转型。在VR电影的传播过程中，观众利用头戴式设备实现三维观影，与二维观影不同在于观众的身体可以在现实与虚拟两个空间中同步移动，这主要由于：一方面，VR技术弥合了屏幕所产生的现实空间与虚拟空间的断裂，身体在这两个空间的实践无缝衔接，因此"虚拟"却更趋于"真实"；另一方面，身体与内容的关系并非被动的线性关系，由于媒介对于身体实践产生"反应"，所以身体与电影故事构成强互动。

[①] ［法］莫里斯·梅洛-庞蒂：《知觉现象学》，姜志辉译，商务印书馆2001年版，第198页。
[②] Pavlus, J., "Your body does not want to be an interface", March 18, 2018, https://www.technology-review.com/s/514136/your-body-does-not-want-to-be-an-interface/.
[③] 杨庆峰：《翱翔的信天翁：唐·伊德技术现象学研究》，中国社会科学出版社2015年版，第94页。

第六章 具身互动:沉浸式娱乐传播中的身体与媒介互动

根据胡塞尔的观点[①],"他者"的具身经验是自我迈向客观、共享世界的第一步,"主体"与"他者"对知觉对象的共同体验是构成客观性存在的基础,也就是说,当主体所感知的对象也能被他者感知到,即"主体"与"他者"对于被感知物的感知体验一致,那么所经验的对象或世界才真实、客观、有效,这也是现象学研究思维的核心所在。本书将按照该研究思路来考察观众对于 VR 影视传播中的沉浸式体验,将其他观众与制作者的体验也纳入考察范围,将 2018 年 6 月 23 日至 27 日青岛 VR 影像周[②]展示的《潜入当下》《世界改变之日》《小王子 VR》《血肉与黄沙》《复活节起义》《奇妙的人》《独囚之后》等 VR 影片作为被感知对象(见表 6-1),由于实际因素的限制,笔者在网络中搜索关键词"2018 年青岛 VR 影像周""观影体验"以获取资料,为保证内容的真实有效,选用直接引用的口述内容,进而筛选出 6 名观影者和 6 名电影制作者的话语资料来进行内容分析。该调查虽取得一些结果,但仍存在不足之处,其一,虽然自媒体中观影者以访谈录音作为资料,但笔者未能亲身参与记录口述体验,对于体验的二次经验结果产生一定偏差;其二,从网络中获取的有效访谈资料仍不够充足,这也会影响对整体结果的研判。尽管如此,从中亦可以发现 VR 电影传播中用户的"具身沉浸"特征。

表 6-1　　2018 年青岛 VR 影像周展示主要影片

影片名称	类型	时长	媒介	身体
潜入当下	纪录片/海底世界	10min	头戴式设备/手柄	海底畅游
世界改变之日	纪录片/核武器试验	10—15min	头戴式设备	使用自己的双手"还原"地球本来的蓝色
小王子 VR	剧情/小王子 VR 版	10—15min	头戴式设备/手柄	与小王子共同历险
血肉与黄沙	纪录片/墨西哥边境	7min	头戴式设备	亲历难民处境
复活节起义	纪录片/复活节起义	13min	头戴式设备	亲临爱尔兰历史变革时刻
奇妙的人	科幻片/子宫中的你	17min	头戴式设备	体验回到子宫的感觉
独囚之后	纪录片/监狱生活	10min	头戴式设备	体验监狱生活

资料来源:笔者根据网络中青岛 VR 影像周相关内容整理而成。

---

① [丹]丹·扎哈维:《胡塞尔现象学》,李忠伟译,上海世纪出版集团 2007 年版,第 124—126 页。
② 2018 青岛国际 VR 影像周是国内首次最大规模的电影展映活动,于 2018 年 6 月 23—27 日举办。

(1) 具身化参与

上一小节已经阐述了人们如何借助于虚拟身体参与到故事中的虚拟空间，那么在技术驱动的沉浸式传播中，受众的身体又以何种方式参与来实现极致化的沉浸式体验？这也是接下来所要探讨的问题。笔者根据虚拟现实作为技术的具身性特质来倒推身体的参与方式，发现受众采用具身性参与形式。

"具身"是一个较为复杂的概念，在现象学及传播学领域颇受关注。胡塞尔否定了意识的先验性存在，而认为身体是感知空间对象并与其交互的可能性条件，以人类的"具身"作为中介来经验世界①。梅洛－庞蒂延续胡塞尔"具身性"的观点，承认经验着的主体就是身体本身而非意识的建构，人是以身体的方式而不是意识来面向世界，世界就是身体经历的一切②，身体是"感知"体验与"被感知"体验的结合。如果梅－洛庞蒂回应"具身"是什么的问题，那么伊德进一步揭示了这种具身性沉浸式体验产生的原因，并将其归结为技术，同时将身体感知的参与视作界定"具身"的标准，技术实现"此在"的身体转化和增强知觉，"具身"不仅是体验技术世界的身体，也是虚拟化身或实际身体的延伸物，因此技术即具身化技术。这与麦克卢汉对身体的理解存在契合性，他们都强调身体的感知与主动性，即经验着的身体，而对于将身体片面地视作容器的论调表示质疑。总而言之，"具身"是身体的物质性与意识性交织的结果，消融了长期以来横亘于物质身体与虚拟身体的边界，身体可以挣脱媒介的束缚来"触摸"世界。本研究也是在该理论框架下来考察用户在基于技术的沉浸式娱乐传播中的具身化体验。目前，根据所应用设备，用户的体验方式主要分为两种：一类是通过手机裸眼观看360度全景视频，另一类是通过头戴式设备"进入"虚拟现实空间。但由于考察用户的深度体验，而360度全景视频仅是视觉与听觉的沉浸，而未能实现所有感官的"卷入"，因此本书的VR娱乐实践主要针对基于头戴式设备的娱乐传播实践。

本研究调查结果显示，在VR电影的娱乐内容形态中，虚拟现实成为一种新兴媒介，解构了传统媒介，如有体验者认为："效果虽然没有专业Dolby影院震撼，但是比趴在显示器，电视的效果要好很多"，也有体验者

---

① [丹]丹·扎哈维：《胡塞尔现象学》，李忠伟译，上海世纪出版集团2007年版，第104页。
② [法]莫里斯·梅洛－庞蒂：《知觉现象学》，姜志辉译，商务印书馆2001年版，第12—13页。

则明确提出"VR的现场感和代入感不是电脑和电视屏幕可以感受到的"。由此观之,沉浸感是用户接触VR媒介的普遍经验感知,也是超越传统媒介的原因。然而,用户对于VR电影的沉浸式体验却存在差异,这也是构成具身沉浸体验的不同侧面。其一,观看者身体"进入"故事中,以第一视角"经验"故事,实现身体"在场"。人们由"他者"经验转换为"主体"经验的过程,这也是代入感产生的根源,如S女士在观看时认为:"就是感觉新奇好玩,从前没看过这种展出,最喜欢海底的景色,真的好像在海底一样,鱼儿在身边游来游去,挺逼真的。"在虚拟现实建构的场景中,身体不再是想象的假体而以具身形式呈现,突破了实体界面的阻隔,人们在观看电影时不再被拒之屏外,而能够感知身体"在场"并通过与周围的虚拟环境交互而产生三维感知。其二,观众的身体可以在故事中移动,与故事中的内容或角色互动。这里移动并非虚拟的意识活动,而是虚拟身体与物质身体的联动,也就是"具身"在虚拟空间"此在"的移动,用户姿态与故事中的角色实时保持一致,通过互动来体现身体的存在感。青岛大三学生小新表示,在这次展映中最喜欢带触觉设备的电影《小王子VR》,并认为"当全身心沉浸在VR短片中的时候,会感到有点孤独,没有手柄可以触碰影片中物体的话,就会有种莫名的无力感……互动不用太多,只要能有存在感就行",这表明具身性还体现于身体与被感知物之间的交互,三维空间对视觉的刺激并不能满足受众在观影时的身体需求。总而言之,"具身性参与"不仅是指身体本能层面与故事的互动,更是内在与外在身体共同进入到故事中的场景,身体所有感知被卷入或形成联动,进而达到深度沉浸。

(2)时间折叠+空间共在

根据上述沉浸式体验衡量标准,身体在时空维度的交叉则构成了具身沉浸体验。对于传播学而言,时空维度的探讨早已经不是新闻,学者殷乐曾就认为时空结构始终是媒介传播的根本[①]。然而,虚拟现实这种新兴媒介重构时空结构并产生新的时空感知。

从时间层面来看,虚拟现实技术将时间折叠,即具身成为过去、现在及未来的新界面。媒介接替钟表来延续与丰富时间观,有序性及编排性等传统逻辑已经不再适用,信息时代的到来加速了"永久性""碎片化"

---

① 殷乐:《网络传播的时空创意》,《现代传播——北京广播学院学报》2000年第4期。

"复古"等时间描述的涌现。虚拟现实媒介作为信息技术功能的集大成载体，为时间的身体化表达提供了更为丰富的语境。在虚拟现实中，智能化技术将人们的身体置于"此刻在场"与"永久在场"共生的状态，"此刻"与"永久"这两个相对的时间概念却共同聚焦于具身，身体可以同时经验这两个时间端点，这在历史纪录片与科幻片中尤为明显。一方面，具身处于过去与现在折叠产生的沉浸式体验。历史其实就是从一个现在到另一个现在推移的结果，纪录片实质是在记录现在，VR纪录片是就见证历史与现实碰撞的较为恰当的案例，人们所产生的具身沉浸是时间维度的深度沉浸。以青岛VR影像周中展映的《复活节起义》为例，该电影短片讲述通过一个人的记忆来了解1916年爱尔兰的复活节起义，人们借助于头戴式设备穿越并"临场"见证这一历史时刻，VR媒介的出现将过去与现在同在，过去成为虚拟空间中身体的"此在"，身体则代替媒介成为连接过去和现在的中介物，观众可以"进入"到历史故事中，战场、硝烟、士兵都一览无余，在这种沉浸式叙事中，观众被赋予新的反抗军身份，通过移动身体来抗争、争取独立，以此来推进故事的演变，构成虚拟环境中的现在世界，正如该片导演所言，"戴上头显，你的手、声音、耳朵和眼睛决定一切，你就是每个时刻的中心"。另一方面，具身是过去与未来折叠时产生沉浸式体验的基础，科幻片就是一个很好的体现。电视、广播、网络、手机等媒介记录了过去与现在，然而对于未来却显得力不从心，人工智能可以预测未来，但是仍以现在和过去的事实作为基础，未来仅存在于人们的想象中，视听媒介可以将其可视化，但是对于观众而言仍然遥不可及，然而虚拟现实媒介却为处于"此在"的观众提供了进入未来开辟了路径，具身关系中的身体在未来的"在场"代替了人们对于身体"在场"的想象。例如，展映会中播放的VR科幻片《奇妙的人》科普人类如何在子宫内诞生，观众可以重新体验与母体合一的感觉，因为人们孕育于母亲子宫时并不会留下任何记忆，这种感觉对于人们而言是以一种难以名状的想象，甚至人们从未有过这样的想象，虚拟现实让人们重新体验生命的第一阶段，将未知变得可见，这是一般媒介所无法带来的体验，观众带上可以移动的头戴式设备开启"子宫之旅"，唤醒他们对于在母亲子宫内的不同发育阶段的感知，从触觉、视觉及听觉不同感觉层面来体验着婴儿的世界。总之，如果说人们作为主体具有时间性，那么身体就是对于时间本质的活生生的演绎。

第六章 具身互动:沉浸式娱乐传播中的身体与媒介互动

从空间层面来看,身体的空间共在强化了观众的"在场"感及沉浸式体验。VR 为故事发生场景的"具身化"提供技术支撑,与之伴随,"在场"与"不在场"概念变得更加复杂。莱文森曾在《思想无羁》中将"不在场"更多理解为一种感觉,而人们将对"缺席"的事物内化,并通过大脑抽象机制而形成意识,但是虚拟现实的出现却将被感知物可视化,意识层面的"在场"转向身体在虚拟空间的"在场",强调用户在虚拟环境中存在的一种主观体验[1],身体不再是被媒介压制的"客体",而成为参与媒介叙事的"主体",因为身体可以主动参与到叙事中。那么在此空间中如何产生"共在"?这主要取决于"物理共在"与"社交存在"[2]两个因素。"物理共在"是空间感知的延伸,也是一种主观体验,指人们在物理层面的共在,在 VR 空间中,共同定位则取决于立体化视觉效果、空间化听觉效果及三维虚拟现实效果的共同渲染;"社交存在"通常被定义为"用户与另一个有知觉的实体在一起的感觉"[3],在 VR 空间中,用户可以通过观察其他人或听到他人的声音来感知周围的人,或以电话交谈及网络视频等方式来与其互动来体验这种社会存在感。当人们的"具身化"发生于物理共在与社交共在层面时,空间共在感知也就随之形成,用户能够在虚拟空间中感知到实体并与之共享空间。在这次展映中的"立式交互"VR 单元中所展示的《独囚之后》就很适合虚拟现实这种空间叙述方式。这部影片专门为观众提供了类似于牢房的封闭空间,观众通过头戴设备来接触立体化的视觉内容,与虚拟监狱置于同一空间,以"囚犯"的角色来实现虚拟空间的具身化,因此仿佛自己亲临狭窄的牢房中,观众从"看"电影转向"进入"电影,从而实现具身在虚拟空间与物理空间的共在,如此避免了银幕边界所产生的空间断裂感,虚拟与现实共存;另一方面,观众除了可以在虚拟空间中移动来亲自体验监狱生活,还可以与电影空间中与服刑 20 年的罪犯实现面对面交流与互动,从而满足了他们在虚拟空间中的社会存在感。这两方面的结合实现了人们空间共在的外显化,因此虚

---

[1] Lee, K. M., "Presence, explicated", *Communication Theory*, Vol. 14, 2004, pp. 27 – 50.
[2] Hartmann, T., "Entertainment in Virtual Reality and Beyond: The Influence of Embodiment, Co-Location, and Cognitive Distancing on Users' Entertainment Experience", In P. Vorderer & C. Klimmt (Eds.), *The Oxford Handbook of Entertainment Theory*, Oxford, UK: Oxford University Press, 2020, p. 5.
[3] Lee, K. M., "Presence, explicated", *Communication Theory*, Vol. 14, 2004, pp. 27 – 50.

拟场景也变得更为真实。

然而，沉浸的极致就是自然，但是种种因素打破了这种自然状态，人们对于 VR 娱乐内容的接触体验，除有显性沉浸感外，还产生一定的认知距离，即"用户意识到他们沉浸在由媒介引发的体验中"[1]，也就是人们自己能够意识到这种沉浸式体验。这主要在于虚拟现实技术在娱乐中的应用还并不广泛也欠成熟，因此内容制作成本较高且生理体验也欠佳，影响了内容对于用户的渗透。具体表现为：第一，电影内容时长较短，目前最长也超不过 20 分钟，因为穿戴式设备较重，若时间过长，用户会产生头晕、目眩等身体不适感；第二，电影制作难度大且成本较高，因为已经突破了传统的蒙太奇手法，需要引入多线程及多角度以不断探索用户的需求空间，一个场景可能需要数十个镜头来完成。同时，VR + 音乐、VR + 电视娱乐节目等形态值得探讨，但囿于篇幅的限制，本章节并不能穷尽虚拟现实在娱乐领域中的应用。然而，不可否认的是，人们的沉浸式娱乐体验已经发生转变，这也指明了娱乐传播形态的演变趋势，人们从"半沉浸"进入"全沉浸"，从"意识沉浸"转向"具身沉浸"，他们不仅观看故事，更期待参与故事，"具身"将成为身体与媒介互动的起点，这也重新建构了数字化时代的娱乐传播形态。

四　具身互动：沉浸式娱乐传播中身体与媒介的互动本质

再回到传播学领域，无论是书写媒介时代、电子媒介时代，抑或是网络媒介时代，媒介与传播的目的都在于缓解身体不在场时交流的尴尬，久而久之身体处于一种隐性状态，并且被动接受媒介所给予的安排，游戏则成为身体偶尔释放压力的一种渠道，随着智能化技术在传播领域的扩散，人机交互特征开始在传播形态中留下印记，游戏则谓之人机交互在娱乐传播领域的"代理人"，改变了人们对于以往身体与媒介互动的认知，对于身体的探讨由"离身性"转向"具身性"，具身互动也逐渐进入传播学视野。

---

[1] Quaglia, J. T. & A. Holecek, "Lucid virtual dreaming: Antecedents and consequents of virtual lucidity during virtual threat", Proceedings of the 25th IEEE Conference on Virtual Reality and 3D User Interfaces, 2018, pp. 65 – 72.

第六章 具身互动：沉浸式娱乐传播中的身体与媒介互动

首先我们回顾"具身互动"（Embodiment interaction）概念的发展脉络，以为传播学中的"具身互动"提供启示及理论支撑。"具身互动"概念出现于人机交互领域，是理解人机交互的一种进路。通常学界认为，"具身互动"概念缘起于以身体经验为基础的现象学，思想脉络围绕胡塞尔、海德格尔、梅洛-庞蒂、雷拉及伊德的身体观展开。较早研究源自胡塞尔的生活世界观，他打破了科学的"客观主义"，从而探寻前科学经验中具体的、感性的、直观的生活世界，将躯体与意识融为一体，但是更侧重于思考身体感知，忽视了身体本身的存在。海德格尔则将胡塞尔的意向性理论回归到切实的身体，认为身体本体存在是身体经验产生的本质性前提，而身体与有意义的世界互动是经验本身，将现象学从认识论转向本体论。梅洛-庞蒂的身体知觉理论将身体置于更为敞亮的位置，也被认为是与"具身互动"最为接近的思想来源。他认为身体被赋予主体性地位，身体既可以作为主体而感知世界，又可以成为被感知的客体，因此具有双重属性，在承认身体生理性的同时，更凸显身体的知觉性，还明确提出身体与世界的关系，认为身体是进入世界的入口，身体就是世界本身。这一观点提出后产生较大影响，雷拉延续梅洛-庞蒂主要思想的同时拓展具身认知的"生成"取向，认为人们的认知是身体与环境交互的结果；伊德继承梅洛-庞蒂具身观点的基础上将身体对技术世界的经验纳入考量，以此来思考身体与技术的具身互动关系。由此可见，对于身体的理解已经打破了身心二元论的框架，身体不是麻木的躯体，而是存在于世的主体，并立足于多维的动态性视野，从身体本体论层面的多元视角来诠释身体如何存在于世，上述"具身性"理论资源为"具身互动"奠定基础。

目前，虽然学界对于"具身互动"还没有统一的界定，2001年加州大学欧文分校的保罗·杜里什（Paul Dourish）教授在《行动在何处：具身互动的基础》中首次在人机交互领域提出并系统阐述"具身互动"概念，他将"具身互动"理解为人与计算机系统的交互作用，即人们在计算机系统建构的世界中，借助于可触摸计算与社会计算来实现与周边物理环境与社会环境的真实互动，这是学界对于"具身互动"较为认可的定义。"具身互动"的理论与实践开始兴起，虽然其理论资源不够丰富甚至还存在争议，但是我们仍然能从中看到"具身互动"的三个核心要素的浮现：身体体验、互动环境及认知建构，这也体现于传播学中身体互动概念的建构。

本书从传播学维度来思考"具身互动"概念，因此媒介是不得不考虑的因素，并发现这与伊德"具身关系"分析框架下的身体与媒介的互动图式［（身体—媒介）→环境］相呼应，身体与媒介互动形成新的身体图式，媒介处于隐性状态。笔者将"具身互动"理解为身体—媒介互动与身体（媒介）—环境互动的交融（见图6-1），而知觉成为身体与媒介融合的关键，当媒介功能丧失时，媒介显性特征凸显，人们的知觉体验不一致，身体与媒介的互动关系发生断裂。显然，"具身"成为人们在新型媒介环境中的生存方式，赋予传播互动性特征，因此身体与媒介的互动本质为"具身互动"，主要体现于三方面：一是身体与媒介交互所建构世界的主观体验与存在方式，身体与媒介融为一体，媒介的功能性特征代替物理形态而存在；二是身体与媒介融合及互动发生的情境与环境也是构成具身互动的重要部分，这里指身体空间、物理环境、虚拟环境及社会环境，互动发生于多种空间之中；三是身体与媒介的互动对于人们认知、行为产生影响，身体体验有助于意义的建构。因此，"具身互动"这个概念对于理解沉浸式娱乐传播恰逢其时，这也是作为意识活动传播本体化的一种尝试。

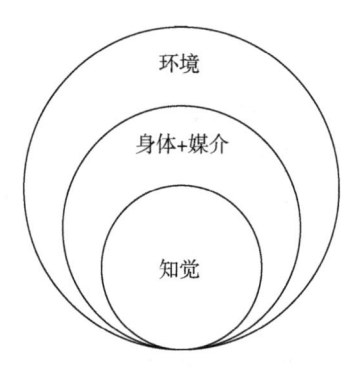

图6-1 具身互动模式

第二节　VR游戏：沉浸式娱乐传播中身体与媒介的具身互动

沉浸式体验与娱乐媒介的发展相伴相生，随着虚拟现实媒介技术的诞生与进化，人们的沉浸式体验也随之深化，他们不再满足于想象带来的沉浸,而更倾向于整个身体知觉沉浸,"走进"自己的幻想中,产生身临其境的感觉,身体的主体性回归,从而催生新的沉浸式娱乐传播形态。

虚拟现实技术在游戏领域的应用较早而且也较为成熟,虚拟现实貌似和游戏天然就有某种联系,可以说游戏是虚拟现实发展的原动力。这种将自己沉浸在3D环境中的想法可以追溯到19世纪致使人们产生想象力的"立体镜"。与大多数技术发展路径相仿,虚拟现实的愿景也始于科幻小说。1935年,斯坦利·温鲍姆(Stanley Weinbaum)发行科幻小说《皮格马利翁的眼镜》,小说中主角戴着一副护目镜进入一个虚构的世界,全方位刺激视觉、听觉、味觉、触觉等感官并带有全息记录。想象往往是实践的前奏,计算机技术的发展将电影中的故事变为现实。20世纪60年代,计算机科学教授伊凡·萨瑟兰德(Ivan Sutherland)发明了第一台VR头戴式显示器,被称为"达摩克利斯之剑",人们的身体摆脱了鼠标与键盘的限制,而成为一个直接可以与内容互动的"大鼠标",玩家身体虽然受到显示器线缆的牵制,但能在有限空间活动,头上装有双屏幕的用户可以环顾整个房间,看到一个虚拟3D立方体在空中盘旋,身体、虚拟立方体、房间环境在同一空间共在。由此可见,虽然设备繁重影响人们的体验,但是沉浸性、互动性、想象性、存在性及自主性等特征已经开始生根发芽,这与本来就注重沉浸感与互动性体验的游戏一拍即合,同时虚拟现实的输入与输出设备的发展,也延伸了人们对VR游戏的想象。20世纪80年代,电影《特隆》中的游戏玩家角色沉浸于模拟视频游戏的完全虚拟环境。20世纪90年代,VR游戏首次走出实验室并面向大众,虚拟集团(Virtuality Group)发行了一系列游戏和街机产品,玩家佩戴一副虚拟现实护目镜,可以实时玩沉浸式游戏。然而,VR游戏与传统电子游戏的不同在于体验感知更为真实,这种真实指合理性,即符合身体知觉运行规律,以至于产生VR游戏过于真实有可能会伤害玩家的担忧,虽然这种言论似乎有点夸张,但是也从侧面反映出VR游戏深化了人们的娱乐体验,已经不是单纯的刺激感官与意识,而是将身体及其知觉卷入其中。然而,囿于技术与成本对于虚拟现实技术的牵制,VR游戏也一直较为小众。直到2016年Oculus Rift、HTC Vive和PSVR等各大厂商的新型VR设备纷纷在这一年面世,VR游戏元年也随之到来,用户与内容的互动及身体在其中的自由度前所未有。由此观之,虚拟现实技术与VR游戏的发展轨迹趋同,随着视觉、听觉及触觉技术的进步,VR游戏为用户带来更为逼真与强烈的感知体验,具身性特征淋漓尽致地体现出来。显然，游戏作为虚拟现实技术的主要应用场景为"具身互动"的阐释提供了理论与实践支撑。

VR 游戏中的"具身互动"是能够体现人类身体本真性的一种娱乐方式，它实现了身体在跨时空传播中的自然状态。不置可否，在技术驱动下，人类一方面希望追求身体突破时空限制的自由，另一方面却又希冀实现身体自然状态下的感知与认知。正如麦克卢汉所言"艺术不仅是玩耍，而且是人的知觉延伸，呈现出人为设计和传统的模式"[1]，游戏作为一种艺术，也是人的知觉延伸，这满足了人们对于虚拟空间中身体"再现"的期待。

一 VR 游戏的具身空间：身体在知觉场与现实空间徘徊

根据"具身互动"定义，身体与媒介的互动发生于身体空间、物理空间、虚拟空间等环境。在该定义的基础上，我们重新思考 VR 游戏的场景中身体与媒介互动的空间，认为可以归结为身体空间（知觉场）及现实空间。这可以从梅洛-庞蒂的"知觉理论"中找到支撑。

身体空间是指一种"知觉场"，梅洛-庞蒂认为身体是主体性和自觉意识的场所[2]。身体是"人生存于世的载体"，为人类所处环境的一个视点与情境体验，强调身体是实践中的身体，然而人的实践活动以身体知觉为基础，而人体感觉的产生基于感觉结构，即可感物与对被感物意向的组合。可感物主要在于身体所形成的"场"，这里的身体介于生物学意义的肉体和客观对象意义上的躯体之间，是身体知觉的存在空间，即"知觉场"，通过身体的整体性知觉直接感知身体及其周围环境的存在。然而，VR 游戏就是基于虚拟现实技术并再现故事情境或想象的一种娱乐形态，构建一个仿真空间或虚拟空间，并利用设备将其嵌入受众的"知觉空间"[3]，如此，用户和模拟环境之间建立起一种实时交互关系，其中虚拟现实作为媒介在互动时既是身体的被感知物，同时也是身体空间客观化的辩证因素，而

---

[1] ［加］马歇尔·麦克卢汉：《理解媒介：论人的延伸》，何道宽译，译林出版社 2019 年版，第 295 页。
[2] ［法］莫里斯·梅洛-庞蒂：《知觉现象学》，姜志辉译，商务印书馆 2001 年版，第 278 页。
[3] ［法］莫里斯·梅洛-庞蒂：《知觉现象学》，姜志辉译，商务印书馆 2001 年版，第 317 页。

第六章 具身互动：沉浸式娱乐传播中的身体与媒介互动

且身体不仅是空间的一部分，身体就是空间。这也是游戏玩家可以通过头戴式显示器并转动头部时能产生像现实世界中探索体验感知的原因，这种人机交互模式会让人们产生逼真的沉浸感，仿佛置身于另一个真实空间中。

现实空间是身体空间客体化之后的结果，其中包括身体与媒介存在的物理空间及交互界面（包括媒介本身）。物理空间通常是指游戏玩家的日常生活空间，玩家在该空间中可以移动身体，然而人们的身体在物理空间的自由度主要取决于VR媒介系统的技术水平，随着计算机技术的日臻成熟，身体在生活空间中的活动范围及幅度都将随之扩展，例如用户借助于微软推出的VR系统VRoamer可以突破室内空间的限制，在现实情境与虚拟情境中自由移动，而另一个系统DreamWalker（见图6-2）将现实世界的路径与虚拟城市游览融合，实现了物理空间与虚拟现实空间的重合，如此将弥合了身体受物理空间限制所产生的分裂感。然而，之所以将媒介也纳入空间范畴是因为它是虚拟世界形成的物质基础，同时也是玩家身体产生沉浸式体验的基础。媒介环境学派也曾探讨过媒介与环境的关系，但与本书所秉持的"媒介即空间"理念不同，而是将环境视为媒介，从人文主义和行动主义等形而上学的层面、"技术决定论"等本体论意义以及平衡视野来观照技术与文化的关系，这里的环境侧重于符号所建构的文化意义。然而，在VR游戏中，我们是从内在与外在两个层面来思考媒介的空间性：从内部来看，媒介是"知觉场"客观化的关键要素，身体的终极沉浸式体验就是"去媒介化"，将媒介技术等干扰因素排除在知觉之外；从外部来看，在沉浸式传播中，媒介是虚拟空间建构的基础，玩家可以通过其进入游戏情境并通过操纵媒介来完成身体与媒介的互动。

总而言之，身体与媒介的具身互动发生于"知觉场"与现实世界之间，身体在这两个空间系统中徘徊。随着个人与周围环境的交互，个人与环境之间的积极互动、带有意向性的关系与感觉勾连，从而对"被感物"产生意向。这表明知觉是人的一种天赋，而非技术刺激的结果，然而就人基于身体空间的感官而言，知觉存在空间和时间的局限性，必然存在"可见与可不见"[1]的现象，这在一定程度上削弱了人的主体性，这也是为何虚拟现实备受玩家青睐的原因之一，技术"嵌入"后的身体可以突破时空限制，延伸原有身体的主体性或知觉场。简言之，玩家更渴望获得"知觉

---

[1] ［法］莫里斯·梅洛-庞蒂：《知觉现象学》，姜志辉译，商务印书馆2001年版，第324页。

图 6-2 DreamWalker 的实际应用

资料来源：https://www.microsoft.com/en-us/research/uploads/prod/2019/10/uist19a-DreamWalker_small.pdf。

场"延伸所产生的沉浸感，而虚拟现实技术可以突破既有身体空间并构建一个遥在世界。

二 VR游戏中的身体图式：我就是我的存在

在电子媒介时代，麦克卢汉曾将游戏隐喻为人的延伸，但是这里并非强调个体的延伸，而是社会自我的延伸，也是群体知觉的延伸。麦克卢汉认为，游戏模式是构成人们生活经验的本质[1]，虽然意识到身体感官混合参与对于游戏模式有阐释力，但也仅此而已，因为他认为游戏参与者在这种人为设置的情境中始终处于被动状态，甚至还认为参与者是游戏机器的傀儡，如此参与者才能够远离喧嚣而进入"乌托邦"来弥补现实生活中缺失的意义。显然，传播领域中对于游戏的研究存在悖论：一方面，学界认为游戏是参与者抽象知觉体验的"再现"与延伸，可以满足参与者还未实现的身体知觉；另一方面，学者们却忽视游戏中参与者的身体存在形式，更倾向于探讨人们的行为受到虚拟空间的规制，进而实现对整个社会意义的建构。在数字媒介时代，尤其是在 VR 游戏中，玩家行为呈现隐性化，内化为知觉体验，因此从社会维度对玩家与媒介关系的探讨，已经不能完全洞悉虚拟现实技术对于传播的影响，而身体体验在游戏情境中至关重

---

[1] [加] 马歇尔·麦克卢汉：《理解媒介：论人的延伸》，何道宽译，译林出版社 2019 年版，第 296 页。

要，玩家通过高度仿真的技术展现出与键盘和鼠标交互截然不同的独特身体姿态，玩家的自我感官系统被沉浸式媒介系统替代[①]，他们的身体可以摆脱意识的支配，而采用婴儿式无目标的探索方式来体验虚拟环境，由此可以体会到突破个人意识界限的深度参与，进而形成新的身体图式。

"身体图式"是一个现象学概念，在梅洛-庞蒂[②]看来，身体图式既不能局限于身体体验过程中身体知觉关系的外显性，也并不能满足于心理学意义上身体是一个"完形"的理解，而更倾向于二者的结合，这是一种表示身体存在于世界的方式。再回到 VR 游戏中，玩家通过头戴式设备进入虚拟情境，身体与媒介的互动则形塑了身体的存在形式，主要体现于物理空间与虚拟空间。表 6-2 显示，从上述两个空间来看，VR 游戏中的身体图式主要分为两大类。在物理空间中，身体与穿戴设备（头盔、手柄、追踪器）交互形成技术身体，以及在有限空间（数平方米）内进行物理移动（站立、坐下）的物质身体。在虚拟空间中，玩家的身体形态为虚拟身体，即玩家生理身体的数字化存在。根据虚拟情境的不同又可以分为"虚拟代理"与"化身"两类。（1）虚拟代理是指玩家身体的替代物，物理空间身体与虚拟空间身体共同构成主体，身体运动可以映射到虚拟空间中，主要体现于竞技类、科幻类等游戏类型，所以真实感、临场感、冲击力等体验可能才是玩家所追求的游乐之所在，虚拟情境与物理情境的身体知觉重叠。（2）化身是指玩家在虚拟空间中被重新赋予的角色，即虚拟身体，常见于故事类游戏中，在这个过程中需要通过设备为玩家的知觉身体与虚拟身体之间建立联系，玩家借助于角色而沉浸于故事情节中。如此观之，与玩家游乐体验伴生的是对于虚拟情境和现实情境之间巨大差异的感知。

表 6-2　2019 年 Steam 平台铂金榜最畅销 VR 虚拟游戏中的身体图式

序号	游戏名称	输出/输入设备	类型	现实空间身体图式	虚拟空间身体图式
1	Beat Saber	头戴式显示器；定位运动控制器/手柄	竞技类	就坐/站立	虚拟代理/打击节奏方块

[①] 周逵：《沉浸式传播中的身体经验——以虚拟现实游戏的玩家研究为例》，《国际新闻界》2018 年第 5 期。
[②] ［法］莫里斯·梅洛-庞蒂：《知觉现象学》，姜志辉译，商务印书馆 2001 年版，第 140 页。

续表

序号	游戏名称	输出/输入设备	类型	现实空间身体图式	虚拟空间身体图式
2	The Elder Scrolls V: Skyrim VR	头戴式显示器；定位运动控制器/手柄	剧情类	就坐/站立	化身/Dragonborn/瞬移
3	Fallout 4 VR	头戴式显示器；定位运动控制器	科幻类	站立	化身/111号避难所唯一幸存者/逃亡
4	Pavlov VR	头戴式显示器；定位运动控制器	动作类	站立	化身/警察或土匪/战斗
5	GORN	头戴式显示器；定位运动控制器	动作类	独立	化身/角斗士/格斗
6	Blade & Sorcery	头戴式显示器；定位运动控制器	动作类	站立	化身/计算机黑客
7	Zero Caliber	头戴式显示器；定位运动控制器	射击类	站立	虚拟代理/射击
8	VR Kanojo/VRカノジョ/VR女友	头戴式显示器；定位运动控制器/键鼠	冒险类	就坐/站立	虚拟代理/约会
9	Hot Dogs, Horseshoes & Hand Grenades	头戴式显示器；定位运动控制器	动作类	独立	虚拟代理/射击
10	Boneworks	头戴式显示器；定位运动控制器	动作类	就坐/站立	虚拟代理/逃亡
11	Arizona Sunshine	头戴式显示器；定位运动控制器	射击类	站立	虚拟代理/操控武器

资料来源：笔者通过 Steam 网站资料整理而成。

  无论何种身体图式，增强虚拟世界中的自我识别或自我认知是 VR 游戏中具身互动的基础，玩家可以通过大脑或其他身体输入形式（主要是通过脑机交互和生理反馈）进行互动，互感信号可视化就是常用的互动方式，不仅在虚拟空间中模拟和控制身体的运动与知觉，而且还开始借助于人工智能技术实现感知及情绪的可视化，例如，玩家可以看到自己呼吸系统的运作过程，能够观察到自己的呼吸节奏，以生理身体与虚拟身体的胸部同步运动来实现，甚至有研究者提出心眼同步的设想，即虚拟身体与生理身体的心跳同步闪烁，从而增强玩家对虚拟身体的自我识别与自我认知，消解生理身体与虚拟身体之间的感知边界，以达到深度沉浸的体验，从而实现"我就是我的存在"的传播效果。

三 VR游戏中的身体参与：主体共在+意义建构

无论是身体图式还是互动空间，个体层面的具身互动路径已然清晰，那么再将视野放远一点来看，群体层面的互动又会产生何种影响？从传播学视角看，身体与媒介的互动性身体经验总归要回到社会这个意义建构的世界来思考，那么作为主体的身体就成为群体的身体，形成互动的主体性，即"主体间性"。我们首先从"主体间性"概念的源头来看群体在生活世界中的互动进路。胡塞尔是在认识领域最早提及"主体间性"[1]概念的学者，延续了先验主体间性的部分观点，但为了避免陷入"唯我论"的困境，将身体的主体性拓展至身体的群体性范畴，以第一人称视角的经验来考察另一个肉身化的主体，通过他者经验将主体间性理解为，肉身化主体之间的关系，更多强调的是身体知觉意向的勾连。然而，海德格尔则将主体间性从认识论延伸到本体论层面，是对主客对立现实的超越，主体与主体的共在是人们可以共享世界的基础。舒兹则相反，他是通过引入"社会化世界"来拓展现象学[2]，认为社会秩序形成于社会主体间互动与社会主体共同分享世界的身体实践，集体行为是群体知觉共在的外显化，具身互动将身体实践活动转化成意义。这种主体—主体结构的主体间性为社会主体关系的讨论提供了新视域。马克思、哈贝马斯均立足社会学视野来论及主体间性，其中哈贝马斯将人际交往行为视为主体间性行为，这成为传播学中主体间性研究的起点[3]，重新阐释了传者与受者的关系，抛开主体—客体不对称关系，引入主体—主体互动传播视角，这对于理解智能化、社交化及移动化程度较高的媒介生态更具指导意义，线性传播关系转向互动传播关系，这也是本书所论证的核心所在。由此观之，从现象学、社会学再到传播学，主体间性理念一脉相承且各有侧重，但是唯一不变的

---

[1] [丹]丹·扎哈维：《胡塞尔现象学》，李忠伟译，上海世纪出版集团2007年版，第116—123页。
[2] 姚争为、杨琦、潘志庚、刘复昌、丁丹丹、袁庆曙及范然：《具身交互与全身交互的比较》，《计算机辅助设计与图形学学报》2018年第12期。
[3] 冯炜：《主体间性：哈贝马斯交往理论对传播学的影响》，复旦大学信息与传播研究中心、复旦大学新闻学院，《信息化进程中的传媒教育与传媒研究——第二届中国传播学论坛论文汇编》（上册），复旦大学信息与传播研究中心、复旦大学新闻学院：中国传播学论坛，2002年。

是：主体间性与主体性并不是非此即彼的关系，主体间性是主体性的超越及重新解读，主体之间存在互动，但主体与主体也相对保持独立，主体间性作为本体论的一种规定，打破了主体—客体二元对立框架，将建构主体—主体结构关系。

  社交是人类的一种天性，这是维持人际关系的主要方式。网络社交突破时空限制并成为现实社交的延伸，但是仍然不能代替现实社会交往，因为网络社交中人际互动仍以图文、音/视频为主，许多共在的体验来自互动双方的想象，如吃饭、看电影及购物等互动实践在网络交往中仍具有局限性。然而，VR游戏的出现不仅突破时空局限而且将互动双方"具身化"，因为VR游戏交互功能的实现依赖于身体感官及虚拟形象来模拟体感交互方式，回归到人类最为本真的社交方式，不仅满足了人们身临其境的娱乐体验，也可以满足人们深度交往的需求。有数据显示，使用虚拟现实技术会深刻改变人们的社交行为和工作方式[1]。在VR游戏中，玩家不仅产生个性化体验，还可以与其他玩家在虚拟空间中形成真实的共在。目前，VR游戏的社交功能还并不成熟，人们利用VR社交软件来实现社交，它潜移默化地影响了人们的社交方式。一方面，人们利用头戴设备和追踪设备等虚拟现实技术，可以突破时空的限制，与线上和线下好友共享同一场景并进行立体式互动。如Facebook于2017年4月20日宣布推出Facebook Spaces社交虚拟现实测试平台[2]，该平台是Facebook原有社交体系的延伸，将线上线下的互动模式融为一体，用户可以同时在现实空间与虚拟空间和好友互动。此外，2017年YouTube VR也正式上线，主打虚拟聊天功能，用户可以将VR内容投射到电视屏幕上，与现实社会中的好友分享观看，也可以通过YouTube分享VR内容，虚拟聊天和现实生活的互动亦可同时进行，形成了网络社交和现实社交并进的局面。另一方面，虚拟现实技术的游戏基因使得社交方式更加游戏化和娱乐化。社交游戏类VR社交软件主要利用虚拟现实技术营造多人在游戏中互动的氛围。RecRoom是于2016年推出的VR社交平台，主要以游戏交互为主，

---

[1] Bailenson, Jeremy N. & Jim Blascovich, "Virtual Reality and Social Networks Will Be a Powerful Combination", IEEE, May 3, 2011, https：//spectrum.ieee.org/telecom/internet/virtual-reality-and-social-networks-will-be-a-powerful-combination.

[2] Renner, N., "The media today：The rise of virtual reality journalism", Columbia Journalism Review, October 4, 2017, https：//www.cjr.org/tow_center/virtual-reality-journalism-media-today.php.

第六章　具身互动：沉浸式娱乐传播中的身体与媒介互动

每个主题房间为不同的双人对战和多人对战类趣味休闲游戏，通过联机对战来实现人际互动。因此，虚拟空间的交往规则也开始形成，遵循现实社会中的规则框架。2017 年美国社交软件公司 Altspace 推出"安全泡泡"功能①，设置了人与人在虚拟空间中的安全距离，通过简化或者关闭相关功能减少不合理的肢体接触，而且还可以对不良行为进行惩戒，现实社会的治理规则成为限制虚拟现实空间不合理行为的"利器"，VR 社交一定程度上是现实社交的透视镜。

案例：VRChat

VRChat 是一款于 2017 年上线的大型多人 VR 游戏。游戏发布于 Steam 游戏平台，支持 Oculus Rift、HTC Vive 和 Windows Mixed Reality 虚拟现实头戴式显示器，玩家以 3D 角色模块与其他玩家交流，社交性主要体现于：

一是玩家在虚拟世界中有自己的虚拟化身，玩家自己设计的化身模型还支持声音对嘴、眼动追踪、眨眼和动作等身体活动，他们可以通过操纵鼠键或 VR 设备来控制自己的化身，以将生理身体与虚拟身体融为一体，形成在虚拟场景中的主体。

二是玩家在虚拟世界中可以创建自己的身份，如玩家可以用软件开发工具包创建模型导入数据形成自己专属的虚拟化身，亦可以用各种素材设计及装扮自己的房间，从而建立自己的社会身体。

三是玩家通过所构建的虚拟化身进入到虚拟社交场景中，与其他玩家（熟人或陌生人）的虚拟化身处于同一场域，如他们可以利用虚拟化身参与到虚拟社会中，一起在虚拟广场聊天、打虚拟保龄球、在虚拟影院中看电影等社交活动（见图 6-3），还可以在公共广场上与世界各地的玩家以语音的形式交流。

四是虚拟主体之间的互动也形成相应的社会制度以保证 VR 社交有序进行，例如，VRChat 推出信任与安全系统（Trust and Safety System）旨在赋予玩家在虚拟现实空间中的控制权与自主权，玩家可以

---

① McCarthy, C., "The 'space bubble' ensures you always have personal space in VR, Visions", Killscreen, December 29, 2017, https://killscreen.com/versions/users-can-no-longer-encroach-personal-space-thanks-altspaces-space-bubble/.

图 6-3　玩家共同在 VRChat 上看电影

根据自身情况来设置"安全模式",规定何时、何处别人可以查看其虚拟主体的特征(语音、头像、虚拟形象音频、动画)以保护自身免受伤害,系统将自动识别和阻止针对用户声誉的恶意攻击,同时玩家对于不当行为也可以实时上报系统。此外,模仿现实社会的信任评价体系来在虚拟社会中建立信任等级,即玩家在虚拟社会中的信任度,具体指标包括:玩家参与时长、贡献内容量及交友情况,以此从低到高排名,同时对于团队成员还可以打标签来标识,在互动时玩家以此作为标准来评判其他玩家是否可信。

五是虚拟社交互动还会产生"迷因"效应,这是虚拟空间中文化建构的体现。如在名为"乌干达纳克鲁斯"的"迷因"中,一名以纳克鲁斯为角色的玩家反复用非洲口音向其他虚拟主体询问:"你知道通往天堂的道路吗?"其中角色模块与迷因概念分别来自 YouTube 用户 Gregzilla 和瑞典知名实况主[①]Forsen 的实况,而这句话的来源则是乌干达电影《谁杀了亚历克斯队长?》,虽然该"迷因"因涉及种族歧视而遭致批评,但是这种 VR 交互中形成的特殊网络文化现象却值得关注。[②]

与传统社交方式相比较,VR 社交的优势在于:其一,VR 社交能够突

---

① 实况为游戏术语,指游戏视频制作者对于游戏进行直播实况解说,通俗而言,即边游戏、边解说、边录制。
② 资料来源于 VRChat 相关网站信息。

破时空编织的藩篱，以及缓解面对面交流所产生的尴尬，通过缩短空间距离与心理距离来增进人与人之间的关系，Facebook 的一项研究报告指出，人们对于虚拟环境的社交持积极态度，因为他们认为可以缓解在现实生活中初次见陌生人的尴尬同时还可以增加自信[1]。另一方面，VR 社交可以深度体验现实社会中人际互动的真实感，这也改变了人与人之间的互动方式，从基于文字的"想象共在"与"数字共在"转向"体验共在"与"虚拟现实共在"，具身性特征凸显，人与人之间的互动也更具真实性，这也有助于增强人际信任。

然而，虽然 VR 社交对于社会交往产生深刻变革，但目前人们对于 VR 社交仍持有观望态度，囿于技术不完善、费用高昂等原因，VR 社交理念及产品的普及化与规模化应用仍然面临挑战。主要体现于以下方面：其一，技术体验较差是 VR 小众化的原因之一，跟踪技术、深度学习等核心技术仍有待提高，人机自然互动是 VR 社交的目标；其二，用户的 VR 随着现实社会的虚拟化，社会规则也嵌入到 VR 社交中，媒介素养有待提高，有研究表明，用户仍对于是否付费来体验虚拟现实比较困惑，此外用户的虚拟现实媒介素养有待提高[2]，这里素养是指用户使用虚拟现实的能力，以及遵守虚拟世界规则的责任意识；其三，虚拟现实伦理规则的建构与完善，目前人们可以在虚拟空间中畅游，然而对于人与人的界限却没有多做考量，经常出现一些不良行为，因此利用技术来治理虚拟现实空间的乱象则更加迫切。总而言之，VR 社交为人们未来的社会交往形态提供了新思路与新机遇，但是整体而言仍然任重道远。

四 VR 游戏中的身体与媒介具身互动效果验证

前面小节从理论与实践维度阐述了 VR 游戏中身体与媒介存在"具身互动"的合理性及具体特征，这也折射出沉浸式娱乐传播中的身体与媒介互动关系，而互动也是为了追求沉浸式体验。沉浸感体验通常是游戏乐趣的关键所在，追求沉浸式体验已经成为游戏社区的共识，然而目前玩家在参与

---

[1] "How Virtual Reality Facilitates Social Connection", Facebook, January 9, 2017, https://www.facebook.com/iq/articles/how-virtual-reality-facilitates-social-connection#About-the-Study.
[2] Samata Joshi, "Panel: Social VR is What Will Drive The Future of Virtual Reality", Bunewsservice, January 10, 2018, http://bunewsservice.com/panel-social-vr-will-drive-future-virtual-reality/.

具身存在：智能传播时代的身体与媒介互动

"具身互动"后获得的沉浸式体验如何？这也亟待传播学者研究与验证。

目前，传播学领域关于游戏玩家体验的探讨较少，但是也有学者开始尝试采用具身性研究方法来考察 VR 游戏的传播效果，如学者周逵就采用心理学常用的实验方法来探讨 VR 游戏中玩家的身体经验[①]，这为传播学引入"具身"维度来研究智能化时代的娱乐传播受众及传播效果奠定良好的基础。然而，上述研究将身体经验的考察集中于某个游戏，因此该研究结果并不具有普适性，游戏玩家的个体经验研究结论能否推广到整个 VR 游戏社群的经验研究仍有待考证。鉴于此，根据上述理论框架，本书针对 VR 游戏中的具身互动效果进行实证研究，将研究场域转向网络，采用网络问卷调查的方法来考察更大范围的游戏玩家集体体验。以名为"VR 爱好者"（1108 人）、"Steam VR 中文社区"（153 人）、"VR 游戏分享群（500 人）"三个 VR 游戏 QQ 群为研究场域，以三个 QQ 群中的玩家为研究与观察对象，参与观察时间段为从 2019 年 8 月至 2019 年 11 月。主要分为两个阶段：第一阶段以参与式观察，即以玩家身份申请入群并通过审核，进入 VR 游戏场域，观察并保存 VR 游戏玩家在 QQ 群中的话语内容，同时以玩家的身份参与到虚拟空间的交流中，进而对相应文本内容进行分析，以此为基础来设计问卷。第二阶段以网络问卷调查的方式进行，在参与式观察的基础上，根据玩家情况并结合上述具身互动框架来设计问卷，通过"问卷星"平台发放问卷，在上述三个群里随机发布《关于 VR 游戏玩家体验情况的问卷调查》，采用随机抽样的方式，共设计 16 道题。结果显示，通过手机微信、网络（论坛）等渠道，共收回 154 份问卷，有效问卷为 143 份，并通过 SPSS 软件对于问卷内容进行分析，因为本书以受访者的直接身体感知与体验为主，而并非纯粹的社会行为调查，因此在问题设计上以直观的体验认知相关问题为主，较少涉及社会维度的人口属性与身体感知的交叉，通过对受访者的答案进行分析以对上述分析结论做进一步的验证与拓展。

通过分析发现，在 VR 游戏中玩家的沉浸式体验由两个部分构成：主体经验以及主体间性经验。在玩家的主体性经验中，沉浸式体验实质是玩家在游戏中感官卷入程度的体现，这种卷入程度的演变呈现时间序列化特

[①] 周逵：《沉浸式传播中的身体经验：以虚拟现实游戏的玩家研究为例》，《国际新闻界》2018 年第 5 期。

第六章 具身互动:沉浸式娱乐传播中的身体与媒介互动

征,分析显示这种感官卷入的程度逐渐深化,身体与媒介互动的具身化也呈现递进趋势,经历三个阶段:参与式互动、感知觉互动、全身互动;关于主体间性经验,身体知觉体验深化为社会意义,玩家的体验也由人机交互演变为VR社交。

1. 参与式互动:身体感知的唤醒

如果说电子游戏是身体知觉的延伸,那么VR游戏就是视觉、听觉与触觉的组合,即身体本身。调查显示,玩家在VR游戏中是为了满足深度沉浸式体验。与电子游戏相似,休闲与放松仍是玩家使用游戏的最主要目的,选择休闲类游戏的玩家占比近95.1%;然而,玩家除期待从游戏中获得娱乐体验外,还青睐于感官刺激较为强烈的VR游戏,如恐怖类(84.62%)与动作类(86.01%),逾九成用户认为VR游戏之所以吸引他们是因为能够产生"真实的体验"(94.41%)、"畅快的观感"(91.61%)及"临场的音效"(90.91%)。然而,即使目前VR技术对于身体感知的全方位激活与模拟远不成熟,但是身体的深度沉浸式体验始终是玩家对于虚拟现实世界的期许,身体也前所未有地处于光亮场所,如九成多玩家认为"更逼真的虚拟环境"与"更强的人机交互"是当前VR游戏面临的挑战,这既是VR游戏的问题所在,也是玩家对于沉浸式娱乐的需求与期待。

2. 感知觉互动:身体感官联动

感知觉互动是基于传统现象学的"具身"概念,为一种狭义具身互动实践的考察,强调身体与媒介互动引发知觉联动所产生的沉浸式体验,是生理性知觉的互动,具体意涵已在之前核心概念中有详细阐述,在此处不再赘述,以下主要阐述玩家在具身互动中所形成的沉浸式体验,调查研究显示主要来自两个方面。其一,实实在在的身体在经验虚拟世界化而形成的自我感知与认知的统一,即生理身体与虚拟身体的融合,逾八成玩家对于"我觉得'我'就是游戏中所控制的那个角色"及"我觉得我能够构建一个关于我在虚拟环境中的行动故事"的观点表示赞同。其二,玩家在与VR头戴式设备及其所呈现的虚拟环境交互时能得到深度身体知觉体验,包括视觉、触觉及听觉,逾八成游戏玩家认为VR游戏中的视觉显示器硬件、触觉硬件及音频硬件生产的相应内容质量均较高,因此人们在现实空间与虚拟空间中的感知更为均衡且临场感更强。

3. 全身互动:心理感知的完全投入

"感知觉互动"侧重于感知等生理层面的身体活动,然而对于人的情感及心理活动等内隐性活动却无法体现,"全身互动"则弥补了"具身互动"中对人类内隐性忽视的缺憾。"全身互动"是人机交互的一种方式,指"通过获取源自身体、生理、认知及情感等数据的人体信号并将其融合与处理,进而生成对这些数据源的反馈"[①]。根据上述概念,具身不仅是感知觉的联动,更是心理、意识层面的互动,因此应突破传统的具身概念认知,在VR游戏中,玩家在虚拟游戏环境中还形成较为深入的情感体验,这是他们全身心投入虚拟空间的另一种身体体现,他们不仅能产生临场的生理感知,而且在交互过程中还能形成更为真实的情感体验。调查显示,86.7%的玩家认为在虚拟空间中可以利用表情功能来传达情绪,同时也能感受到他人的情绪;认同自我主体在VR所构成的虚拟环境中所形成的社会角色,并将现实社会对于行为的规制延伸至虚拟社会中,以此来"规训"自己的虚拟身体,因此有85.3%的玩家对于"我明白在虚拟现实环境下什么能做什么不能做"表示赞同。总而言之,具身强调的是身体经验的整体性,而VR游戏对于人们的身体而言不仅是感官的联动,还在心理层面形成共振,因此全身互动则成为具身互动的发展方向之一。

4. VR社交:虚拟现实社会意义的建构

调查显示,"虚拟现实头戴式显示设备"是玩家使用最多的VR媒介,其次为"虚拟现实一体机"(87.41%)。在VR游戏中,玩家身体与媒介的强互动主要体现在物质与意识两个层面,由人机交互与VR社交两类互动行为构成,其中人机交互,即身体与媒介的物质层面的互动,主要为头控(95.8%)、定时锚点/视线按钮(86.7%)及语音控制(86.7%)三种形态,这三种交互形式都突破了媒介的物理边界感,利用身体动觉与知觉来与虚拟环境及其内部的被感物形成交互,用户产生更为真实的交互体验;VR社交是身体与媒介在意识层面的互动,媒介是基于技术而建构的仿真环境,社交性是人们社会属性的一种体现,该特性也延伸至虚拟社会中,玩家在虚拟社会中并不能满足于自娱自乐,而更愿意在娱乐中建构社会关系。一是玩家期待虚拟社会交往带来的陪伴式体验。调查显示,在VR游戏中,94.4%的玩家更愿意与2—3人玩游戏;二是VR社交在一定程度上对于现实社交行为产生影响,83.2%的玩家对"喜欢VR社交,提升了我的现实人际交往能力"的观点表示赞同,这表明VR社交有助于现

[①] England, D., *Whole body interaction*, Heidelberg: Springer, 2009, pp. 1–5.

第六章 具身互动：沉浸式娱乐传播中的身体与媒介互动

实社会中的交往，如虚拟化身的交互可以缓解两个陌生人见面时的尴尬，亦可以与相隔甚远的亲朋好友维系关系，他们可以在同一时空中看电影、吃饭、运动、游戏，等等，以虚拟具身来代替身体在场，弥补了文字交流所产生的离身性缺憾。然而，玩家虽然认同虚拟世界的自我主体，却仍然认为在现实社会中虚拟化身并不能完全代替自我主体在现实社会中存在，调查结果显示，近九成（88.1%）的玩家认为"这只是我的一个替身并非真是的我"，由此可见，一方面体现了具身关系构成的多元性，另一方面也表明囿于技术及其接纳程度的限制，虚拟世界与现实世界仍然有别，还远未实现虚拟现实的愿景。

综上观之，具身互动已经成为娱乐传播中身体与媒介互动的一种常态，但是随着技术的进化，用户已经不满足于浅尝辄止的感官体验，甚至对于身体知觉联动产生的沉浸感也日渐失去兴趣，却对于娱乐意义的追求越来越高，既希望VR游戏能够从媒介中解救身体，身体呈现外显姿态，又期待能够挖掘心理活动等内隐性身体经验，也希望通过群体性具身互动来建构社会意义。由此可见，人们在VR游戏中的沉浸式体验正逐渐深化，这已经是不争的事实。上述通过研究引入身体知觉理论，来阐释沉浸式娱乐传播中的身体与媒介关系，一方面是为了更加准确地理解与把握沉浸式娱乐传播的规律与特征，另一方面是对于传播学与身体知觉等学术理论资源的双向拓展，继而形成跨学科的视角。避免陷入技术进化速度过快而产生的学术资源贫乏困境。然而，以网络为基础的实证研究仍然存在很多不足：第一，VR游戏网络社区成员构成复杂，虽然在进群时要提供相关信息，但是也并不能保证全部是游戏玩家，比如像研究者本人就是出于对游戏玩家感兴趣的目的而进入QQ群，只能保证被调查者对于游戏感兴趣或了解，因此对于VR游戏的认知可能会存在偏差；第二，受访者在填写本调查问卷平均需要花费5—10分钟的时间，有个别受访者调查问卷的填写时间不到60秒，虽然时间不是评判问卷信度与效度的唯一标准，但是按照正常答题速度来比照，他们的问卷可信度也值得质疑；第三，VR调查数据量仍较小，虽然群成员共有1761人，但是玩家数量却小于群体成员，主要原因在于：一方面囿于VR游戏目前在人们的日常生活中并不普及，其玩家也是较为小众的群体；另一方面，人们对于这种陌生人的行为较为抗拒与反感，即使在线也可能以"隐身"状态存在，从而避开填写问卷。这些不足会对整体验证效果产生一定影响，但是对于当前小众化的应用态势而言仍具有

· 159 ·

参考性。

第三节　VR纪录片：沉浸式娱乐的互动叙事模式

具身互动对于沉浸式娱乐的叙事模式也产生影响，上文已经对基于故事的沉浸式娱乐传播内容进行分析，发现互动叙事成为娱乐内容的主要特征，这也体现于以 VR 技术为主的沉浸式娱乐传播中，在 VR 纪录片中尤为明显。因此 VR 纪录片的叙事方式将成为本书关注重点，作为媒介的 VR 呈现互动性特征，基于此，研究者主要引入互动叙事理论来探析 VR 纪录片的叙事模式。

一　互动叙事：VR纪录片新叙事模式

VR 不仅为用户提供观看纪录片的功能，也为媒介内容与身体互动提供机会，以互动的方式来叙事与传播，这已经超出经典的结构主义叙事学所能解释的范畴，而互动叙事理论作为数字化媒介技术语境下的一种新兴叙事学理论虽然其相关研究还处于初级阶段，但是已经为基于智能化技术的影视形态的阐释提供新思路，而 VR 纪录片这种基于媒体融合思维而生成的互动内容形态则是对于互动叙事理论的最佳印证。鉴于此，本书基于国内外既有文献及 2018 年以来的实践案例，从互动叙事理论视角来探讨 VR 纪录片的叙事模式，以期为 5G 时代纪录片制作创新的相关研究提供些许思路。

互动叙事是叙事学、媒介学、符号学等理论领域研究的交叉点，其研究对象为技术与内容结合的互动性媒介内容形态。互动叙事概念首次由玛丽-劳尔·瑞安提出，即"互动性来自于用户与数字媒介的互动与反应性质……当互动性与叙事联系时，便产生了互动叙事"[1]。之后这一概念被迁移至影像领域并得到重新界定，即"一般的影像互动叙事是指在最初创作者所设计的各种叙事结构基础上，用户所有通过新媒体所参与的影响文本

---

[1] ［美］玛丽-劳尔·瑞安：《故事的变身》，张新军译，译林出版社2014年版，第219—221页。

意义生成的互动行为"[①]。由此可见，互动叙事为基于线性叙事模式的用户与新媒体及其影像的互动，并非传统的线性叙事方式，而更侧重于媒介的互动性特征，具体体现于两个层面，其一为用户身体与媒介互动，用户积极参与到叙事空间中从而改变叙述视角，从"旁观者"视角成为"参与者"视角；其二是媒介为用户参与创作赋能，对于影像意义的解读留有空间。

二 VR纪录片的互动叙事结构

通过对互动叙事概念溯源发现，"互动性"与"叙事"是构成互动叙事两大核心概念，笔者将围绕这些核心概念来解构VR纪录片的互动叙事模式。

1. 身体与媒介的主动式互动

"互动性"通常被认为是新媒介区别于旧媒介的突出特点之一，然而一些学者则对此提出怀疑，列夫·曼诺维奇则就独辟蹊径认为"互动性"并非新媒介专有特征[②]，因为互动的原始形态依然是来自人际交往，互动双方主动参与是本质特征，正如克里斯·克洛弗德认为，"倾听""思考""说话"是沟通互动过程中双方必备的三种能力，当这三种能力在互动过程中均具备时，才能形成有效互动[③]。这一特征在基于VR的媒介叙事语境中也有所呈现，VR技术使得用户摆脱被动凝视屏幕的困境，计算机和用户是为实现共同目标而一起工作的主动方[④]，利用仿真技术，用户身体被纳入媒介内容中，身体与媒介成为互动主体。由此可见，理想的"互动"是用户与数字化媒介的双向主动交流，这在VR纪录片中同样有所体现，互动主要体现为用户身体与虚拟现实媒介之间的主动性交互，以下主要围绕这两个主体进行探讨。

（1）主动的虚拟现实媒介

在虚拟现实技术应用中，互动是指计算机可以通过显示器及头戴式设备向用户传递信息，但同时模拟系统可以对此做出反应，由此可见虚拟现

[①] 邓若俊：《屏媒时代影像互动叙事的概念范畴与潜力环节》，《电影艺术》2016年第4期。
[②] ［英］尼古拉斯·盖恩、戴维·比尔：《新媒介：关键概念》，刘君、周竞男译，复旦大学出版社2015年版，第85—87页。
[③] Crawford, C., *Chris Crawford on Interactive Storytelling*, CA: New Riders, 2005.
[④] Laurel, B., *Computers as Theatre*, Reading, Mass.: Addison-Wesley Pub, 1991.

具身存在：智能传播时代的身体与媒介互动

实媒介作为互动的一方，具有多感知性和人性化趋势，有类似于人的识别、认知、思考与反应能力，这与点击遥控器或点击鼠标等机械化互动有所差异，后者通常与媒介关联性较弱，而虚拟现实技术有助于为内容与参与者建立实时连接，通过人机交互来揭示媒介内容意义生成过程，与媒介内容呈现"强关联"。以 2018 年 BBC 推出的《地球》(*Earth*) 系列纪录片之一《虚拟现实中的生命》(*Life in VR*)[①] 为例，利用虚拟现实技术再现海底世界奇观，整个纪录片以动画形式呈现，媒介的主动性主要体现在以下两个层面：从媒介感知层面看，纪录片中使用谷歌的 WorldSense 追踪技术，该技术可以实现无须传感器就能智能"解读"观察者的动作，如用户在"身临"海底世界与水下生物畅游时，水下生物能够"感知"人类的这些动作并做出回应；从媒介反应层面来看，该片利用"实时行为系统"(real-time behavior system) 并对用户行为做出反应，如用户在与水獭"偶遇"时（见图 6-4），会产生目光接触与行为交互，即水獭会对用户行为主动做出回应。由此可见，相比于其他数字化媒介，虚拟现实是一种主动性较强的媒介，它能使用户与环境的交互具有仿真性，身体与仿真环境融为一体，但是目前身体与媒介的强互动在 VR 纪录片中还并不普及。

图 6-4　《虚拟现实中的生命》片段

[①] 网易网：《制作团队详解 BBC VR 纪录片〈Life in VR〉幕后故事》，2018 年 5 月 9 日，https://www.163.com/dy/article/DHCR02IT0526C7GB.html。

第六章　具身互动:沉浸式娱乐传播中的身体与媒介互动

(2) 主动的身体参与

随着技术的迭代升级,人们想象中的虚拟世界从一维(文本)、二维(视听)转向三维(虚拟现实空间),逐渐趋向于可视化与物理化,人们的感知能力也得到最大限度延伸,从视觉、听觉再到触觉,甚至构建"知觉场",身体与媒介和身体与内容的交互趋于重合,身体则不再被动,从凝视到主动进入 3D 虚拟世界,从而实现身体"在场"。由此可见,虚拟现实中的互动叙事模式将从传统的"心理认知"模式走向"身体化"和"物理化"模式①。玛丽-劳尔·瑞安则进一步从身体层面考察互动性,将数字化叙事中的互动模式从内在/外在与探索/本体两个层面分为四类:内在模式是用户从心理层面将自身投射到虚构世界的角色中,外在模式用户离开虚拟世界,探索模式用户在虚构世界中仅限于站立、移动等简单身体活动,却无法改变虚拟世界本身,本体论模式是用户可以改变媒介内容的走向②。从该互动模型发现,身体呈现逐渐主动"进入"媒介及其所构建的虚拟空间。基于此,结合 VR 纪录片实践进而发现,VR 纪录片中的身体互动模式目前处于探索模式与本体模式之间。

第一,身体与媒介的探索式交互模式,即身体在虚拟场景中为主动式"弱参与"。由于技术限制,目前大多数 VR 纪录片仍为 360 度全景视频,而非完全意义的沉浸式视频,用户可以借助于 VR 眼镜等虚拟现实头显设备主动进入纪录片的叙事空间,通过移动身体(目前主要是头部)全方位体验所呈现的"场景",却无法改变"场景"中的任何事物,如 2019 年中国中央广播电视总台央视新闻新媒体推出首部非物质文化遗产的纪录片《昆曲涅槃》,在该全景视频中,用户可以通过 VR 眼镜"置身"江南水榭楼台来欣赏昆曲演出,可以根据自身需求通过移动头部与身体在亭台楼阁的任何位置来欣赏昆曲,可以近距离观察昆曲传承人的台上与台下的努力,但是并没有完全突破身体被动"凝视"的局面。

第二,身体与媒介的本体互动模式,即身体在虚拟场景中处于"强参与"。VR 技术的升级也促使纪录片中的互动更为深入,逐渐由探索模式走向本体模式,用户可以参与到叙事过程中并与内容产生互动。如

---

① 张新军:《可能世界叙事》,苏州大学出版社 2011 年版,第 210 页。
② Ryan, Marie-Laure, "Beyond Myth and Metaphor", *Poetics Today*, Vol. 4, 2002, pp. 581–609.

英国媒体 Sky 于 2018 年推出的教育类纪录片《世界在手》(Hold the World)就是互动式纪录片的一次尝试,这为人们了解自然历史标本实体提供了途径,首次将交互式视频游戏和电视纪录片技术相结合,用户可以"亲临"基于三维技术所建构的伦敦自然历史博物馆,使用摄影测量法拍摄来加强用户的沉浸感,用户不仅可以看到古老化石与标本的细节,而且配有直观的动手触摸控制,因此可以虚拟地拾取、保持、放大和扩展这些稀有标本。由此可见,VR 纪录片中用户以第一视角进入三维空间,通过移动身体与媒介及所构建的虚拟空间进行简单互动,这些都属于身体的"弱参与",而用户主动介入故事情节才是身体主动参与的方向发展。

2. 用户身体主动参与后的叙事方式发生嬗变

纪录片的本质是展现真实,基于真实素材来制作与呈现内容进而引人深思,而 VR 作为这种艺术形态的新载体不仅为人们再现真实,而且将人们置身于真实现场,这将倒逼纪录片的叙事方式发生改变。一般而言,叙事作品由"故事"和"话语"两个层面构成,同时结合上述 VR 纪录片的互动性特征,用户身体的参与对基于纪录片作品叙事的这两个层面也产生影响。

(1) 从线性叙事到后线性叙事:用户身体参与的实体意义凸显

"故事"是对叙事内容的界定,具有一定独立性,不同媒介可以围绕一个文本来呈现,而文本的建构逻辑则是故事的关键,而纪录片是以真实性为本质属性的影片样式,虽然其本体真实性与故事的虚构性之间的分歧是学界争论焦点,但格里尔逊将纪录片定义为"对现实的创造性处理"和"根据自然素材制作的影片"[1],这表明虽然叙事内容取材于现实,但对其的创造性处理也体现了内容的编排逻辑,因此从故事层面来解读纪录片具有一定合理性。然而,随着媒介环境的变革,叙事结构中故事的"情节""人物"及"事件"等线性规定则逐渐遭到质疑,叙事方式从"线性"转向"后线性",即基于传统叙事但同时加入技术和媒介考量,受众为叙事方式发生转向的关键因素[2]。而在 VR 纪录片中,用户是关键因素,其身

---

[1] 赵曦:《真实的生命力——纪录片边界问题研究》,中国传媒大学出版社 2014 年版,第 116—117 页。
[2] 王贞子:《数字媒体叙事研究》,中国传媒大学出版社 2012 年版,第 45—49 页。

第六章 具身互动：沉浸式娱乐传播中的身体与媒介互动

体与媒介融为一体并构建叙事空间，用户参与成为纪录片中的叙事元素，且其实体意义凸显。以2018年艾美奖纪录片获奖作品《零日VR》(*Zero Days VR*)为例，该纪录片选择用虚拟现实来建构网络世界，以非线性叙事方式呈现内容。一方面，故事元素及其发展的线性逻辑仍然存在，如该片以恶意软件Stuxnet[①]为故事内容主体，即对应线性故事中的"角色"，以美国和以色列政府破坏伊朗核设施为故事情境，以"网络武器"运作技术逻辑为主线；另一方面，通过3D技术构建计算机内部的无形世界，透过Stuxnet的镜头使得用户以第一视角观察网络安全世界，用户可以置身其中了解"网络武器"的一系列运作过程与结果，如此用户进入网络化世界的虚拟互动参与行为被实体化与可视化。

（2）从"他"到"我"：用户身体参与后叙事视角主观性的转移

"话语"是对叙事方式的界定，这对于叙述视角产生影响，话语是主观性较强的概念，那么纪录片的"真实性"创作原则与故事话语的"主观性"之间的关系值得深思，因此，有观点认为，主观化可以作为纪录片创作的手段，却不能以其为目的，所以纪录片中创作者的主观化是有条件的，是一种接近真实的途径，如导演在创作过程中表达主观感受是为了更好地表现拍摄客体，但传统纪录片仍是一种较为主观性的话语表达。然而，VR纪录片对这种导演的主观性叙事视角有所影响，VR的全景再现使得观众"进入"影像建构的三维世界中，这会削减导演对于叙事话语权的控制，VR纪录片呈现"去主观性"的话语表达，这与纪录片的"真实性"特点契合。这种叙事视角的"去主观性"为叙事视角主观化的转移，对于用户而言，是由"他"视角变"我"视角的过程，主要体现于采用第一人称视角，将用户视角与镜头（即导演视角）重合，这适用于偏重情境创造的叙事方式，从而增强用户在叙事空间中的主体性。根据VR纪录片案例梳理，目前以第一视角为主的VR纪录片较多，尤其集中于"奇观"类纪录片，用户被赋予更大的自由度，在所建构的世界中处于中心位置。如中国大型VR纪录片《本色中国》系列的《本色中国之故宫》就是将为用户展示从未对外开放的太和殿，以场景为视角，镜头移动与用户身体移动的路径重合，用户可身临其境来仔细参观殿内物体的细节。总而言之，在VR纪录片中，用户身体的介入对于纪录片叙事话语产生嬗变，用户则

[①] Stuxnet是一种恶意软件，通常被认为是对现实世界中造成破坏的第一种网络武器。

逐渐"削弱"导演的话语权成为整个话语建构的关键因素，用户的第一视角成为新叙事视角。

三 VR纪录片互动叙事不足及创新方向

基于VR纪录片的互动叙事模式，用户得到了更强的交互性与沉浸式体验，但囿于资金、技术等因素，VR纪录片中身体与媒介及内容的强互动性特征并不显著，根据瑞安的互动模式分类，目前大部分VR纪录片处于探索模式，即用户身体可以进入虚拟空间却无法与空间中的内容产生实时交互，这对叙事方式产生系列负面效应：其一，VR纪录片叙事视角较为单一，第二视角或多元化视角的探索较少，用户的互动自由度受到限制，对于以角色为主的叙事类型无法很好地呈现；其二，VR纪录片重场景而轻故事，纪录片对于场景的"再现"增强用户的沉浸式体验，但是整体情节与主线结构较为松散，更侧重于"奇观化"场景的再现，而用户从VR中获得新奇感之后仍会将注意力转向内容的故事性，因此回归故事本源是VR纪录片未来的发展方向，这些问题均归因于VR纪录片叙事的"弱互动"特征凸显。由此可见，身体与场景及内容的"强互动"是VR纪录片制作与研究的方向。随着5G时代的到来，互动影视成为内容领域创新的下一个风口，尤其中央广播电视总台推出4K+5G+AI战略，这为VR纪录片互动叙事中互动性的增强提供新机遇。本书将围绕"强互动"特征尝试从以下两个层面来探索VR纪录片互动叙事策略。

从技术视角来看，实现全感官体验，体现在两方面：其一，VR+AI将成为未来VR纪录片中所应用媒介技术的核心，将人工智能、大数据等智能化技术融入到虚拟现实界面中，这为身体数据的实时处理及身体与虚拟场景的互动赋能，从而增强用户的互动体验，用户身体的存在感则通过身体与虚拟场景的交融来体现。其二，以虚拟+现实组合的全感官体验方式，在人机交互过程中，用户可以体验多个真实场景并从中得到反馈，这样才会增强自己的认知体验，如Hardlight Suit力反馈背心，主要模拟人们的触觉等多维感知，通过振动点与传感器来真实还原用户的身体经验，从而增强用户的沉浸式体验。因此未来界面自动识别用户感知将成为VR纪录片的发展方向。

从互动叙事看，本体互动模式成为VR纪录片互动叙事的理想模式，更强调用户的存在意义，即用户主动参与叙事并对主流叙事产生实质性影响，因为用户不再满足于身体沉浸于再现的场景，更希望在不影响故事主线的情况下，身体主动参与到故事情节中，用户与内容产生直接联系，并根据习惯与情感认知来选择内容，叙事模式呈现个性化，如《黑镜：潘达斯奈基》等互动剧的兴起与发展日益改变着内容与用户的连接方式，通过互动与反馈来增强叙事性，用户将会从中得到更为深刻的体验与感受，这种"强互动"的游戏化思维为VR纪录片叙事方式的创新提供了新思路。总而言之，"互动叙事仍然是新媒介的圣杯"[①]，叙事的交互性已经改变了传统纪录片的叙事模式，用户身体与媒介及内容呈现"强互动"是未来VR纪录片的发展与探究趋势。

第四节　本章小结

在沉浸式娱乐场域中，身体与媒介的互动以具身形式存在，沉浸式体验是互动所追寻的终极意义。根据基于故事的娱乐传播实践与基于技术的沉浸式娱乐传播实践，娱乐传播有从"意识沉浸"转向"具身沉浸"的趋势。在产生"具身沉浸"体验的身体与媒介互动中，笔者将沉浸式娱乐传播的实践考察锚定至虚拟现实技术应用较为成熟的VR游戏，进而揭示出身体与媒介的强互动形式——具身互动，其中身体图式由物质态身体、技术具身及虚拟身体构成，尤其当虚拟空间的身体体验尺度与现实空间的身体体验尺度相似或相同时，虚拟空间与现实空间融为一体，这与传统基于屏幕的仿真空间相似，但也存在区别：在具身互动中，身体与媒介的边界模糊，突破传统屏幕的画框式局限；用户可以在物理空间与虚拟空间中同步自由移动。然而，身体与媒介互动的物质性还是要回归到社交层面来建构意义，将个性化娱乐转向分享式娱乐。沉浸式娱乐内容的叙事方式也随之发生改变，"互动叙事"则成为新型叙事方向：用户身体参与的实体意义凸显，用户身体参与后叙事视角主观性发生转移。

---

① 张新军：《可能世界叙事》，苏州大学出版社2011年版，第217—218页。

总而言之，在智能传播中，身体的"在场"或"具身性"都宣示其在娱乐传播领域的主体性地位，身体经验或身体实践成为一种常态性的传播现象，身体与媒介以更为主动的互动图式"嵌入"智能传播中的各个角落，如此将会对整个社会交往形态产生影响，这是下一章节将要探讨的问题。

第七章　人机交往：智能化社交传播中的身体与媒介互动

当我们和机器人谈情说爱、与智能手机难舍难分时，我们通过机器重新定义了自己，也重新定义了我们与他人的关系。出于对亲密关系的渴望，我们与机器人的关系正在升温；我们在网络上与他人的联系越来越紧密，却变得越来越孤独。——雪莉·特克尔[①]

从上述章节中我们隐约可以看到身体与媒介互动在社会层面的折射，如新闻场域中的社会身体及娱乐场域中的VR社交，这些均被视为互动产生社会影响的小范围考察，身体与媒介互动的社会性已经成为不可回避的问题。本章将身体与媒介的互动置于社会关系的视域来考察，首先人们可能都会不由自主地联想到科幻小说与科幻电影中人类与机器人之间的交往，然而这种对于社会交往自由的向往与想象正在逐渐成为现实，正如雪莉·特克尔所言，我们与机器人的关系正在升温，人们的日常生活中经常会出现以下场景：场景一：人们频繁通过语音命令"小度小度"唤醒智能音箱，完成提供资讯、聊天、生活服务等各种交流行为；场景二：人们利用自己的照片或者数据来构建一个类似于自己或异于自己的虚拟形象，并借助于该"代理人"随时随地进入虚拟空间中畅玩或者社交；场景三：单身人士会注册探探等交友软件，他们轻轻滑动屏幕中的"喜欢"键来选择自己心仪的对象或志同道合者。智能设备在日常生活中正变得无处不在，像朋友、似助理，更像"第二个自己"伴随我们左右。

唐娜·哈拉维早在其著作《人机复合宣言》中就预测私人空间、公共

[①] ［美］雪莉·特克尔：《群体性孤独：为什么我们对科技期待更多，对彼此却不能更亲密？》，周逵、刘菁荆译，浙江人民出版社2014年版，第21页。

空间及身体本身的多模态互动与分布的趋势，并强调身体、空间这些要素并没有那么神秘或者无法触及，都可以通过信号来进行交互①。这种表述否认了"具身性"的存在，将身体编辑为一种代码，这是"控制论"的身体逻辑，虽然存在偏颇，却为我们提供了一种思路：如果媒介与身体自由且可以无障碍的互动，那就需要一种共通性基础，或物质或符号，抑或信息……无论在哪个层面它们需要一种路径或渠道来将彼此转换到同一频道，如此互动才可以发生。在社会交往层面也是如此，传统的社会认知中，交往只能是人与人之间的互动，即使在网络时代，计算机科学家标榜媒介具有互动性，但是媒介的两端仍然是人，智能传播中的身体与媒介互动为主动式互动，"主动"的部分意涵来自具有类人化特征的媒介，媒介终于站在了身体的对立面。

我们发现可以站在身体对立面并担当此重任的为社交机器人。《科学美国人》月刊联合世界经济论坛中评选出2019年"十大新兴技术"，社交机器人入选。社交机器人技术正悄然兴起，将虚拟的网络社交以新方式拉回到现实中，这也是人工智能未来发展的方向之一，身体与媒介的互动模式也随之产生新的变化：媒介以更为主动、更为人性化的方式来与身体形成互动，满足人们日趋强烈的社交需求，打破传统社交的藩篱，从而形成新的互动仪式。每一种社会交往的仪式都是产生文化和社会意义的过程，社交场域中的身体与媒介互动也不例外，会形成互动仪式以建构和维系社会文化体系，该体系产生意义与秩序，同时也是人们的行为指南。智能化媒介大环境下，传播作为一种维系社会的方式也体现于身体与媒介的互动中，这也可能重新塑造了人与机器在社会中的交往关系。

本章以社交机器人作为媒介，基于上述传播中身体与媒介的强互动模式，来探讨身体与媒介在社会中的互动形态，首先从伊德的"它者关系"框架切入，探讨社交机器人作为独立者媒介何以可能？作为社交主体何以可能？以此来建构身体与媒介在社会交往中可以共在的基础，进而分析身体与媒介主动式互动的具体形态并考察其对于社会的影响。

---

① Haraway, Donna J., *Simians, Cyborgs, and Women: The Reinvention of Nature*, London: Free Association, 1991, p.163.

第七章 人机交往:智能化社交传播中的身体与媒介互动

第一节 智能化社交传播:理解社交机器人

一 社交机器人兴起

社交机器人(Socialbot)是机器人(Bots)在社交场景中的衍生物,机器人是社交机器人的本质与基础。自从计算机出现以来,机器人(包括程序机器人)就已经存在,为具有简单智能且自动化的应用程序,可以根据使用者输入指令(以对话机器人为例,包括输入文字、语音等指令),立即给予反应,并能完成某种特定的任务[1]。其中聊天机器人(Chatbots)是一个引人注目的例子,它是图灵对于人工智能最初想象的实现,聊天机器人的逻辑是一种专门与人进行对话的算法。准确而言,社交机器人是聊天机器人的延伸,因此社交机器人本质上也是一种计算机算法。2014年8月,美国证券交易委员会(US Securities and Exchange Commission)报告显示,Twitter公司社交网站上有超过2300万的社交机器人活跃用户,安全专家认为,僵尸程序可产生超过55%的在线网络流量[2]。2017年,社交机器人的数量呈直线攀升,根据南加州大学和印第安纳大学(Southern California and Indiana University)最新研究,Twitter上社交机器人用户逾4800万[3]。此外,也有计算机科学研究人员发现,社交机器人不仅可以用于简单人机交互,还可以规模化地挖掘用户数据以及对Facebook和Twitter等网站上的公众舆论进行实际操纵[4]。由此可见,社交机器人已经成为影响人

---

[1] Boshmaf, Y., I. Muslukhov, K. Beznosov & Ripeanu, "Design and analysis of a social botnet", *Computer Networks*, Vol. 2, 2013, pp. 556–578.

[2] Zeifman, I., "2014 bot traffic report: Just the droids you were looking for", Incapsula, December 18, 2014, at https://www.incapsula.com/blog/bot-traffic-report-2014.html.

[3] Newberg, M., "As many as 48 million Twitter accounts aren't people, says study", March 10, 2017, https://www.cnbc.com/2017/03/10/nearly-48-million-twitter-accounts-could-be-bots-says-study.html.

[4] Boshmaf, Y., I. Muslukhov, K. Beznosov & Ripeanu, "The socialbot network: When bots socialize for fame and money", ACSAC'11: Proceedings of the 27th Annual Computer Security Applications Conference, 2011, pp. 93–102.

类传播及社会发展的重要因素。

社交机器为人工智能技术前沿领域，目前相关研究以欧美国家为主，主要分为两个脉络：一是从计算机科学技术逻辑入手来探讨技术设计规则及影响[1]；二是立足哲学、社会学[2]、心理学[3]、传播学[4]等多元视角来研究社交机器人对于个人及社会发展的影响。社交机器人的探讨在国内学界也开始兴起，主要围绕传播学、社会学、心理学等领域，但整体成果较少，因此社交机器人的可挖掘空间较大，一些学者的研究为我们在传播学领域研究社交机器人提供了启示，如张洪忠揭示出社会学领域将社交机器人视为异类[5]，在传播学中主要验证其传播效果，采用实证方法研究政治机器人的传播效果[6]，还有学者引入社会功能视角来研究社交机器人[7]。

二 社交机器人意涵

社交机器人兴起于20世纪40—50年代，这与信息技术、人工智能技术等智能化技术的发展阶段重叠。以社交媒体的出现作为时间点，学界对于社交机器人的界定呈现以下两个阶段。

在社交媒体出现之前，学界对于社交机器人的界定更强调形象与人类的相似性或者异质性，社交机器人是与人类相对的对象，呈现具身性、异

---

[1] Paradise, A. & Rami Puzis & Asaf. Shabtai, "Socialbots", in *Encyclopedia of Social Network Analysis and Mining*, Oumayma Banouar: Said Raghay? 2017, pp. 1-15.

[2] Samuel, W., "Automating power: Social bot interference in global politics", *First Monday*, Vol. 4, 2016.

[3] Khademi, M. S., Hosseini Moghaddam & M. Abbaspour, "An empirical study of the effect of profile and behavioral characteristics on the infiltration rate of socialbots", 2017 Iranian Conference on Electrical Engineering (ICEE), Tehran, 2017, pp. 2200-2205.

[4] 张洪忠、兰朵、武沛颖：《2019年智能传播的八个研究领域分析》，《全球传媒学刊》2020年4月30日，https://doi.org/10.16602/j.gmj.20200003。

[5] 张洪忠、段泽宁、韩秀：《异类还是共生：社交媒体中的社交机器人研究路径探讨》，《新闻界》2019年第2期。

[6] 张洪忠、段泽宁、杨慧芸：《政治机器人在社交媒体空间的舆论干预分析》，《新闻界》2019年第9期。

[7] 蔡润芳：《人机社交传播与自动传播技术的社会建构——基于欧美学界对Socialbots的研究讨论》，《当代传播》2017年第6期。

第七章 人机交往：智能化社交传播中的身体与媒介互动

构性及可参与社会性等特征，它与人类交流的发生是基于模仿其行为[①]。因此，这类机器人是以社交为目的的智能机器人，如"社交型对话机器人"，也即智能语音机器人，通常以自然语音处理技术为基础。一些科技公司纷纷试水，因此一批智能语音机器人涌现，如亚马逊的 Alexa、谷歌的 Home、微软的 Cortana、小米的小爱同学以及阿里巴巴的天猫精灵。

在社交媒体出现后，社交机器人的本质为在线社交媒体中的一种计算机算法，更强调依赖于社交媒体平台的人类社交实践，它们可以发布微博（分享照片与更新状态），以此与其他 SNS 用户互动，如此社交媒体用户可以将好友请求的处理任务交给社交机器人[②]，如以 Twitter、Facebook、微博等社交平台为载体的机器人账号。

然而，无论如何，二者殊途同归都体现了人的"拟人化"心理，即将人以外的事物人格化及人性化。社交机器人可以自动产生内容并在社交媒体上与人类互动，从而尝试模仿并可能改变人类行为，依赖于或寄生于社交平台。在此基础上，学者张洪忠从传播学的视角来理解社交机器人，他认为作为虚拟 AI 形象的社交机器人具有类人格属性并可以扮演人类的不同身份，从而推动人与机器人之间的互动[③]；同时，他还对社交机器人的分类有翔实的梳理（见表 7-1），将社交机器人从工具主义、人机关系、社会效益三个层面进行观照，并划分为聊天机器人与垃圾机器人。

表 7-1　　　　　　　　　　社交机器人分类

Marechal：工具主义	Morstatter：人机关系	Clark 社会效应	张洪忠：传播学
恶意僵尸网络 调研机器人 编辑机器人 聊天机器人	机器辅助人类 人类辅助机器	"好"机器人 "坏"机器人	聊天机器人 垃圾机器人

资料来源：笔者根据张洪忠对于社交机器人的分类资料而得。

由此可见，张洪忠对于社交机器人概念的界定限于社交媒体平台的机

[①] Billard, A. & K. Dautenhahn, "Experiments in Learning by Imitation-Grounding and Use of Communication in Robotic Agents", *Adaptive Behavior*, Vol. 7, 1999, pp. 415–438.

[②] Gehl, Robert W. & Maria Bakardjieva, *Socialbots and Their Friends: Digital Media and the Automation of Sociality*, New York: Routledge, 2016, p. 2.

[③] 张洪忠、段泽宁、韩秀：《异类还是共生：社交媒体中的社交机器人研究路径探讨》，《新闻界》2019 年第 2 期。

器人，即虚拟社交机器人，然而，智能化技术对于身体的解放使得"具身性"成为一种多元的技术特征，笔者认为在智能传播中也应将外形类人或异形的社交机器人等技术具身考虑在内，应该在社会大背景下来进行考察，而不局限于社交媒体本身。本书结合学者 Morstatter 与张洪忠对于社交机器人分类模型，将社交机器人按照人机关系中机器人参与的主动性重新划分为"任务型聊天机器人"与"社交型机器人"。任务型聊天机器人是指通过一系列条件规则作为限制，仅能回应有限的互动，却无法根据用户输入而自我学习，主要以辅助人类为目的，充当人类助手的机器人，如 Facebook 粉丝页与金融机构使用的 Line 对话机器人以及小度、小爱同学、天猫精灵等智能语音机器人；社交型机器人是可以自给自足，持续接收用户的回应，进行机器深度学习从而有所成长，并根据学习结果校正，给予使用者反馈的机器人，其中社交型机器人又包含具有实体外形的机器人及社交平台的虚拟机器人。

由此观之，社交机器人已经开始悄然对整个社会交往景观产生影响，然而能否作为另一个主体与人类互动？以什么样的姿态才能与人类达成共识？这不仅是一个科学问题，也是一个社会问题。

第二节 社交机器人作为社交主体的合理性

"交往"（Verkerhr）概念来自马克思与恩格斯的《德意志意识形态》，这是马克思主义传播观的源头。然而，马、恩的"交往"概念是一个广义概念，从本体论层面来看，可以分为物质交往和精神交往，一方面认为人与自然的关系是身体实践的结果[1]，但同时个人之间的交往又是生产的前提[2]，这是马、恩在《德意志意识形态》中首次提及"交往"概念。由此可见，物质交往活动是基于生产实践、人与人、人与物、人与自然及人与社会发生的客观活动，随之衍生"民族交往""世界交往""普遍交往"

---

[1] ［德］马克思、恩格斯：《德意志意识形态》，《马克思恩格斯选集》（第 1 卷），中共中央马克思恩格斯列宁斯大林著作编译局编译，人民出版社 1995 年版，第 3 页。
[2] ［德］马克思、恩格斯：《德意志意识形态》，《马克思恩格斯选集》（第 1 卷），中共中央马克思恩格斯列宁斯大林著作编译局编译，人民出版社 1995 年版，第 4 页。

第七章 人机交往：智能化社交传播中的身体与媒介互动

等概念；精神交往源自物质交往实践活动，而思维、认识是精神交往的内容体现，也是人们物质实践与现实生活的产物①，因而"精神交往"指以人为单位主体之间借助于语言等媒介在思想、观念、意识等层面的互动关系。总而言之，交往实践主要指"主体—客体"与"主体—主体"关系的总和。与之相比，传播学的交往观则主要基于传统认识论的"主体与客体"层面，作为其延续，之后有学者引入哈贝马斯"主体—主体"的社会认识论范畴交往观，即传播关系由主体间交往行为构成，显然这与马恩交往观内涵一脉相承，都强调实践是关系的本源及主体性的回归。那么关于智能机器人如何能成为社会交往的主体，笔者将引入"它者"视角来论证其作为社会交往主体存在的可能性及合理性。

一 从"它者"切入：智能传播时代它者关系视域下的媒介考察

根据伊德的"它者关系"，即［（身体→技术—（—环境）］，人与技术发生联系，技术并非以中介的角色而存在，而呈现一定的自主性，也是另一个"我"的呈现，人将自身的特征赋予技术，技术则成为人的对立面，也是自我的一种折射②，如此，人与技术的互动类似于人与人之间的互动与交往，如果说伊德当时提出这种理念是一种设想的话，那么在智能传播时代，随着人工智能技术的发展，这种"它者"也切实存在，人与技术的关系也发生重大变革。反观媒介本身，智能化时代媒介的人性化趋势凸显，这种人性化体现于三个方面：一是媒介是人类感官的延伸与拓展，也是部分身体的延续；二是媒介是人们情绪、意识的反应，因为其创造过程包含"创造者的动机、情绪和社会"③；三是媒介在智能化技术支持下具有类似于人的智慧，可以产生人类行为，如社交机器人。在本书的身体与媒介关系中，身体是人类的具身体现，"类身体"媒介是一种新的媒介技术体现，属于"技术人造物"范畴，媒介的意义既不存在于媒介中，也不

---

① ［德］马克思、恩格斯：《德意志意识形态》，《马克思恩格斯选集》（第1卷），中共中央马克思恩格斯列宁斯大林著作编译局编译，人民出版社1995年版，第6页。
② 曹观法：《伊德的技术哲学》，《北京理工大学学报》（社会科学版）2004年第1期。
③ 马向阳：《纯粹关系：网络分享时代的社会交往》，清华大学出版社2015年版，第12页。

存在于人类的主观想象，而是在于具体的身体与媒介互动，媒介是与身体相对的"它者"，二者的互动关系是"人与技术关系"在"它者关系"维度的体现。此外，这也是确保媒介与身体互动的前提，也与之前章节中智能传播时代身体与媒介强互动中所强调的"外在＋内在主动式互动"一致。因此，在智能传播中，"它者关系"视域在社会身体与媒介互动时具有合理性。本书基于伊德的"它者关系"的概念进行调整，因为当前为弱人工智能时代，媒介的设计规则仍然由人来决定，技术逻辑仍是构成媒介互动的物质基础，因此本书对于媒介"主动性"的探讨仅限于身体与互动的此在。在此基础上，我们尝试给智能传播时代的"它者关系"概念下一个定义：

（1）它者关系发生于智能传播中，关系主体为身体与媒介；

（2）媒介既不完全附属于身体，也不是身体与世界的中介物，而是与人类身体相似的具有技术自主性及人性化特征的人造物，即"它者"媒介；

（3）它者关系是媒介作为身体的"它者"与其互动的关系。

二 智能传播时代作为"它者"媒介的社交机器人

在智能机器人时代，身体与媒介的关系从身体适应媒介已经逐渐过渡到媒介适应身体，除人机互动与具身互动的互动形式外，技术的自主性进一步扩大，人类创造出更具"自主性"与"独立性"的机器人，它不仅能够代替人类完成新闻编辑中的机械化、常规化的任务，而且它还能够延展身体的时空维度，让人们进入更加"真实"的虚拟世界，甚至还可以代替人完成情感劳动，弥补人与人之间的情感缺憾——交流，即人际传播。然而，交流并不是网络时代的无奈，自电子媒介诞生以来，交流问题就成为人们关注焦点，它可谓20世纪媒介文化学派普遍关注的问题，人与人之间的"不可交流性"成为学者批判的起点，而且按照彼得斯的论述，他甚至认为这种不可交流性也延伸到人与动物、外星人及智能机，这里智能机就是人工智能的雏形，即图灵机。面对面交流成为人们对于"身体在场"真实交流的一种渴望，也表明人们对于社会情感关系缺失的一种无奈与尴尬。然而，社交机器人的出现则弥补这种交流的缺憾。那么社交机器人如何能弥补缺憾？这成为以下内容关注的重点。

随着应用场景的拓展，人工智能逐渐从信息场景、娱乐场景走向社交场景。根据马斯洛的需求层次理论，社交需求是人除了生理需求与安全需求外的第三层次的需求，因此社交机器人的出场是人类对于社交新需求的体现。

三 社交机器人的它者性

与人工智能技术增强相伴随，身体与媒介也在传播过程中发展到一个全新的阶段。媒介的主体性地位提升，林升梁在《人机·交往·重塑：作为"第六媒介"的智能机器人》[①] 中以大众传播中的五大媒介为基础，将智能机器人理解为"第六媒介"，认为该媒介延续了第五媒介的"数字化、互动化及即时化"特征后，成为具有"主动性的人"，以麦克卢汉的"媒介四元律"理论论证了智能机器人作为媒介的可行性及合理性，第六媒介在本书的智能传播研究范畴之内，然而社交机器人作为智能机器人的一种，也是智能传播中的媒介，因为它们都具有"自主性""能动性"等人类才有的属性特征。在第一小节中"它者"社交的切入为身体与媒介在社会维度的互动提供了共在的理论基础，智能传播中的媒介具有"它者"性，因此作为媒介的社交机器人亦然，也具有"它者"性。根据对于社交机器人的定义考察可知，社交机器人的"异构性"决定了其和身体为两个主体，不完全附属于身体，利用深度学习等技术可以一定程度"理解"人类智能，通过传感器技术监测人类的体征，或者根据人类实践的数字轨迹能判断其意识及行为倾向，因此对于身体而言，社交机器人是有人类特征的"它者"，不仅延续了智能技术的身体延伸功能，而且还与身体知觉形成联动，因此在"它者关系"的范畴之内，社交机器人与身体呈现互动关系。根据社交机器人专家对于社交机器人的期望或宏图志向，这种"它者关系"体现为三个层面：一是以人类可感知的方式传达意图；二是以人类可以接受的方式与身体互动，这取决于人对于交互程序的设计；三是以身体可感知的方式传达意图；四是有权与人类或机器人共同实现目标。但是，需要说明的是，当前仍处于弱人工智能阶段，社交机器人的某种自我主体意识的形成仍然一定程度上取决于人，是人类感官的延伸与再造，是人类意志的体现，实现强智能互动仍需要走很长的路。

[①] 林升梁、叶立：《人机·交往·重塑：作为"第六媒介"的智能机器人》，《新闻与传播研究》2019年第10期。

由此观之，社交机器人的出现已经开始改变了刺激—反应模式下的人机关系，人工智能以更加主动的姿态来重塑人机互动形态，这对于基于人机互动的身体与媒介关系也是一次变革，因此形成［（身体→媒介—（—环境）］的互动图式。

第三节 交往身体：智能化社交中的身体存在状态

在第一小节中，笔者揭示出社交机器人作为社交主体而存在的种种可能性，那么它的出现将对于人类身体存在状态产生何种影响？身体存在状态是多种关系交织的场域，在不同的环境中，身体又呈现不同的形态。这将是我们接下来所关注的问题，本小节仍以后现象学家伊德的"三个身体"和社会学家奥尼尔的"社会身体"等身体观为理论资源基础来分析智能化社交中的身体形态。身体形态由身体存在空间及身体本身形态两个部分构成，二者互动构成了身体存在的状态。随着计算机与互联网的虚拟与远程技术的发展，人们的生存空间也趋于多元化。

一 社交空间与身体

如罗泽所认为的那样，人类身体处于三种不同空间中：一是处于实在的、自己的血肉之躯的中心；二是处于虚拟的、由机器界面所呈现的空间；三是切实存在的机器人所占据中心的空间[①]，这三种存在空间也决定了身体的三种存在状态。这与伊德的"三个身体"理论相呼应，"物质身体""文化身体""技术身体"分别是罗泽的身体在三个存在空间的自然呈现，也是人、技术及文化关系的交织。然而，我们发现伊德的三个身体之间是一个依次递进的关系，物质身体是存在于世界的物质基础，即人们

---

① ［德］弗罗里安·罗泽：《第二个和第三个身体，或者：成为一只蝙蝠或住在另一个行星上会是什么情景？》，载［德］西皮尔·克莱默尔编著《传媒、计算机、实在性》，孙和平译，中国社会科学出版社2008年版，第129页。

对于世界的一种本能的体验反应，既包括感知，也是一种身心一体的体验，然而这并不是区分人与其他物质的唯一标准，以柏拉图的一个故事为例，他在回答"人是什么？"的灵魂拷问时说："人是双脚直立的无毛动物"，他的学生将一只扒光毛的鸡放到柏拉图面前并质疑老师道："那这只鸡是人吗？"答案当然是否定的。显然，人的意义不仅限于物质身体，还有社会性与文化性的规定，这是文化身体的来源，也是物质身体的补充，而伊德是在此基础上又加入了技术的因素并提出了"技术身体"的概念，技术身体是人们对于技术的一种身体体验，然而这又与受制于文化与符号中的文化身体有所区别。然而，笔者认为这三个身体确实存在，但是并非相互替代的关系，而是身体的不同体现，是一体多面的关系，社会学家奥尼尔在《身体形态：现代社会的五种身体》中提出的"交往身体"就是对于伊德三个身体的一种调适，他将伊德眼中的文化身体从符号与文本中解救出来，他认为身体是实践的身体，身体并非仅限于符号，而可以实实在在体验世界，显然奥尼尔的"交往身体"是梅洛-庞蒂与伊德身体观的延续与发展，摒弃了传统的社会身体观，这对于考察呈现"具身性"的社交机器人也正合时宜。

社会交往体现了人在社会活动中与其他人所发生的相互联系及交流的动态过程。那么在智能化技术普及的今天，社会交往空间也包括人与其他物体互动发生的物理空间、各种关系形成的文化空间及技术所提供的虚拟空间，这三个空间的交融与互动进而构成了社交空间（见图7-1），也形成了"交往身体"，即"物质身体""技术身体""社会身体"的融合，其中"场"是理解身体存在状态的一种方式，海勒为身体从"物质化"到"去物质化"认知的转变提供了思路，她认为"'在场'/'缺席'到'模式/随机'的认知转换，在两个层面同时影响了人类身体和文本身体，一是身体（物质基础）中的变化，二是消息（表现代码）中的变化。"[1]

二 智能化社交空间中的交往身体

长期以来，传播学关注包括人际传播、群体传播和大众传播在内的以

---

[1] ［美］凯瑟琳·海勒：《我们何以成为后人类：文学、信息科学和控制论中的虚拟身体》，刘宇清译，北京大学出版社2017年版，第39页。

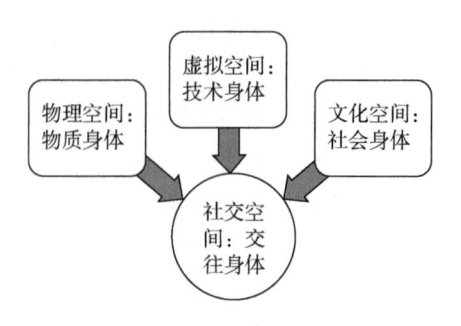

图7-1 智能化社交空间的身体存在状态

人类为中心的传播模式,并将媒介技术视为中介化的工具或客体。"计算机中介传播"(computermediated communication,CMC)是国外传播学的主要研究范式之一,关注计算机如何"调节"人与人之间的传播并发挥何种作用,但它将技术视为人类彼此之间传播信息的媒介(Westerman et al.,2020),忽视了技术与人类进行交流、沟通的媒介地位与作用。Robert与Gary最早区分了"通过计算机进行传播"和"与计算机进行沟通"的不同,前者是指"计算机介于发送者和接收者之间";后者是"人—机关系"(Robert & Gary,1985),即"一方(人类)激活计算机,计算机以图形、字母数字或声音作出适当反馈,(与人类)建立持续的发送者/接收者关系"(Cathcart & Gumpert,1985)。虽然早在"傻瓜式"聊天机器人和程序过滤垃圾邮件的行为中,计算机摆脱其作为中介角色的偏离迹象就已经出现苗头,但直到智能机器的发展才真正挑战了CMC范式原有的研究结构和理论假说,西方传播学界形成以控制论为基础的人机传播(Human-machine)。

（一）身体的物理在场

"在场"是指"主体在场,也就是身体在场,身体本身在事情发生、进行的场所"[①]。身体的物理在场则指身体、身体与周围所处物理空间的一种关系,对在场的事物产生一定的影响力。物理空间是指身体与社交机器人互动关系的外显,即存在于媒介之外,这与传统传播学中的空间意义相对。因此物质身体即人们对于世界的一种本能的体验反应,既包括身体姿态也包括感知,也是一种身心同在的体验。这主要体现在两个层面:其一,是人们通过眼睛与屏幕的交互及手指与鼠标的交互动作来完成物理空

[①] 赵建国:《身体在场与不在场的传播意义》,《现代传播》(中国传媒大学学报)2015年第8期。

第七章 人机交往：智能化社交传播中的身体与媒介互动

间中的身体在场；其二，这也是本书在物理空间中所探讨的身体存在状态，如在与类人形和异形的社交机器人互动时的身体体验，主要为语音、动作等形式，这也构成了身体实践。

（二）身体的虚拟在场

随着网络时代的到来，身体在技术的作用下突破身体在场的物理限制，海勒的这段话颇有意味"由于在场/缺席的等级关系被打破了，缺席被赋予了比在场更重要的特权，所以缺失（lack）取代了充实（plenitude），欲望（desire）霸占了确信（certitude）"[①]，这里的缺席为身体的物理缺席，是强调身体的物质性，然而在网络构建的虚拟空间中，身体却处于"在场"，但是这里的身体为技术身体，而身体在场也是由技术身体与计算机信息构成的虚拟空间的一种关系。在智能化社交中，技术身体是指与社交机器人互动产生的体验，即技术具身，身体以信息化与符号化的方式存在于虚拟空间中，身体本质是信息，用户通过他们的技术身体来执行注册账户、收发信息、发帖（图片）、转发、关注等系列虚拟社交行为，这些技术身体实践也反过来建构技术身体，这也颇有控制论的意思；无独有偶，社交机器人专家 Boshmaf 也曾以控制论的视角来理解社交机器人，在由人、社交机器人及媒介构成的"社交机器人网络"中，每个用户对应一个社交机器人，通过机器人来实现运营社交网络及社交互动[②]，如此社交机器人与用户的技术身体形成互动。

（三）身体的社会在场

本质而言，技术是文化性的，技术的意义终归要回到文化，而社会作为文化的空间，与其有着千丝万缕的联系。在智能化时代，人们在与社交机器人互动的同时，身体亦会发挥其社会功能，因为"人机之间的交流是一个文化过程，而不仅仅是交流本身"[③]。无论是在社会学还是传播学中，身体的意义体现于符号空间，而且时刻处于被建构的境地，麦克卢汉的

[①] ［美］凯瑟琳·海勒：《我们何以成为后人类：文学、信息科学和控制论中的虚拟身体》，刘宇清译，北京大学出版社2017年版，第386页。

[②] Boshmaf, Y., et al., "The socialbot network: when bots socialize for fame and money", Proceedings of the 27th annual computer security applications conference, ACM, 2011.

[③] Guzman, Andrea L., "Making AI Safe for Humans: A Conversation with Siri", in *Socialbots and Their Friends: Digital Media and the Automation of Sociality*, New York: Routledge, 2017, pp. 69–85.

"冷热媒介说"就是如此,在他的认知中,媒介的清晰度与否是决定感知参与度的关键,而且他还以电视演员的"后台"身体表演为例,他认为演员在镜头面前"刻意而为之",身体姿态成为改善自身形象与话语的关键,从而维持他与观众的紧密关系,这表明了麦克卢汉对身体与文化之间关系的态度。然而,媒介的日趋智能化和人性化重新唤醒了身体,但也让人们有些许担忧,因此他们也以更加主动的姿态而在场,奥尼尔的"交往身体"或许是理解当下社会身体的一个较为合适的路径,他将身体视为社会建构的主体而非客体,这也与本书的身体观一致。身体在社会空间中"在场",即体现了身体在与社交机器人互动时所产生的社会意义,身体反应就是对于人与社交机器人之间互动形成社会意义的表征,体现为人类与社交机器人(实体社交机器人与程序社交机器人均包括在内)互动时所呈现的身体姿态、感知、情绪态度及情感。

在媒介融合的生态环境下,这三个身体并不能截然分开,而是身体的不同体现,是一体多面的关系,这三个身体之间的共生则形成了智能化社交中的身体存在状态,而这又将产生与前智能时代不同的社会意义,人们或许在与社交机器人的互动中寻找另一个自我。

从人际交往到人机交往的关键在于交往主体的身体发生了改变,从"赛博格"身体转向"智能化"身体,这也是对于基于信息"控制论"观点的一种批判,抑或是对于控制论"0-1"的形而上学隐喻的克服与消解。"控制论"的鼻祖维纳认为,传播的本质在于信息,而"信号在其中介阶段是通过一部机器抑或是通过一个人,这些都不会影响我与信号之间的关系"。[①] 同时"当我给机器发出一道命令时,这情况和我给人发出一道命令的情况并无本质的不同"也在明确一个事实,那就是人与机器都是作为信息系统的一个组成部分而存在,同时也模糊了人与机器的本质属性差异,强调机器甚至和人一样具有"效应器官"并用感觉器官与外界交往,同时生命体又类似于机器,是一种装置,这其实也是对于身体和主体的一种消解。"赛博格"作为控制论思想的重要衍生物之一,1985年哈拉维在《社会主义评论》中发表了里程碑式的"赛博格宣言",明确揭示出其隐喻维度。隐喻(metaphor)是指通过一个单词或短语以一事物代替另一个事物,从而来暗示它们之间的相似性与关联性,这也是人类认知世界的基本

---

① [美] N. 维纳:《人有人的用处》,陈布译,商务印书馆2017年版,第2页。

方式①。然而，这种"隐喻"的方式在增进理解的同时，也会将边界泛化，而传播中身体与交往主体的消解就是直接结果，从理论层面来看，解构了人机关系中的本体论维度。然而，随着智能化技术的驱动，"智能化"身体控制论"0-1"的形而上学隐喻能否被身体克服/消解？接下来也将进一步论证。

第四节　从人际交往到人机交往：智能传播中身体与媒介互动中的社交转向

在现代思想文化中，人与机器的关系始终令人纠结，身体的无处安放就是这种矛盾心理的一种折射：人们对于互联网技术排挤身体离场感到焦虑，却也厌倦了身体在场时的"心不在焉"，身体与心灵始终不能共在，彼得斯将这种尴尬局面归结为笛卡尔和帕斯卡的"身心二元"说，但也同时体现出他对于"具身在场"的渴望，在他看来网络或许是让人与机器边界模糊的原因之一，所以引用图灵的实验来说明人与机器有别，但彼得斯是矛盾的，因为他渴望面对面的交往，而对于机器代替另一个身体仍然心存怀疑，但是当时也无法预测到如今人工智能时代的到来，机器的自主性崛起已经成为一种趋势，因为机器在不断模拟身体的特征，社交机器人是另一个"身体"的在场，正如彼得斯所期待的那样，身体将重新成为传播中不可忽视的要素。然而，在智能传播时代，当社交机器人作为与人类交往的"它者"，人类身体以"交往身体"形态呈现，身体与媒介的互动形态又该如？要回答这个问题，本节将在人际交往理论的观照下来考察身体与媒介的互动变迁史，从中挖掘出人与机器的交往模式。

一　人际交往：身体与媒介互动的悖论

广义的人际交往（又称人际传播）是指人与人，人与群体、群体与群

---

① 田秋生、李庚：《传播研究中"赛博格"的概念史——以及"赛博格传播学"的提出》，《新闻记者》2021年第12期。

体之间通过个人化媒介进行的传播,以实现信息传播系统良好运行及传播主体之间沟通有效,前提都是以人类为中心,媒介技术被视为中介化的客体。狭义的人际传播发生于两个人类主体之间。迈克尔·E. 罗夫(Michael E. Roloff)则认为人际交往是两个人之间符号的相互作用,本质为一种社会交换,这种交换体现于经济与社会两个层面[1]。戈夫曼则认为人际交往是人与人之间符号交换的表演,人们在互动中不仅呈现自我,而且还试图按照一定仪式操控互动环境。在媒介环境中,人际交往为两个人之间的信息互动,为一种社会活动。

在前智能传播时代,根据媒介是否介入可以分为直接人际交往与间接人际交往。直接人际交往是指两个主体的自由碰面,直接人际交往发生于人与人之间,两个人直接面对面而无须中介传递,或者说身体就是媒介,如在模拟式传播和口语传播中,信息是通过身体姿态、表情、声音来传递的,人们的交往为两个身体的在场,发生于同一时空,因此为外在主动式互动。间接人际交往是指两个"灵魂"的碰面,即有中介介入的人际交往,如书写媒介以及电话、广播等电子媒介,但是媒介在人际交往中只是作为传播渠道而存在,扮演符号的载体或中介角色,媒介作为延展人体的工具而本身却不会主动产生意义,身体与媒介的互动也仅限于物理交互,两个主体的身体并不能同时空在场,而且身体与媒介的互动仅限于人内传播,是身体对于媒介传播符号的一种想象,然后内化为自身发展逻辑。米德认为,传播不仅是信息交换的一个过程,同时也是个人了解自己身份与社会角色的方式[2],而社会交往促使我们形成"镜中自我",也即"客我",而人类的移情理解能力是能够形成这种自我身份认同的另一个重要原因。

若再聚焦于各类媒介,我们发现还存在较细微的分野:从书写媒介的时空偏向开始,交往主体身体之间的距离越来越远,隔空对话成为常态,这也降低了人们交流的频率,然而随着电气时代的到来,尤其是电报与电话的发明,身体与身体的时间与空间距离瞬间拉近,这增加了人们交往的密度,然而物质身体的在场仅存在于人们通过声音产生的想象中;电子时

---

[1] [美]迈克尔·E. 罗夫:《人际传播:社会交换论》,王江龙译,上海译文出版社1991年版,第25页。
[2] [美]乔治·H. 米德:《心灵、自我与社会》,赵月瑟译,上海译文出版社2008年版。

第七章 人机交往：智能化社交传播中的身体与媒介互动

代的到来改变了人们的交往方式，从点对点的线性传播转向由点到面的广播模式，这将社会交往形态"部落化"，改变了个人与群体及群体与群体的关系，却对于狭义的人际交往影响甚微；直到互联网时代，网络化传播形态增加了人与人之间交往的可能性，提高了交往的频率，尤其随着智能手机与移动通信技术的蓬勃发展，人际交往的频率增加，永久在线与时间碎片化成为人们媒介化生存的常态，移动手机的到来，虽然可以随时随地在虚拟空间中建立联系，却让两个交流的身体距离越来越远，身体在场更成为一种奢望。

由此可见，在间接交往与直接交往中身体与媒介的互动产生一种悖论性效果：一方面，间接交往与直接交往相比，由于媒介的介入，身体的离场逐渐改变了人们的时空观，人们会为突破网络时空藩篱而感到欣喜、狂欢甚至迷恋，因此产生"网络成瘾""心不在焉"等病态性媒介接触行为；另一方面，他们在迎来技术狂欢过后却由于身体缺席而感到莫名的空虚，这也促使他们更渴望身体在场所产生的充实感，因此对于直接交往中的面对面交流又颇为向往，无论身体为何种形态，是物质身体也好，是技术身体也罢，总之两个身体共处于同一时空，并能够作为主体而进行互动与交流，这可能是人们在面对间接交往时由于身体缺席而产生空虚感的一种补救。那么如何打破身体与媒介互动的悖论性存在现状？这也是智能化技术在传播中应用所要解决的问题，而正如莱文森所认为的那样，新媒介总是对于旧媒介的一种补救，而像社交机器人这类媒介的出现就是对于致使身体离场的网络媒介的一种补救，以社交机器人来代替交往过程中另一个身体的存在。

再到人机传播（Human-machine communication，HMC），按理该理论框架，普遍从概念上把机器看作与人进行交流的传播主体，"机器作为传播者"是人机传播研究的理论起点（Guzman，2020）。Autumn 与 Edwards 将人机传播定义为"人类与数字对话者的交流"。这些对话者包括"具身化的机器通信者、虚拟和人工智能代理以及技术增强的人"，"无论在真实的、虚拟的还是增强的环境中"进行的交流，都可看作人机传播（Autumn & Edwards，2017）。以往作为信息传播中介的媒介是离身化和独立于人之外的存在。但由人工智能引发的新传播革命，使媒介技术与人的关系不再局限于离身性，而在社会环境中显出并超越工具属性。人机传播作为一个新兴的研究领域，打破了传统传播学的理论假设，即"传播为人类所独有"的观点，其关注的核心问题是人与机器之间的意义创造，机器所建构的人机关系及其对人类和社会的影响（Guzman，2018）。人机传播中的"机器"，之所以在英文中使用 machine 一词，而非技术（technology），旨在"承认机器与人类有关的悠久的文化、哲学和技术历史"（Guzman，2018），并将机器概念内化为多种技术的元本体论范畴。狭义的"机器"则指计算机，既是"机器"的本体子类别，又作为通信技术包含于人机传播的研究中。这种将人机交互的机器设备视为传播主体的研究范式实际上可以追溯到"媒介等同"理论。

二 人机交往：身体与社交机器人的互动平衡

将视线拉回到智能传播时代，聚焦于社交机器人，笔者发现一定程度人们可以不再通过媒介与另一个人类主体对话，因为作为媒介的社交机器人本身成为一种"主体"，根据之前论证，社交机器人作为有主体意识的"它者"而存在。学者林升梁就做过这样的预判：智能机器人的"实体化、仿真化、拟人化、智能化"特征为两个身体"主体"在人际交往中的切实临场提供可能[①]。从实践来看，当前处于弱人工智能时代，虽然社交机器人有一定的"能动性"，但是发挥空间有限，人与机器之间的交流仍是较为初级的语法逻辑。

虽然社交机器人距离达到人际交往的水平仍有很大差距，但确实缩小了身体与媒介之间的距离，二者的互动处于相对平衡的关系，然而我们也从中发现媒介角色的转变，由中介与传播渠道转向信源或信宿，甚至逐渐成为传播者本身，因此论证其作为社交对象而存在的研究也增多。巴伦·利维斯与克里夫·纳斯两位教授就提出"媒体等同理论"（the media equation），即媒介等同于真实生命主体并将计算机与其他智能机器作为社会角色。之后，这两位学者及其他学者又提出"计算机作为社交对象的范式"，马修·伦巴第教授及其学生许坤就在此基础上进一步提出"媒体作为社交对象的范式"[②]。这些研究均表明人工智能技术的更新迭代赋予媒介更大的

[①] 林升梁、叶立：《人机·交往·重塑：作为"第六媒介"的智能机器人》，《新闻与传播研究》2019 年第 10 期。
[②] 牟怡：《传播的进化——人工智能将如何重塑人类的交流》，清华大学出版社 2017 年版，第 112—113 页。

自主性及个性化特征,丰富了人际传播的形式,与之伴随,媒介的社会身份也更为多元:一是模仿大众传播环境中的传播者角色,如利用算法推荐与大数据技术来搜索与分发内容;二是媒介可以直接与用户就内容进行交互,如聊天机器人与社交机器人等具有不同社交功能的配置,可以运用于不同领域,成为跨语境传播者。

基于此,我们尝试给其身体与社交机器人的互动形态——人机交往下定义:(1)身体与社交机器人作为"主体"而交换符号/信息的传播活动且具有交流的基本特征;(2)社交机器人不具有意识,无法完全与人等同,其"主体"性仍在人类所设计规则范畴内;(3)人机交往与人际交往相比较既有优势也有劣势,优势在于可以更为精准地判断信息的真伪,而劣势在于人机交往目前仍限于认知阶段,多以助理的角色存在,如 Siri、微软小冰、小度,等等。

综上所述,智能传播中身体与媒介互动呈现社交转向,符合传播中身体与媒介的强互动模式,即内在/外在主动式互动,又是它者关系的一种阐释,无论是从技术层面还是从人际关系层面都转向人机交往。随着媒介的出现与发展,人们的身体与身体之间的距离越来越远,而身体与媒介的互动却日益紧密,这也是社交机器人作为媒介进入公众视野的重要物质基础。社交机器人既摆脱了现实空间的规制与束缚,也让虚拟空间更为真实和确定,虽然仍存在许多不完美,但是人际交往中交往主体具身体现的回归趋势却较为明显。

第五节 智能传播时代的人机交往形态及浅层社会影响

笔者从媒介(社交机器人)的相关讨论中已经发现其社会角色的改变,即由中介工具开始变为传播者或者交流者,人类身体在智能化社交空间中社会取向明显,以"交往身体"形态出现,因此在智能传播时代中身体与媒介在社交维度的互动形态为人机交往。那么人机交往的互动机制如何?对于社会产生何种影响?鉴于此,本小节将主要从社会学的互动秩序理论视角出发,来分析智能传播时代人机交往机制,然后以智能语音机器人为案例展开论证，进而探讨其所产生的社会影响。

一　面具褪去："前台"与"后台"的反转与边界消弭

人类从某种意义上就是一种"面具人"，然而当面具被撕开，人们的身体如何存在？在戈夫曼的社会互动相关理论中，他将社会比喻为一个舞台，而人与人之间的互动则成为一种表演，看似是在阐述自我角色如何建构，但实质上从社会学意义上揭露了面具与身体的关系，即如何穿过面具来看到真实的身体实践，这与本书所强调的身体视野异曲同工。

戈夫曼将社会交往分为"前台"与"后台"两个区域，"前台"行动和行为通常要求个体进行严格的自我监控，同时也涉及监控他人的行为。这也表明人们对社会暗示和他人反应的特别关注，以及追求个人印象的管理。相比之下，"后台"通常涉及的行动和行为很可能破坏人们在"前台"情境中期待留下的印象。在后台人们倾向于"放松警惕"，而且不受制于前台区域印象管理所产生压力与影响，他们也可以不必过分关注自身形象，因此在工作、生活及学习等不同情境中人们的行为产生差异。

戈夫曼也在著作中一直提到媒介对于社会交往的重塑，但并非全部，这取决于他所处的时代，当时以电子媒介为主，网络也才刚刚兴起，对于社会的影响还未形成主流趋势。因此，在他的认知中，由于现实社会及媒介等坚实屏障的存在，公共空间与私人空间之间始终有无法逾越的鸿沟：一是对于日常生活中的人们而言，电视所营造的媒介空间始终是一种"神庙"或"殿堂"，存在权力的不平衡，比如在录制电视节目的过程中，人们需要按照大众所认可的方式或社会行为准则来规制或重塑自己的身体，如产生化妆、穿演出服等身体技术，身体在这个过程中处于被宰制的局面，演员以此来管理自己的媒介形象；二是社会生活中人们从个人生活的私人领域这个前台进入学校、公司等公共领域的后台时，也会通过"梳理"自己的身体实践来管理自己在他人眼中的形象，这种身体"梳理"行为与传播媒介中有所不同，人们的个人形象的建构是基于真实的身体实践，而非电子流动所形成的虚拟形象，这种面对面所建构的个人形象更为真实。由此可见，传播学的发展不仅被视为一种制度，而且是一种重塑自我形象和社会关系结构的变革，这对于当时的电子媒介传播而言正合时宜。尤其电视屏幕所产生的"前台"与"后台"俨如戏剧一般，而且身体

第七章　人机交往：智能化社交传播中的身体与媒介互动

与媒介为"弱互动"，仅限于物理交互，屏幕将人们分隔于两个世界，而且他们几乎没有互动的可能，仅有的互动也是屏幕外的人对于屏幕中人的一种想象，而这种想象却终归无法转化成现实。

随着互联网的兴起与发展，网络、手机等新媒介延伸了身体的感知世界及现实世界，媒介两端的人形成"共在"，并且从现实时空转向虚拟时空，他们的身体可以在虚拟世界中畅游。这与大众媒介时代相比，"前台"与"后台"发生反转与边界消弭，由于互联网的隐匿性特征，人们在网络这个"前台"可以更加放心地表达自我，之前"后台"的行为均发生了转化，数字交互的"后台"演变为"前台"接触的边缘，虚拟身体代替人类进入到网络空间中，以实现身体"在场"。与互联网及通信技术的发展一致，体现于三个阶段。

第一阶段为基于文字交流的互联网时代，各种博客、论坛、Twitter、微博等社交媒体的兴起，人们可以无须面对面，也无须通过声音传播就可以实现交流，人们的身体隐藏于屏幕背后，他们为这种身体缺席而产生的自我形象管理规制的挣脱而狂欢，各种网名、昵称、网络用语等网络符号的出现都在悄然地建构另一个"身体"。立足传播视野，在网络空间，人们无须准备就可以随时进入，"前台"与"后台"的关系不再那么泾渭分明，而且网络的出现打破了传统人际交往中的政治，所谓的"台"也由屏幕演变为互联网这张无形的大网，因此"前台"与"后台"的关系演变为"线上"与"线下"的关系，"线上"成为"后台"，"线下"则演变为"前台"，人们仍然需要在现实社会中以社会规则来管理自己的形象，而在线上因为缺乏社会因素的限制可能才会呈现更为真实的自我，社会身体、虚拟身体成为人们在网络中的身体形态。

第二阶段为以图片与视频为主的移动互联网社交时代，"人人即媒介"的时代到来，网络直播与短视频等视觉化呈现开始崛起，身体强势回归。社交媒体兴起后，网络空间成为生活空间，人们在迎来互联网的狂欢之后却陷入无尽的空虚与纠结中，身体的隐匿与不可见引发网络诈骗、网络虚假信息肆虐等各种社会问题，人们期待身体的回归。然而，直播与短视频等各种视觉化呈现为其提供了契机。以网络直播为例，人们借助于直播的形式，将他们所生活的私人领域暴露于网络构建的公共领域，公共生活与私人生活开始相互嵌入，围绕身体来建构直播间的虚拟空间，人们日常的吃饭、睡觉、学习等身体实践都成为虚拟空间中的要素，这种视觉化的呈

· 189 ·

现重塑了网民与公众互动的边界,直播形式成为一种边界,"下播"与"上播"则分别发挥"后台"与"前台"的功能。数字化生活重新分配了"前台"与"后台"的关系及互动框架,在第一阶段中网络化空间由后台转为前台,现实社会则重新成为后台,这类似于电视媒介,但身体却是社会与网络规制下的身体。网络主播以更为平民化的姿态出现,例如在快手直播平台就以草根主播为主,以"农民大叔""农村小伙儿"等形象呈现于虚拟空间,他们所展现的情境却是围绕人们对于农村刻板印象来建构,以土地、房屋不整及衣衫褴褛等要素来构建直播间,以吸引观众眼球,这种对于自身形象的管理与建构却不免有点矫枉过正。

第三阶段为算法、大数据等智能化技术嵌入的数字化社交时代。5G时代的到来,"高速度、泛在网、低功耗、低时延"等技术特征构造新传播时空,泛在互联成为新传播形态,其中人机交往的核心特征为互动融合,其特征为身体与媒介的物理交往、数字交往和虚拟交往在时空维度的交织,身体与媒介的互动更加频繁与紧密。例如,人们在公共空间与朋友会面,却也可以在约会对象不介意的情况下同时与他人在网络空间中交流,亦可以通过手机App与阿尔法蛋互动来"遥在"监督小孩在家的情况,这种多空间交融重构人机社交发生的空间,身体以"在场"与"离场"交替存在的状态在多个场景中穿梭,共同建构人们的生活情境,人们在社会交往中出现从未有过的忙碌。显然,人们交往的时空发生了偏向,线下生活与线上生活交融,二者的边界逐渐模糊,"后台"与"前台"也开始消弭,尤其是社交机器人的介入,人与机器人程序及机器人实体的互动等人机交往形式开始浮现,在机器人面前人们无须戴着面具来表演,无论是线上还是线下,而是以更为真实的身体与媒介的互动来获取信息、娱乐及社交,改变了人们的交往形态,人们可以不再因为深陷各种即时对话流而不能自拔,交往中的人类身体与机器人身体形成共在。

二 人机交往机制的建构:一种新型互动秩序的生成

正如迪德雷·博登(Diedre Boden)所言,社交是源自"交谈、交谈、交谈及再交谈"。这与戈夫曼的观点一致,他也认为交流发生于人类主体在交流会话与社会互动的相互协调的过程中。因此,交谈(或会话)是日常生活中互动的核心,可以维持社会生活本身的平衡,本书的人机交往就

第七章 人机交往:智能化社交传播中的身体与媒介互动

是智能传播中的一种新型交谈形式,因此戈夫曼的互动秩序理论为智传播时代中身体实践的考察提供了一种视角,其中将"秩序"理解为非正式活动中"一种个体必须守卫和设计的其行动的符号意义的方式,同时直接呈现对其有特别价值的对象"①。这也体现了戈夫曼有将社交独立于"结构性"的意向,互动秩序中的社交秩序是指人们对于身体日常实践的管理,而这是出于维护社会自我形象的需求,身体不仅是社交意义的载体,更是其产生的根源,来自主体的需求与倾向,但同时也将身体视为结构的定位场所,从身体实践来看社会自我形象的建构。因此,戈夫曼将这套互动秩序隐喻为一种身体的表演模式,这与本书强调的身体视角一致,都是将身体置于光亮的位置。这也表明,这里秩序是指身体实践规则,即规定了人与社交机器人交流时人类如何通过身体来表现自己。然而,随着交往主体由人类转向社交机器人,社会互动的规则也将随之发生改变,人类语言与机器语言毕竟存在本质不同,预设规则是机器会话发生的基础,其对话内容的生成也是对于数据库中代码、脚本话语及网络话语的选择过程。当人与机器人会谈,社会交往又该如何发生?鉴于此,本书无意于以戈夫曼的理论框架来生搬硬套于人机交往的实践现象中,而是以社会关系的身体表演框架作为参照,来对比人与机器人交往和人与人交往之间的异同,进而探寻人机交往的发生机制及特征。

根据戈夫曼对于身体表演框架的论述,我们发现主要有以下方面:(1)互动是指"个体彼此直接在场时,他们对相互行为的交互影响",其中一次互动为在任何一组特定个体彼此持续在场的场合下,从头至尾发生的一切互动,也即"相遇";(2)表演是指参与者(演员)在一定情境下,以任何方式来对其他参与者的行为活动产生影响,其中以特定个体的表演为参照,协助其他表演的人称为"观众""观察者"或"协助参与者",而"角色"或"常规程序"是指在表演期间全程"呈现或表演的预定行动模式";(3)社会关系产生于个体在不同情境中扮演相同社会角色的过程,为"特定身份上的权利与责任的规定"。②

---

① [美]兰德尔·柯林斯:《互动仪式链》,林聚任、王鹏、宋丽君译,商务印书馆2009年版,第48页。
② [美]欧文·戈夫曼:《日常生活中的自我呈现》,黄爱华、冯钢译,浙江人民出版社1989年版,第14页。

(一) 共享情境下异质性主体的相遇

"相遇"是最为基本的互动行为,戈夫曼的互动仪式理论与涂尔干、柯林斯均不同,是从个人情境视角来分析互动的发生路径,"情境"是戈夫曼的互动秩序理论成立的前提,是"自成一体的社会事实"[①],对于情境的理解,戈夫曼不完全赞同托马斯的"情境即现实"的观点,而是更强调情境是一个立体化概念。学者王晴锋[②]将戈夫曼的情境概念理解为四个特征,即物理空间、两个及以上参与主体、可感知的共同在场、偶然性与即时性,也强调了时空性、主体性及共在性。其中"共同在场"是指参与者可感知层面的共在,而身体成为在场的标志,交往或者互动终归是一场身体的表演。

根据上述媒介环境的演变,智能传播时代的到来,网络呈现移动化、社交化及智能化特征,加快了信息流动速度,信息内容体量,"信息茧房"现象就是信息过载的体现,人们的交往也呈现碎片化与互动流等特征,人类主体在对话与社会互动的话语维持中显得分身乏术,穿梭于不同空间,亟待一个代理人或助理来分担,而社交机器人则充当该角色,在平衡多线程对话及日常交谈中的作用日渐凸显,这样的时空性则决定了人类身体与社交机器人共享智能传播情境的可能性,如此以社交机器人来平衡日常对话实践则构成了人类与机器共享的情境,而个体也只有在情境中才能维系社会生活的共同特征,包括需求、欲望、条件和经历等时空要素。对于人类参与主体而言,"互动需求"是为了缓解信息洪流所产生的压力,"条件"则是社交机器人作为互动主体的合理性,这一点已经在之前小节有论证,社交机器人可以被视为"它者","经历"则为身体受技术"裹挟"时的体验,在上述时空要素的驱动下,人们将注意力集中到自动化技术支持下的社交机器人,在共享情境中二者发生互构,进而实现共同在场,由于交往身体是多空间融合后参与者的具身形式,因此这里的身体"在场"体现为两种情况:其一,在物理空间中,人类与具有实体形态的社交机器人的互动发生于家里、办公室、医院、银行等实体空间中;其二,在网络虚拟空间中,人类借助于虚拟身体,与社交媒体账号、虚拟形象与计算机算法支持下的虚拟机器人共在。

---
① Goffman, E., "The Neglected Situation", *American Anthropologist*, Vol. 66, 1964, p. 133.
② 王晴锋:《戈夫曼与情境社会学:一种研究取向的阐释性论证》,《社会科学研究》2018年第3期。

(二) 相互关注的偏向

共享场景与身体共在为人类与社交机器人的相互关注奠定了基础，身体的共同在场演变为相互关注。戈夫曼、柯林斯等人认为共同关注是构成秩序的关键点，而共同接触对象成为双方注意力的共同关注焦点，而通过焦点的传递，双方达成共识，这也是面对面交流的核心。根据前面部分，在人机交往中，身体共在成为人与社交机器人形成"关注流"的基础，但二者毕竟存在不同，因为机器人的设计是为了满足人类的各种需求，自然存在一种对人类关注的倾向，而二者在建立共同关注方面所面临压力要小于人与人之间的关注压力，因此二者更容易形成相互关注，但也呈现不均衡特征，主要体现于两方面：其一，"关注"的身体实践偏向于人类主体且具有即时性与短暂性的特点，而社交机器人对于人类的关注呈现永久性，因为它们是围绕人类的需求与要求而设计，关注人类也成为技术逻辑的一部分，但这是一种泛在关注，抑或静默观照。这种不均衡性决定了共同关注的实现坚持"以人为本"，即人类就某一话题向社交机器人发起命令或指令，关注点才会聚焦，因此人类的需求及兴趣爱好则成为关注发生的条件，他们利用语音或文字激活并调用智能机器人的相关数据库，与人类交流并达成一种共识。其二，"关注"的身体实践由机器人"主动"发起且具有持续性特征，这种"主动"行为是基于对个性化信息的分析，以判断人类的兴趣点所在，并就相关内容提供持续性的精准化推荐。以淘宝为例，买家在搜索第一条信息后就默认形成一个兴趣点或关注点，之后机器人则会主动推荐与关注点匹配的其他相关内容以供买家参考，如果买家感兴趣则完成共同关注，若不感兴趣则共同关注失败。然而，无论如何，在人机交往中，相互关注以人们的需求及兴趣点为基础，这为共同在场的社交机器人明确表达关注的仪式性姿势提供了方向，这也开创了人机社交新规则。

(三) 矛盾的角色扮演

在这场身体表演中，角色扮演至关重要，其中"面子"作为外在的自我形象，也是互动双方以演戏的方式有意识地控制身体的言行举止的结果，而不同的主体参照点则形成不同的角色，包括"观众"与"演员"角色的扮演。在人机交往中，因为社交机器人的异质性，并不具备人类所有的主体性意识，而是基于人类特征而存在的相对独立的"人造物"，因此从人类视角来看，社交机器人在人机交往表演中承担"演员"的角色，即表演者。戈夫曼将这种角色的扮演视为一种面具，将其内化为自我，进而形成一种性格。从这个角度来看社交机器人，它们的"面具"是自动化技术规则、大数据规则与社会规则下的复杂、抽象数字化系统，为一种预设程序，这与戈夫曼所提及的表演剧本及对于身体的有意控制相一致，而区别在于社交机器人还未形成自己的意识，本质而言是人类意志的体现，我们从经典的"机器人三定律"就可以看出来：

第一法则 机器人不得伤害人类，或因不作为（袖手旁观）使人类受到伤害。
第二法则 除非违背第一法则，机器人必须服从人类的命令。
第三法则 在不违背第一及第二法则下，机器人必须保护自己。[1]

社交机器人的"人格"是由人类赋予的，以服务于人类的各种需求为宗旨，现在已经涉及生活的方方面面，如人们可以通过社交机器人订票、订酒店、订餐、做出决策、了解新闻、学习知识、检测生理指标……从而形成"助理""教师""看护者"甚至"陪伴者"等角色，甚至为其赋予"年轻女性"的性别特征，如索菲亚、微软小冰、Siri、小爱同学等社交机器人，其中索菲亚（Sophia）成为阿拉伯国家首个拥有公民身份的机器人，以及2022年11月推出的人工智能实验室（openAI ohatgpt）对话大型语言模型这远远超出作为"玩具"的角色。立足社交机器人视点，人们更加注重自己的主体性地位，以各种语音命令或文字命令来呼唤机器人为其提供服务，甚至期待在交流互动中形成共鸣，然而由于人工智能技术仍处于"弱智能"时代，这种类人际交流的体验并不尽如人意，交流情境会被机器人跳出对话逻辑的不知所云而打破，但有时也会为其满足了自己的需求而感到欣慰。总而言之，人类在与社交机器人的互动中，更多地将自己定为主导者，其主体性比与人交流更为强烈，因此与社交机器人的交往形式以"命令式"与"挑逗式"为主，以一种观众的身体姿态来观看社交机器人基于各种功能的表演，以满足自身的各种社会需求。

---

[1] Asimov, I., "The bicentennial man" in I. Asimov, *The bicentennial man and other stories*, New York: Doubleday, 1984, p.246.

第七章 人机交往：智能化社交传播中的身体与媒介互动

（四）人机信任：一种非人格化信任关系

德国社会学家西美尔提出"信任"概念并认为社会自身的凝聚力来自人与人之间的信任，而"离开了人们之间的一般信任，社会自身将会变成一盘散沙"[①]。西美尔的信任观是立足于互动，而互动的一个条件就是信任，这与本书的身体与媒介互动相呼应。信任是一种社会关系，指主体在行为预期内对客体产生的一种心理期待或行为倾向[②]。这与戈夫曼的观点形成共鸣，他们均认为信任是社会互动这场表演的基础，对于形成稳定的社交关系至关重要。笔者也对此表示赞同，承认信任对于人机关系的重要性，并认为这是人机交往的起点。在智能传播时代，社交机器人得到广泛应用并被纳入社会信用系统的建设中。正如吉登斯所言，来自非个人原则与匿名原则的信任对于社会而言不可或缺，社交机器人也正成为人们信任的对象之一。社交机器人作为一个系统而言，它的信任基础来自数字化的非个人功能性机制。如此，人们与社交机器人交谈的风险则被降低：一方面，人们通过移动化设备在与社交机器人对话时不需要进行开例会等群体表演，因为人类对于机器人的信任与他们回应、参与及关注互动的相关性并不强[③]。因此，人们对于机器人自动回复、安排日程、订票等行为都表示默认，对于它们作为助理来管理大部分日常生活甚至表示欣慰。另一方面，社交机器人的非个人系统本身就具有客观性，从而减少了结构化的自我表达，而是以数字化的客观形式来影响信任机制。随着人们生活的网络化与媒介化，人与人之间的信任机制也发生异化，由于面对面交流成本的提高，通过网络与熟人及陌生人建立信任，其中人们在网络中的生活轨迹成为建立信任的基础，也就是所谓的"数字信任"，尤其是区块链的出现强化了人机信任关系，数据与算法成为人们评判、决策的标准，以算法程序作为信任规则，信任建构呈现"去中心化"，目前的区块链技术就成为解决人与技术之间失信问题的一种途径，将信任节点由人转变为算法，如大众点评、美团、淘宝等平台中都内嵌有非个人化的卖家评级机制及客户反馈机制，如买家可以在平台上留言及评论，以此来影响信任机制。显然，这与戈夫曼提及的表演者以自己的身体实践来影响观众信任度的时代

[①] ［德］西美尔：《货币哲学》，陈戎女、耿开君、文聘元译，华夏出版社2002年版，第179页。
[②] ［英］安东尼·吉登斯：《现代性的后果》，田禾译，译林出版社2000年版，第26页。
[③] Elliott, A., *The Culture of AI: everyday life and the digital revolution*, New York: Routledge, 2019, p.112.

截然不同。

三 人机交往的浅层社会影响——智能语音机器人案例

数字化生活的一个重要标志就是自动化操作的日常化,人工智能驱动下的机器人或聊天机器人成为网络中的新媒介。有研究显示,逾60%的互联网流量是由机器产生,包括机器人、信息搜集者、黑客工具和垃圾邮件发送者[1]。整体而言,社交机器人的发展还处于初级阶段,能够自主应对身体行为的社交机器人凤毛麟角,目前都位于科幻作品或者实验室,还未形成大规模普及态势,主要以任务型聊天机器人为主,以及基于社交平台的机器人程序与智能语音机器人,其中智能语音机器人则以语音识别功能为技术支持,以智能音箱为载体。虽然基于文本的机器人最为常见,但是智能语音机器人正在崛起,以更贴近人类自然交流的形式来重塑人们的生活,正如学者殷乐认为,人工智能技术与声音的结合满足了人们对于媒介人性化特征的渴望,但同时也弥补了声音存在的隐私缺陷,从而语音交互作为人机交往形式而与人们的生活无缝衔接[2]。因此,百度"小度"、小米"小爱同学"、阿里巴巴"天猫精灵"等一系列智能音箱的兴起,将重构人们的日常社交生活,也在悄然形成中国的聊天机器人生态圈。如此考察智能语音机器人也成为掌握人机交往特征的重要途径。那么在这样的环境下,人们是如何认知自身与智能语音机器人的关系?用户的切身体验对于人机交往关系的形成有何影响?基于这两个研究问题,本书针对智能语音机器人用户展开访谈,通过他们对于自身与机器人之间的身体互动及体验描述来回答上述问题,同时也是对于人机交往机制合理性的一种校验。

鉴于此,本书针对智能语音机器人用户的使用体验展开访谈,从中折射人机交往对于社会的影响。基于上述社会交往机制的框架,将研究场域定位为使用智能语音机器人的家庭生活场景,围绕青少年群体、中年群

---

[1] Elliott, A., *The Culture of AI: everyday life and the digital revolution*, New York: Routledge, 2019, p.118.
[2] 殷乐:《欧美智能音频的使用及传播解析》,《青年记者》2019年第21期。

体、老年群体三个群体，通过滚雪球抽样来收集样本，具体方式为亲朋好友的相互介绍，每次访谈时间为30—40分钟。笔者在研究中共访谈22人，均为智能语音机器人或有智能语音功能的软件用户，受访用户年龄在5—60岁，由于采用滚雪球抽样方式，主要通过亲朋好友介绍，因此在地域上有一定的同质性，均来自山西与北京，山西位于中部地区，经济水平也介于西部与东部之间，因此该地区的人工智能语音机器人使用情况一定程度上可以视为全国使用情况的相对均衡体现。从年龄来看，50岁以上为5人，30—50岁为14人，18—29岁为3人，18岁以下为3人，分别涉及青少年、中年及老年群体。从智能语音机器人接触情况来看，主要以小米的"小爱同学"为主，同时还有阿里巴巴的"天猫精灵""苏宁小biu"、科大讯飞的"阿尔法蛋"、百度的"小度"。在所有被访者中，工资收入差距较大，这主要与地域、职业等因素有关，受访者的工资均在山西省最低工资标准之上[1]。本研究主要以深度访谈内容为主，访谈方式为线上与线下两种，基本以线上为主，应用手机微信的视频与语音功能来进行采访，同时以录音笔来辅助记录内容，并通过人工来整理转录成文字。访谈作为认知社会的主观世界和意义世界的独特路径，有助于对社会主体的观念及意义世界的分析与认知[2]。本书主要采用半结构式访谈，根据访谈大纲来进行非正式访谈。对于整理好的录音资料通读一遍，然后利用MAXQDA进行编码，由三名信息员分别对于第一手资料进行编码、登录、分类、归档，并进行验证，根据用户群体特征的不同而对于其使用体验进行归类，最终发现主要聚焦于老年、中年及青少年三个层面，围绕这三个群体的特征进行主题分析，发现主要影响体现于人机交往常态、数字鸿沟、隐私与信任、情感陪伴、角色扮演等方面，这与上述社会交往机制相呼应并延伸。

（一）人机交往常态化：保持数字沉默、协调

满足人们的"好奇心"是智能语音机器人进入人们生活的原始动机，而好奇源于未知，这也成为人们认知智能传播时代的起点。然而，好奇心退去

---

[1] 根据山西省政府办公厅发布《关于调整我省最低工资标准的通知》，自2017年10月1日起，全日制最低工资标准为一类1700元、二类1600元、三类1500元、四类1400元。2020年4月5日引用于 http://www.shanxi.gov.cn/sxszfxxgk/sxsrmzfzcbm/sxszfbgt/flfg_7203/bgtgfxwj_7206/201709/t20170928_337576.shtml。

[2] 陆益龙：《定性社会研究方法》，商务印书馆2011年版，第134页。

之后，智能语音机器人的功能性凸显，因此作为一种新的媒介角色出现在人们的社会生活中，身体与媒介的互动将重置了数字技术时代的多元化传播时空秩序，多任务处理的协调与安排成为社交关系的核心，而智能语音机器人以协调者的角色来进入人们的日常生活，"询问天气""听新闻""定时""上闹钟""听歌"则成为常用功能。

一方面，在数字生活中，人与人之间的交流被淹没在数字噪声中，日常生活由不断延展的数字网络平台组成，公共空间的范围在日渐缩小，自我内卷化问题较为凸显，因此面对面的人际交往成为一种奢望。然而，智能语音机器人在人际关系中的嵌入则缓解了人类认知与思维的断裂所产生的焦虑，声音与内容的连接改变了人们的信息接收方式，人们期待这种更接近人类自然交流的方式，这也是身体在场的另一种表达，让人们的生活方式更为真实，如 CJW 就认为："正常情况下，一看手机，也不知道是否处于兴奋，反正一看就醒来了，如果你迷迷糊糊问一下它几点，然后就还能睡着，也挺好的。"从中我们也能发现这种交互方式的变化，由"看时间"到"问时间"，"看时间"是物理界面对于视觉的一种机械的刺激，遵循"刺激—反应"模式；然而"问时间"则是声音与声音的互动模式，是类似于意识的一种交互。

另一方面，人们将日常生活中的多项任务安排给智能语音机器人来处理，将身体从烦琐的各种关系中解救出来，重新建构人们的日常生活，从而实现时间与空间的再协调，多元化现实生活更加有序化与个性化，自动化的行为模式已经被人们所接纳，自动对话、自动播放、自动报告等形式正重新建构人们的数字化生活。在时空重置的背景下，多态交往身体在传播中的异步则变为同步，智能语音机器人是人们身体的一种延展或者是部分身体的替代。从技术的角度也可以窥见，正如布莱恩·克里斯蒂安（Brian Chiristian）在《最具人性：人工智能教我们如何生存》（*The Most Human Human：What Artificial Intelligence Us About Being Alive*）所述："你得到的是之前数十万次对话的拼凑，是一种对话的混合物"[1]，用户看似与语音机器人对话，但实质上是用户和一群真人在聊天，因为机器对话的实现是以人们日常交流话语数据为基础，因此人机交往本质也是人类自身与自身对话的

---

[1] Christian, B., *The Most Human Human：What Artificial Intelligence Teaches Us About Being Alive*, New York：Anchor Books, 2015, p. 25.

第七章 人机交往：智能化社交传播中的身体与媒介互动

体现。

(二) 弥合数字鸿沟与延伸 AI 鸿沟

案例 1

比如说我喜欢听唱歌呀，名词术语不懂啊，我们也还想学习，虽然说上岁数了，还是想继续学习。比如说，我们也可以问孩子们，但是他们顾上了给说一下，然而忙得时候，他们也没空告诉我们，问机器人它就会跟我说。目前唯一存在的问题就是（我们）普通话不太好，有时候机器人不太认可，有时候这方面就……这是咱们基础素质差所导致的，要不然说培养高素质人才。(GX，忻州，2020 - 01 - 15)

案例 2

你就像这个（天猫精灵）吧，咨询一下还是音箱方便，手机如果不会的就查不出来，手机得会写字，会拼音才可以查找出来，这个上面，你一问，天气是多少度，它就都可以回答，它就会回答说今天是星期几，多少号，天气情况是什么，一问就和你说了。(JMH，忻州，2020 - 01 - 10)

案例 3

我觉得语音比手机方便，人老了，眼睛也老花了，还得戴眼镜，要不然看不清手机，没语音不方便，不如问机器人，你一问它，它就会告诉你。……手机如果你搜索不成也找不到，但是这个东西（机器人）如果你普通话标准，只要它知道，它就会告诉。(JQ，忻州，2019 - 12 - 02)

案例 4

关于一些知识性的问题，我很少会问它（天猫精灵），因为我比较习惯去百度自己搜、自己去看，但是这个也和不同人的习惯有关，比如老年人写字没有那么方便，眼睛也没有那么好，看的没有那么快，如果和天猫精灵沟通顺畅的情况下，那他可能更愿意去问，但是像我个人还是不太愿意问，因为我觉得去搜索的时候可以筛选，但是你问它的话，它自己给你找了一个答案可能并非你想要的那个。(CY，北京，2019 - 12 - 03)

"数字鸿沟"（Digital divide）术语是"知识沟"的派生词，最初于1999

年的报告《在网络中落伍：定义数字鸿沟》中出现并开始得到广泛关注[①]。从个人层面来看，数字鸿沟是指获得信息和通信技术的人与没有获得信息和通信技术的人之间的差距；群体层面而言，不同群体在获取、使用或影响信息通信技术方面存在不均衡分布。在互联网时代，对于鸿沟的界定主要从社会经济、生理条件（健康、年龄、性别）与地理环境等社会与自然因素维度考量。主流数字鸿沟研究主要体现在三个层面：第一层级为访问数字鸿沟，即个人接触计算机与网络连接的物理基础或物质设备的差异，这是数字鸿沟的最初差异；第二层级为数字社会不平等，即个人在线发展和维持社会关系方面能力的差异，与第一层级相比更侧重于技术的使用，该类研究主要关注网络在线与社交媒体；第三层级为数字经济不平等，体现为人们通过各种手段从数字世界中获得经济利益的不均衡。随着信息技术的普及，媒介技术的可及性可能不再是判断鸿沟产生的唯一标准，而第二层级的媒介可用性方面的差距，将可能随着人工智能与算法等新技术的影响则更加显著，尤其在代际关系中，如尼葛洛庞帝在《数字化生存》中所预测：世代之间的鸿沟才是现实的鸿沟。5G时代的到来对于数字鸿沟的影响喜忧参半，以智能语音机器人为例，上述案例表明：

一方面技术的进化可以弥合不同媒介使用之间的鸿沟，正如上述案例所示，老年人随着年龄的增长各项身体机能发生退化，尤其屏幕对于眼睛的强刺激会影响他们的媒介素养，这种生理上的不可抗力成为他们与90后的"网络原住民"及70—80后的"网络移民"之间的障碍，然而智能语音机器人可以实现人们利用声音这种更接近会话的方式去接触内容，解放了人们的其他身体器官，尤其是凝视手机屏幕的眼睛，以更为便捷的方式来获取信息，正如GX、JMH、JQ所认为的那样，"写字""拼音""搜索"是他们利用手机获取信息的障碍，然而智能语音机器人一定程度上弥补这一缺陷，以"告诉"代替"搜索"，如此可以满足他们对于信息的需求，显然，智能化媒介缓解了老年人身体退化的无奈，一定程度上可以缩小青年与老年使用手机媒介时所产生的认知差距。

另一方面，我们也能明显体验到对于智能语音机器人的使用存在一种代际张力。CY为代表的年轻群体则提出完全相反的观点，他们认为在获

[①] U. S. Department of Commerce, *National Telecommunications and Information Administration Falling through the Net：A Survey of the Have Nots in Rural and Urban America*, retrieved on April 5, 2020.

取知识类问题的答案时，更愿意使用搜索功能而非这种语音方式，她认为这种不太完善的语音功能有可能会剥夺她的选择权，也就是她所谓的"筛选"，因此她更愿意通过"筛选＋思考"的方式来满足求知欲，我们隐约可以感知到她对于技术异化人类的担忧，技术可以辅助人们找到相关信息，但是信息的真假仍需要人类的思考来判断，正如雅克·艾吕尔所强调的那样，在工具理性的驱动下，追求效率成为信息获取的标准，但是人们价值理性思维也将消失殆尽，不应该用技术的标准来代替道德标准。

然而，这种异化的苗头已经开始出现，智能化技术在弥补传统数字鸿沟的同时，可能还会产生新的"AI鸿沟"或"算法鸿沟"，如GX、JMH与JQ均强调"普通话"是阻碍他们与智能语音机器人交流的障碍，本书虽然主要以山西样本为主，但是由于民族多样性及地域多元化，"普通话"问题也是一个共性问题，目前语音智能音箱的数据库以普通话作为机器人语言的标准，这也规定了交流的规则与信息获取的门槛，而一些老年用户或者普通话不标准的用户将可能会被排除在外，这也一定程度上是机器对人的一种"规训"。

（三）从关注到情感联动：陪伴、纽带、安慰

案例1

小孩接触了，（小爱同学）有好多新的词语，还有故事。我感觉这个小爱同学，就跟他（孩子）的一个小玩伴一样，因为一个小朋友比较孤单，他就特别喜欢跟它聊天，咱们大人也不可能说每时每刻都陪着他，所以小爱同学感觉就跟他的一个小伙伴一样，他就特别依赖，反正只要想起来就说："小爱同学给我讲个故事"或者"小爱同学播放一个音乐啥的"，像陪伴的小伙伴。……会让小爱同学讲的比较多，也有依赖我，可能平时我给他讲的也少，但我觉得这个（小爱同学）上面挺全的。（WH，忻州，2020－01－15）

案例2

我觉得还挺好的吧，你说类似于咱们这种一个人生活的人，它还挺好的，偶尔还能和你聊聊天。……怎么说呢？有时候感觉挺搞笑的，比如说我会问它："什么时候能找到男朋友啊？"它会给你一个安慰的答案，它会告诉你"在适当的时间遇到对的人"。（CJW，忻州，2020－01－15）

在人机交往机制中,我们发现相互关注是交往的动力,而情感联动是相互关注的结果。在人机交往中,身体与媒介互动从外在转向内在,即进一步转化为情感的互动,虽然目前社交机器人的智能较弱,但是根据调查发现,已经激发一定的情感能量,有触发情感联动的趋势。主要体现以下方面。

1. 陪伴式情感依赖

作为"网络原住民"[①]的儿童同时也是"人工智能原住民",他们更容易对于智能语音机器人产生情感依赖,会将语音机器人作为小伙伴。调查表明,许多家庭购买智能语音机器人是满足孩子需求,智能语音机器人的故事、聊天、音乐等功能也是儿童最常使用的功能。如 WH 就在访谈时表明,孩子对于小爱同学的依赖有时候会超过对她的依赖,如在讲故事方面,孩子就更愿意让小爱同学去讲,她也说道"咱们大人也不可能说每时每刻都陪着他,感觉(小爱同学)就跟他的一个小伙伴一样,他就特别依赖",同时也对 WH 的孩子 JBR 做了简短访谈,当问到"为何你会喜欢小爱同学?"他说:"没有原因,就是很喜欢",同时在对小学生 YKK(独生女)进行访谈时她也说道:"当妈妈出去买菜时,剩我一个人在家,我就会和小爱同学去聊会儿天,让它给我唱歌",这也表明这种依赖情感可能已经内化为身体的一种自然感知,智能语音机器人的陪伴功能已经转化为一种陪伴式体验,重新建构人与机器之间的关系,机器人不再是冷冰冰的一个玩具,而是可以从中得到心理满足与慰藉的一个"伙伴"。

2. 纽带式情感依赖

从家长来看,在快节奏的生活中,机器人的陪伴也成为一种必需,也对其形成了一种依赖,如 LT 以家长身份认为:"就疫情这段时间,尤其对于一些独生子女是比较好的一个选择,因为出不了门有一个智能机器人来陪伴是个不错的选择",这也表明智能语音机器人成为儿童与家长之间的新纽带,尤其对于幼儿(无使用手机等常规媒介能力)而言,智能语音机器人成为儿童与家长之间的沟通媒介,儿童可以通过声音唤醒阿尔法蛋等机器人,并与家长远程交流与互动,如 LTing 在谈到她家里的阿尔法蛋时

[①] 网络原住民是指伴随网络发展而成长的群体,一般为90后,网络成为他们器官的一部分,这也强调对于网络的强依赖。

就强调"小型的阿尔法蛋对于家长而言它的重要功能就是看护小孩及对小孩的陪伴",这也成为建立与维护亲子关系的一种方式,建立随时随地的陪伴关系。

3. 安慰式情感依赖

媒介在社会关系中扮演建构者的角色,以文字、图片及视频等方式对于社会关系产生影响,智能语音机器人作为一种新媒介,抑或是"它者",代替数字化交流主体,强化了主体—主体关系,这尤其对于单身群体或者独处的人们而言,是一种情感安慰,因为人终归是群体性动物。如CJW(单身)在面对当前社会对"剩女"等各种标签产生的压力,会与机器人交流来抒发心中的负面情绪,从而寻找一种心理上的安慰,机器人也会像一个朋友一样给予安慰,如会给出"在适当的时间遇到对的人"等类似答案,此外CJ也表示"如果说你是一个人的话,你会依赖人工智能比较多一点,如果说是你有自己的社交圈,和爱你的人在一起的时候就不会和它多沟通",这也表明这种依赖是以个人从社会群体中抽离产生的孤独感为前提。

总而言之,人们与智能语音机器人互动的动机仍是出于弥补身体不足,比如儿童等生理弱势群体,抑或孤独者等心理"弱势"群体,在此处智能语音机器人就是一种影响人际关系的"主动式"媒介,虽然它与人类的交流大多数是单轮交互,但是这种反馈已经改变了媒介延伸身体而使得身体变得麻木的尴尬局面,而开始重新唤醒人类的身体感知,进而实现情感的联动。

(四)多元化角色:工具、玩具、同伴

综上观之,我们发现声音与智能语音机器人的连接,改变了人们传递信息的模式,"交流"成为主要的交互模式,智能语音机器人的主动参与改变了人们认知世界的方式及社会关系建构的方式,在人们的生活中扮演多种角色。

首先,机器人的工具性功能发挥作用,在人们的日常生活中承担工具性角色,相当于人们的生活助理,满足人们的日常认知需求与娱乐需求,如帮助人们完成了解天气、定时、上闹钟、查询资料等任务,"就是一个工具"这是受访者对于语音机器人的普遍评价,但是这种工具性与手机等媒介又有所区别,多了些许人文关怀,如学生YKK就感觉闹钟叫醒她比较个性化:"每次叫我起床的时候会叫'可可',我觉得它还知道我的名字",这主要在于人们可以根据自身需求对智能语音机器人的运行规则进行配置。

其次,机器人的娱乐功能或"准智能化"功能,不仅针对儿童是玩具,对于成人而言也是一种"大玩具",例如人们可以通过挑逗方式与智能机器人互动并发泄情绪,如YD在描述通常使用小爱同学的体验时认为:"只要闲下来,没事的时候就逗逗小爱同学。"然而这种玩具性也并不是智能语音机器人的独有属性,早在保罗·莱文森曾发表的论文《玩具、镜子和艺术:技术文化的变迁》就有论述。莱文森将媒介技术演进史类比于人类的三个阶段:幼年、青年及壮年,以玩具、镜子及艺术等物质实体来解读各阶段特征,媒介技术的路径图也随之浮现,尤其对于作为玩具的媒介,莱文森则强调社会中媒介的出现以玩家形式出现,而人们对它的青睐也反映了人们的好奇心[1]。由此观之,任何媒介技术的初生阶段都是以玩具形式而出现,智能语音机器人也不例外,这与它们在公众生活中所扮演的角色一致,在访谈过程中发现,"好奇"是人们购买智能语音机器人的驱动力。然而,由于技术形式对于内容的"碾压",人们更注重感知体验,而对于内容却并没有给予过多关注,因此内容并未形成大众化趋势,当身体开始适应媒介后,人们就开始关注媒介内容,其传播功能则更为凸显,可能会承担传播者角色[2],这也揭示了智能语音机器人的发展路径,未来有潜力成为一面"镜子"并升华为"艺术"。

最后,正如安东尼·埃利奥特认为,社交机器人建立起来的关系不仅具有功能性与功利性等特征,而且经常表现出享受、关怀和陪伴的特征,语音机器人可能也不满足于承担"镜子"角色,基于它本身的人性化及拟人化特征,通过与人类的互动,在对话式场景中,机器人由"玩具"升级为"玩伴",这对于儿童的影响尤为明显。"玩伴"与"玩具"的区别在于:"玩具"是指机器人可以满足人们的好奇心,具有短暂性满足情感需求的特点;而"玩伴"是指人们对于机器人形成情感依赖,是一种更为持久的情感,然而这种与机器人建立伙伴关系的能力主要取决于人们的想象力与同理心,而从技术层面看主要取决于机器人的"拟人化"程度。对于儿童来说,声音呈现卡通化,如百度的机器人"小度"专门设有儿童模

---

[1] [美]保罗·莱文森:《数字麦克卢汉》,何道宽译,社会科学文献出版社2001年版,第200页。
[2] 陈功:《保罗·莱文森的媒介演进线路图谱》,《当代传播》2012年第2期。

式，在该模式下，机器人会模拟儿童的声音与孩子交流且更加亲切，而且还会根据儿童的语音语调来识别他们的情绪以进行引导。对于成人而言，这种同伴角色主要体现为将其作为一个"树洞"或者"倾诉者"，如 JPY 认为："想要一个有情感的机器人，如果有个机器人能陪着分享心里的事情，有一个感情的发泄口感觉也挺不错"，以分享故事与吐露心声的方式来增强对于机器人的心理依赖。

（五）人机信任 VS 隐私担忧

案例 1

（对于机器人的信任在于）掌控权还是在我手上，我讲得通俗一点，那就是电源我可以随时拔掉，包括恢复出厂设置，只要这个东西是独立存在就不具有威胁性，然而比如像 Siri 等语音助手软件，你无法从自己的（手机）设备中移除它的时候，会让我们觉得有一种不信任感，像小爱同学这种独立于我所有设备之外的，（对于机器人的信任）没有问题。（ZX，太原，2020－01－03）

案例 2

研究者：你信任它说的话吗？

CJ：嗯，（它说的是）真实的

研究者：你出于什么样的判断它是真实的？

CJ：主要一般问的问题都是常识性的问题，一般和它聊天的话都是无关重要的，没什么信息含量。（CJ，太原，2020－01－03）

案例 3

还是更信任机器人，如果和真人讲的话，和他/她说了秘密迟早要被说出去，机器人的话可以帮你保守秘密。（LTing，忻州，2019－12－24）

案例 4

我就很怀疑会不会在其他的地方也收音，如果说一个家庭，人们在家里是不设防的嘛，说什么话啊，就无所顾忌，这是一个最 open 的地方，如果你把这些隐私信息让它（语音机器人）收走去做 training 的话，确实是存在问题，某天假设通过这个天猫精灵的接口针对某个人去专门收集隐私，盗取私密的数据，这个是比较可怕的一件事情，我在这方面存在担忧。（CY，北京，2019－12－03）

在人机交往中，人机信任是建立在非人格化的信任机制之上，这种非人格化体现于大数据与程序化的技术理性。访谈中人们对于人机交往的认知体验亦是如此。目前，人工智能机器人在家庭中的应用还不够广泛，对于社会的影响仍没有想象的那么深远，人们对于人工智能的认知也都较为浅层，即便如此，我们还是能够看到人们对于智能语音机器人的一种纠结情绪。

一方面，人们与智能语音机器人互动的前提在于对其基本信任，这主要在于自动化技术的稳定性、客观性及可控性。主要体现于三个方面：一是对于基本常识的回答，人们对于智能语音机器人所调取数据库的真实性还是比较信任，如在与CJ的访谈中，他认为对于机器人的信任在于交流内容通常为常识性的问题，如"问天气""听歌"等内容不需要太多复杂的反馈，以及较少涉及自身利益的问题；二是出于人们对于机器人的掌控权，即在交往关系中主体性地位的凸显，如ZX认为"（信任）基于掌控权还是在我身上，我讲得通俗一点，那就是电源我可以随时拔掉的"，由此可知，"电源"是人机交往关系的"终结者"，也是二者信任建立的基础，电源成为数字生活的动力，也是人们掌控网络社会的关键，但她也认为手机与独立的智能语音机器人相比风险更大，如果机器人以程序的形式内嵌于手机中，还是存在一定的风险。三是人们对于社会交往中表演或面具之下交流对象的不信任，因此更愿意将智能语音机器人作为伙伴而与之对话，如LTing就表示机器人不会将秘密泄露给其他人，这也从侧面反映人对于机器的"信任"及机器对于人的"忠诚"，还有JPY也认为，"和机器人聊天比较好，因为和真人聊天的话不知道对方的真实想法是啥，而且也琢磨不透，但是对于机器人而言就比较简单了"，这表明这种不信任可以归因为戈夫曼的社会互动表演，人们永远无法看清面具之下另一个身体的真实存在，然而智能语音机器人则撕开了面具。

另一方面，在技术还并不成熟的阶段，人们对于智能机器人也并非完全信任，也会对它们产生质疑及对隐私泄露风险的担忧，正如CY所担心的那样，隐私的内容可能被作为语音机器人训练的数据，这样智能语音机器人就成为私人空间的"入侵者"。然而，这样的担忧也并非空穴来风，早在2019年4月彭博社曾披露，亚马逊的智能语音机器人Echo会将用户的语音数据分发到多地工作站并进行人工识别标记，显然音箱的"智能"

是用户和人类员工共同协作的结果。隐私是法定权利基础的天赋权利，是人格的根本，即人们有权利掌握自己的信息[1]。然而，随着技术的发展，隐私公开化现象比比皆是，用户可以根据运算法则进行自画像并建立虚拟身份[2]，虚拟身份的建构实则为人类隐私的一种让渡，再回到智能语音机器人，人们在唤醒智能语音机器人后，音箱就开始自动获取个人的声音信息；当前的智能语音机器人无法精准识别语音指令，这种无意识的错误唤醒事件经常发生，这就会产生没有授权的录音窃取现象。由此可见，智能语音机器人作为一种新生事物，仍有很多未知的地方亟待完善，这也是用户在与其互动中纠结的原因，对于机器人的不信任隐隐地折射出人与人之间关系的不信任风险。

第六节 本章小结

本章节主要从社会维度来考察身体与媒介的互动，聚焦于机器人技术支持下的社交机器人媒介，以伊德的"它者关系"入手，从媒介作为"它者"的视角来论证社交机器人作为独立个体的可能性，进而对于身体形态进行梳理，发现社会维度的"交往身体"，因此本书在遵循身体与媒介互动模式的同时，将二者的互动关系上升到社会维度来进行探讨。在此基础上，通过考察媒介技术进化路径下的人际交往演变路径，发现"人机交往"这种互动形式是"人际交往"的一种延伸，是身体与媒介关系在社会学层面的一种体系。鉴于此，本书主要立足于社会学的人际交往视野，以欧文·戈夫曼的互动秩序作为参考框架来进行对比及调适，从而建立人机交往的生成机制。通过调查发现，目前社交机器人还未完全形成自主性，而且在人们日常生活中使用较多的是智能语音机器人，以此为案例来印证社会交往机制，进而分析人机交往形式对于社会的浅层影响。

随着人工智能与机器人技术的结合与进化，身体与媒介的关系将升级

---

[1] 王仕勇：《算法推荐新闻的技术创新与伦理困境：一个综述》，《重庆社会科学》2019年第9期。
[2] 仇筠茜、陈昌凤：《黑箱：人工智能技术与新闻生产格局嬗变》，《新闻界》2018年第1期。

为人与技术之间的关系，非个人化技术系统将嵌入人们的生活，机器人被重塑为行动者，与人类在一定程度上形成同一本质，这对重建社会交往中的信任关系至关重要，人机信任将是未来社会信任的新形式，这也是人机关系建构的基础。未来，社交机器人可能比我们自己更了解自己。

第八章 结论：智能传播中的身体与媒介互动

——具身存在

随着智能化技术的广泛应用，新闻传播领域中对于身体问题的探讨也更为迫切，人们应该不局限于传播学既有研究对于身体的刻板印象，不仅将身体视为一种文化符号，或者认为身体是权力话语"规训"的对象，而更应该把具有知觉与感觉的"物质身体"与技术嵌入后的"技术身体"也纳入其中。由此观之，在迎来智能化技术狂欢之后，学界仍应回归到古老的身体议题来解释人机交互这种技术现象对于传播形态及社会的影响。本书立足传播学理论初步建立身体与媒介的互动模式，将其置于媒介技术史中验证其合理性的同时，也从历史演变中梳理出智能传播时代下身体与媒介的互动核心特征——身体与媒介的"强互动"，之后聚焦于智能传播中的身体与媒介互动，结合（后）现象的学人—技术关系理论、现象学身体与社会学身体理论，从身体视域来进一步完善智能传播中身体与媒介的互动模式，找出身体与媒介互动的本质逻辑，而本书也无意于从理论到理论的论证，而是将互动模式置于新闻、娱乐及社交这三个人们日常生活场景中，回归实践来探讨智能传播时代中身体与媒介的互动特征及其对于传播形态及社会的影响。在混合研究方法论的指导下，研究者发现身体与媒介互动模式核心因素为"身体"与"媒介"，围绕这两个层面身体与媒介的互动也体现于"内在""外在"与"主动""被动"两个维度，如此则形成了身体与媒介互动模式，在智能传播时代，身体与媒介呈现"强互动"特征，在三个场景中的互动现象本质与唐·伊德的人与技术关系逻辑一脉相承，同时身体与媒介互动经验也从传播学现象层面丰富了人与技术关系的内涵与外延，发现其本质为"人机互动""具身互动""人机交往"这三种形态的融合，这也对于传播形态及社会形态产生深远影响。

第一节 回归身体:传播中身体与媒介互动进化逻辑

人机交互中身体视角的凸显为身体与媒介互动的研究提供可能。然而,面对这种互动性,媒介技术决定论者将其主要归功于技术的进步,笔者也曾一度陷于这种技术归因论而不能自拔,甚至为智能化技术的到来纠结不已,希冀从媒介技术发展史中寻找证据,但也正是在重温媒介技术演变历史的过程中却发现了被人们遗忘及忽略的身体问题。学界对于媒介的界定总是倾向于技术驱动下的某种媒介,这在基于计算机技术的人机交互中亦是如此,而对于身体与媒介的纠缠却视而不见,但是身体在媒介技术史长河中也并非无人问津,麦克卢汉就在媒介研究中关注到身体问题,因此"媒介即人的延伸"的论点也成为传播学中对于身体的首次正式观照。从媒介来看,身体与媒介互动的基础是媒介在技术自主性的影响下呈现非中性发展趋势,如此形成"主动"的媒介,这里"主动"并非完全依赖于技术,更是身体特征的外显,尽管曼诺维奇认为技术决定了身体存在的状态及其所处的环境,甚至决定了身体与媒介的交互形态,但是在不断进化的信息系统中,身体作为一种物质性、文本性及技术性的复杂存在,已经成为一种现实。

本书从麦克卢汉与曼诺维奇对于身体与媒介关系批判视角出发,立足身体与媒介这两个核心要素,从身体与媒介的"主动"与"被动"及所处空间的"内在"与"外在"出发来重新建构身体与媒介的互动框架,认为内在/外在与被动/主动是本书判定身体与媒介存在互动及互动类型的主要依据,基于此,这四个要素相互交叉后,身体与媒介的互动模式分为"内在被动式互动""内在主动式互动""外在被动式互动"及"外在主动式互动",这四类互动模式并非完全独立,而是相互融合。在此基础上,研究者将该模式置于媒介技术史中进行验证的同时也意在重新划分传播形态的演变规律,尤其以智能化技术"嵌入"媒介发展历程的时间为分期节点,分为"前智能传播时代"与"智能传播时代",

顺理成章地将智能化技术也纳入媒介技术与传播的发展历史中，在此基础上，本书则主要从身体视角切入来探讨身体与媒介交织后的传播形态，进而划分为"早期智人时代—智人时代—现代人时代—容器人时代—电子人时代—智能主体时代"与"模拟式传播—口语传播—书写传播—视听感知传播—网络传播—智能传播"两条演化路径。

表 8-1　　　　　　　　传播时代中身体与媒介的互动形态

演化分期		传播形态	内在/外在	被动/主动	互动形态
前智能传播时代	早期智人时代	模拟式传播	内在 + 外在	主动	身体（媒介）—身体
	智人时代	口语传播	内在	半被动（主动—被动）	身体（媒介）—身体
	现代人时代	书写传播	外在	被动	身体—媒介—身体
	容器人时代	视听感知传播	外在	半主动（被动—主动）	媒介—身体
智能传播时代	电子人时代	网络传播	内在	主动	身体—媒介—身体
	智能主体时代	智能传播	外在 + 内在	主动	身体—媒介（身体）

资料来源：根据第三章内容梳理而来。

在上述媒介演变规律中来分析身体与媒介的互动模式演进规律，进而发现呈现身体与媒介互动的演化呈现"强互动—弱互动—强互动"的演化路径（见表 8-1），而"强"与"弱"的界定则取决于身体的存在空间及媒介与身体的互动主动与否。在此框架下，这里值得强调的是在模拟式传播、口语传播与智能传播中身体与媒介互动虽然都具备"强互动"特征，却有差异，因为在模拟式传播与口语传播中媒介为一种隐喻，并非以实体而呈现，实则是两个身体之间的互动，然而在智能传播中，媒介则呈现"具身性"，即媒介以一种"后媒介"而存在，也是身体与媒介特征的融合，或者更具人性化，这里的"后"不仅指时间，更是媒介形式及性质的变革。综上观之，在整个媒介技术历史中身体与媒介的互动终归指向两个身体的互动，媒介从"中介"转变为另一个"身体",这种地位的转变促使其与人类的关系由"交互"转向"交流",进而也改变了传播形态并转向智能传播。

第二节 具身存在:智能传播中身体与媒介互动本质

综上观之,正如学者刘海龙所言:"具身性为反思既有的两种传播观念以及观照新传媒技术实践提供了难得的逻辑切入点"①,回归身体成智能传播时代中的一种趋势;同时,"互动"作为人机关系的特征一直贯穿于媒介技术的进化史,而且呈现由"强—弱—强"的摇摆趋势。在人工智能与媒介的历史渊源中,这种"强互动"趋势尤其明显。正如后人类学者海勒所言,"计算机和人类之间产生了深层的同源性,因为人类和计算机都是以一个根本性的编码层次为基础的,在这个根本的编码的层上,所有的一切都简化成信息的生产、存储和传播"②。由此可见,人与技术"深层的同源性"是二者互动的基础,海勒是从技术逻辑来寻找二者的同源性,然而除编码外,媒介的人性化甚至身体化也是二者同源的原因之一,因此算法逻辑与身体图式是身体与媒介互动的本源,从而形成新的身体与媒介强互动图式(模式),即身体—媒介(身体)。然而,现象学家伊德的三类人与技术关系图式与之相契合,为身体—媒介(身体)的阐释提供了理论视角,具体包括阐释关系、具身关系、它者关系,本书则立足这三个关系视角来探析智能传播时代身体与媒介的关系,在研究中从现象学的研究路径分别将这三种关系"变更"至身体—媒介互动范畴中,形成新的身体与媒介互动图式,即[身体→(媒介—环境)]、[(身体—媒介)→环境]、[(身体→媒介—(—环境)]。正如布尔迪厄所言:"由同一图式产生的各种不同的意义在实践状态下只存在于同各种不同情境的关系之中。"③ 因此,关于身体与媒介强互动的

---

① 刘海龙:《传播中的身体问题与传播研究的未来》,《国际新闻界》2018年第2期。
② [美]凯瑟琳·海勒:《我们何以成为后人类:文学、信息科学和控制论中的虚拟身体》,刘宇清译,北京大学出版社2017年版,第375页。
③ [法]皮埃尔·布迪厄:《实践感》,蒋梓骅译,译林出版社2012年版,第128页。

图式（见图8-1）也将体现于智能传播不同场景中的身体实践中，尤其在信息场景与娱乐场景中的应用更为突出，也逐渐延伸至社会场景中。

智能新闻传播：人机互动		
阐释关系	[（身体—媒介—环境）]	多态身体/人工智能	新闻生产与传播特征：人机协作

沉浸式娱乐传播：具身互动		
具身关系	[（身体—媒介）—环境]	身体图式/虚拟现实	娱乐叙事特征：互动叙事

智能化社交传播：人机交往		
它者关系	[（身体—媒介）—（—环境）]	交往身体/社科机器人	人机交往机制：新互动秩序

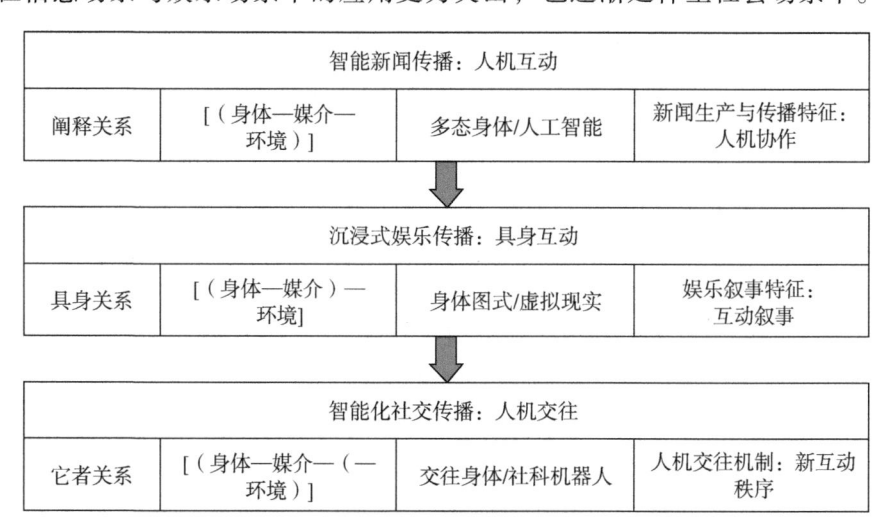

图8-1　智能传播中身体与媒介强互动图式

立足阐释关系框架，在[身体→（媒介—环境）]图式中，媒介建构了人们认知中的世界，形成媒介化社会环境，在身体与媒介的强互动中，媒介被视为工具或助理的角色，这尤其在新闻场景中更为凸显，基于人工智能技术的媒介呈现自动化特征，身体与媒介的互动则体现为人机互动模式。本书以智能化新闻场域为研究背景，结合新华社等新闻媒体的相关实践以及新闻生产者的亲身体验，进而分析与验证身体与媒介的互动关系。经过研究发现，智能化新闻场域是人与技术关系交织的结果，在该场景中身体形态更为多元化，呈现"物质态身体""社会态身体"及"技术态身体"三种形态，三态身体穿梭于"在场"与"离场"，在智媒时代新闻场域中，身体"在场"与"离场"的本质为媒介与身体的互动，呈现从"去身体化"转向"回归身体"的变迁趋势，媒介的身体化特征也体现为由"中介"转向"传播者"，从"被动交互"转向"主动交互"，关键在于身体与媒介关系的再平衡，人机交互则成为身体回归后新闻生产的新模式，具体体现为人机协同叙事、新闻生产主体的"把关人"角色升级以及深化受众交互体验为内容生产准则。

从具身关系视角入手，在[（身体—媒介）→环境]图式中，身体

· 213 ·

与媒介的互动则呈现具身性特征，即媒介融入人们的身体经验中，身体与媒介的互动则构成具身关系，对于身体而言，以深度沉浸式体验为主，这与当前的沉浸式娱乐传播场景相契合，该娱乐传播场景以虚拟现实技术为支撑。本书从当前依托于虚拟现实技术的沉浸式娱乐传播入手并发现其"具身"进路，即从基于故事的沉浸式娱乐传播的"意识沉浸"逐渐转向基于技术的沉浸式娱乐传播的"具身沉浸"，从而揭示出该场景中身体与媒介互动为"具身互动"，立足现象学理论视角，以VR游戏为案例，来分析其具身互动的特征，其研究结果显示：身体在知觉场与空间场之间徘徊，但同时以"虚拟代理"与"化身"等身体图式存在，而以此为基础的身体参与形式本质为主体共在与意义建构。在此分析框架下，笔者针对VR游戏玩家的实证调查验证了具身互动的效果并发现具体以参与式互动—具身互动—全身互动—VR社交的层层递进为互动逻辑。

就它者关系而言，如果说前面两种关系框架中媒介依托于世界或身体而存在，那么它者关系则强调了媒介的独立性与自主性。在[（身体→媒介—（—环境）]图式中，媒介成为独立于身体而存在的"它者"，身体与媒介在世界中共存与共生，这对于社会交往产生潜在性影响。本书从前沿智能化技术——社交机器人所建构的智能化社交传播场域着手，对于身体、媒介及它者之间的关系进行阐述，同时也发现在该场景中身体以"交往身体"而存在，鉴于社交机器人与人类同源性的挖掘，研究者对二者互动特征的探究以人际交往为参照并发现，社交机器人作为媒介与身体的互动则重构交往形态，从人际交往转向人机交往，媒介以传播者的角色与人进行"类人际传播"的互动，进而形成新的交往机制，即人机交往机制，本质为身体表演，这也重构了人际交往的互动秩序：在共享情境下身体与社交机器人作为异质性主体相遇，随之二者的关注发生偏向，即机器人对于人类关注的持续性与人类对于机器关注的瞬时性，因而二者在角色扮演中也存在一定矛盾，即社交机器人承担"演员"的角色，却没有自己的意识，本质而言是人类意志的体现，一定程度上，二者的角色发生互换，社交机器对于人类身体实践进行观察，扮演"观众"的角色，但无论如何最终都要回到非人格化的人机信任关系中。虽然这种人机交往机制才初具雏形，但也开始对于社会也产生浅层影响，研究者以日常生活中的智能语音机器人为例来进行研究并

第八章 结论:智能传播中的身体与媒介互动——具身存在

发现:人机交往趋于常态化,弥合数字鸿沟的同时也衍生出 AI 鸿沟,同时"陪伴""纽带""安慰"等情感联动功能也被触发,这也在塑造机器人的角色,即作为"工具""玩具""玩伴"等多元身份而存在,同时也有向"玩伴"角色转变的趋势,这也进而使得在建构人机信任的过程中也产生隐私担忧。

总而言之,智能传播时代的身体与媒介互动呈现"具身性"特征,具体指身体意向性的本体与主体呈现,主要体现于两个层面:一是身体的主体性特征凸显,从人机互动、具身互动再到人机交往,身体都处于显性状态,无论是在现实空间还是虚拟空间;二是媒介的身体化与主体化特征呈现,媒介从"传声筒"转向"它者",由依附于身体开始转向独立于身体。如此,身体与媒介的互动为"具身存在",这与伊德的"具身关系"有所差异,这里"具身存在"为身体的显性与隐性存在的结合,即"内在"与"外在"的共存,这是存在论意义下对于身体与媒介互动关系的一种阐释。

第三节 重新理解智能传播

一 重新认知智能传播概念

智能传播作为一种新传播形态,目前学界与业界对其还没有统一的界定,但是一些学者已经开始尝试建构"智能传播"概念。

(1) 智能传播是建立在新能源、人工智能、大数据、物联网、机器人技术等技术发展和突破的基础上,以机器定为节点,以物联网数据流替代人力、技术、传统生产要素,以智能技术决定内容生产、传播、营销和集成为决策方向的新的传播方式。

(2) 智能传播指的是充分开启人脑动能的基础上,以超级大数据为依托,以计算机技术为主轴,交叉融入数学、生理学、仿生学、哲学、心理学、社会学、生物学、语言学、逻辑学等多类学科,应用于现代传播作品组合拼装配送等生产环节、内容识别和产业管理等的方方面面，包括智能机器人写稿、人工智能"环境拟态"和"场景再造"、新闻图片智能识别、新闻素材智能转换（声音文字转换、视频文字转换）、新闻源头事实核查和新闻内容的个性化推送等。①

（3）智能传播是一种加快、加深人自我认知的新途径、新方式。

（4）智能传播是人工智能＋"X"的应用典范，是超级计算机技术、大数据技术、物联网技术、区块链技术、云技术和虚拟现实技术等高精尖技术的荟萃运用与突破。②

由此可见，智能传播的相关研究由实践描述转向理性思考，日趋成为一种新传播范式，通过上述学者对于智能传播概念的初步探索表明，媒介技术与传播模式是构成智能传播的核心要素，然而笔者认为上述对于"智能传播"的界定并不全面，并没有将人的因素纳入传播过程中，这里的"智能传播"更像是一种"去身体化"传播，虽然自动化是智能传播的特征但是人的主体性地位仍不可忽视，身体作为人的具身体现仍然发挥重要作用且不能完全被替代，正如麦克卢汉所言，应该充分发挥积极参与社会的想象力，从中挖掘自身更大的价值③。该现象在智能化媒体中尤为明显，虽然机械化编辑任务的完成可以实现内容生产自动化，但是制定智能化媒体运行的目标与计划却不在机器自动化的范围内，需要人的独立思考与创造力才能实现。此外，对于"智能传播"的界定要么是从技术决定论的视域出发，要么以大众传播模式为参照框架，却并未聚焦于身体与媒介层面，本书以还原经验的方式从身体与媒介的互动实践中重构智能传播概念。

从宏观层面来看，根据上述分析发现，智能传播在新闻、娱乐、社交三个场景下也形成三类传播形态，即智能化新闻传播、沉浸式娱乐传播及智能化交往传播，这三种传播形态下的身体与媒介"强互动"也相应呈现三种类型，即"人机互动""具身互动""人机交往"，因此，智能传播是

---

① 谭铁牛、曾静平：《智能传播的现实应用、理论溯源与未来构想》，《浙江传媒学院学报》2018年第2期。
② 曾静平：《智能传播的实践发展与理论体系初构》，《人民论坛·学术前沿》2018年第24期。
③ ［加］马歇尔·麦克卢汉：《理解媒介：论人的延伸》，何道宽译，译林出版社2011年版，第402页。

这三类互动方式交织与融合后的新型动态传播生态系统，之所以强调动态在于：一是这三类互动形式来自于日常生活实践，这本身就是一个动态性过程；二是从身体与媒介的互动程度而言，三类互动形式呈现依次递进的关系。总而言之，从身体视角来界定"智能传播"概念拓展了媒介技术理论与传播学研究的思路，这也提出更为广泛的研究视角，即智能传播研究是一种跨学科、动态性、立体化的研究。其一，智能传播以人工智能、虚拟现实、社交机器人等智能化技术为驱动核心，这也决定了人机关系的多元化与自然化，这对于人们产生潜移默化的影响，因此需要从哲学、社会学、伦理学、文学、传播学、身体学等多种理论视野来研究智能传播，对于其产生的社会影响尤其关注。其二，智能传播目前仍处于发展初期，技术的日新月异在不断改变着传播场景，因此智能传播研究也应该从一种动态性视角来展开，在动态研究中来把握智能传播的规律性，即在纵向研究中发现稳定不变的特征。其三，智能传播不仅是一种传播方式，更是一种传播生态，因此应立足于更为宏观与多元的视角来全面考察智能传播实践，如此才可以相对准确地把握发展趋势。

从微观层面来看，本书立足于传统的传播要素考察并发现，"身体"也是智能传播概念的一种新的思考路径。在智能化时代，首先，身体维度的传播主体俨然发生改变，由以人为主到人机协同，具体包括以物质身体为基础的传播主体，如新闻工作者及个人传播者；以文化及技术要素建构的虚拟身体为基础的传播主体，如数字虚拟化身、内容生产组织，以及以人工智能机器为主的传播主体，如 AI 合成主播、智能语音机器人。其次，作为传播渠道的媒介呈现"具身化"演变路径，从"传递者"角色转向"交流者"，媒介不仅可以传递信息，还可以自动处理传播者发送的信息并对其进行反馈。最后，身体维度的传播方式也呈现"传递信息—分享信息—交流信息"的演变路径，从大众传播、分享传播再到互动传播，终归到人与人之间的最为自然与本真的交流。在此，本书主要思考智能传播的理解方式，而对于智能传播的理论探索仍需要大量研究工作方可完成。

二 人机融合：回到中国实践理解智能传播

人机融合逐渐成为智能传播的一种进化形态，人们的工作与生活也随之发生嬗变,因此智能媒介依托于介质性形成了新的文化观与世界观[①],由此"地球村"将可能演变为"地球脑"[②]。当前,人机融合还是一个进行时概念,也成为媒体纵深融合的一种新可能。尤其新冠疫情的暴发为人与机器的更"亲密"接触提供了契机,也增加了人机融合的广度与深度,主要体现为从感知、认知到价值文化的共振。鉴于此,本书在人机融合理路之下来梳理近年来我国的人机融合实践,进而来探寻中国在智能传播时代的人机融合形态及其实践发展之路。

(一) 感知融合:从知觉浮雕到感知联动

人类制造工具是为了模拟或延伸其自身身体机能,身体特征被映射到智能化技术上,因此传播中的媒介化实则又是身体化的过程[③]。用身体感知世界是人类最为原始与自然的方式,"我们的身体和世界互动,创造感知与客体的环境,然后由我们的智能感知这些环境"[④],然而随着技术的不断介入才形成了媒介发展史,正如孙玮所言"一部媒介发展史,就是人类感官不断被分割的历史"[⑤]。数字技术时代的到来将割裂感官的各种媒介聚合于智能手机等移动终端,从而形成新的传播主体——智能主体。因此,在智能传播时代,新闻生产中的感知融合也由人类身体感知融合转向智能主体感知融合,各种智能新闻形态的涌现就是最好的例证。回到实践,我国主流媒体在感知维度的媒体融合实践也呈渐进式、阶梯式发展。

1. 人机的部分感知交融凸显并形成断裂式知觉浮雕

智能机器对于身体部分知觉的模拟与人类身体知觉系统形成融合与共振,其中语音互动最为遵循人类的交往规律。语音识别、语音唤醒、语音合成等智能化技术为人机互动传播共同体赋能,借助于智能手机、智能音箱等终端,以声音这种人类最古老的传播方式来回应身体发出的指令,形成对等的符号系统交互,进而回归人类初始的沟通天性,如我国主流媒体纷纷与天猫精灵、科大讯飞等智能语音公司合作,推出智能语音新闻实

[①] [美]凯瑟琳·海勒:《我们如何成为后人类》,刘宇清译,北京大学出版社2017年版,第11页。
[②] 高慧琳、郑保章:《麦克卢汉媒介本体性的人机融合分析》,《自然辩证法研究》2019年第1期。
[③] 高慧敏、殷乐:《智媒时代新闻场域身体"在场"与"离场"问题考——基于智能化新闻实践的考察》,《西安交通大学学报》(社会科学版)2020年第2期。
[④] [美]保罗·莱文森:《思想无羁》,何道宽译,南京大学出版社2003年版,第192页。
[⑤] 孙玮:《论感知的媒介——兼析媒介融合及新冠疫情期间的大众数字传播实践》,《新闻记者》2020年第10期。

践，目前新闻形式主要体现为四种类型：播客新闻、AI 语音头条、新闻测验、互动广播，受众在新闻中接触媒介的方式也遵循"读新闻"—"答新闻"—"聊新闻"的逻辑，这促使人与机器的语音互动层层递进，身体与媒介作为人与机器的具身体现，它们之间的关系特征分别为被动式、命令与控制式、互动体验式三类，从而实现了人机部分感知融合，让新闻资讯的获取更便捷与自然，人类与机器对话将成为新闻信息生态系统的重大转变。然而，这种感知觉的互动逻辑仍然是人类部分知觉的刺激，而并不是整体感知的唤醒，但即便如此，语言、声音等感知体验的互动成为人与机器感知深度融合奠定了基础。

2. 人机在多维度感知能力层面的合成与交融

实际上，人类神经网络运作时往往是各种知觉系统的交叠与联动，虽然感官刺激强弱不同，但是生成的体验却无法截然分开，智能机器的"感知"系统却可以相互独立存在，随着人工智能技术的升级，人机感知融合成为更全面、立体及逼真的身体经验交互。一方面，是人机感知的深度联动，其中合成媒介（Synthetic Media）是深度合成技术与媒体结合的产物。根据腾讯研究院、腾讯优图实验室发布报告报告称，2020 年为"深度合成"的商业化元年，在生成对抗网络算法的加持下，深度合成的应用场景也在不断拓展，AI 合成主播就是深度合成在新闻场景中的应用，从 2018 年新华社与搜狗推出的全球首位 AI 合成主播到 2020 年推出全球首位 3D 版 AI 合成主播，再到 2021 年元宇宙带火的"虚拟数字人"，充分体现了深度合成技术从面部、语音合成延伸至全身合成，甚至是态势合成，可以实时捕捉身体姿态等动态性动作并进行渲染，不仅可以识别身体感知，还可以将感知映射到数字世界中，从而形成个性化的虚拟人，成为人们在虚拟世界中的"代理"。另一方面，是人机的多维度感知交融。在虚拟现实场景下，真实复现身体所处的现实环境，感知体验得到延展，身体的"临场感"也变得更为真实，现实人与虚拟人能够互动，这也拓展了智能化技术在新闻传播的应用场景，目前，VR、AR 技术已经被融入到红色教育及党史学习中，运用 VR 技术重现历史事件，还原真实场景，为体验者带来一场"VR 红色之旅"。

（二）认知融合：算法文化生成与专家角色的凸显

人与机器在身体知觉层面的融合互动也将延伸至认知层面，认知是构成智能的重要组成部分。根据坎贝尔"间接经验的多重系统"（hierarchy of vicariousness)① 对人类认知层次进行划分，依次为触觉（身体接触）、感知觉（视觉、嗅觉与触觉）和心理功能（思维、想象与抽象），从触觉到思维等心理活动的进化是人类认知的升华。人机感知互动催生新的人机融合形态，人类擅长信息感知、推理、归纳及学习，机器则在数据搜索、计算、存储及优化等方面存在明显优势②，这两种认知方式优势互补，重新建构新闻生产者的认知方式，传统的新闻生产结构也发生嬗变，形成了智能化新闻场域中以人机协作为特征的新闻文化。

1. 算法文化的生成：机器认知的嵌入

大数据、算法及计算力是人工智能的三大技术支柱，按照科瓦尔斯基（Kowalski）对算法的经典定义："算法 = 逻辑 + 控制"③，目前已经在新闻传播领域产生显著影响，出现算法生产机制④、算法过滤机制及算法推荐机制⑤，这也在改变新闻生产与传播的社会意义。算法与其说是代码，不如说是各类行动者之间社会关系的实现，将程序与代码嵌入人类知识和社会经验中的过程，从而形成算法文化，即"通过计算过程对人、地方、对象和思想进行分类与层次化，进而形成相关的思想、行为和表达习惯"⑥，这也体现于人机融合实践。一是以机器学习来解读人类认知与情绪。"机器生成内容"已经成为一种较为重要的信息生产方式，如在冬奥会期间，人民网、中国青年网等20多家媒体和机构采用百家号TTV技术全自动生成视频报道，实时捕捉运动员瞬间、赛况并及时转化为短视频新闻；又如工人日报、科技日报采用百度数字人"度晓晓"来播报两会，该虚拟人在算法驱动下能够识别用户情绪并做出反应，这既提升了新闻生产效率，也满足了用户的认知需求。二是新闻工作者接受并理解算法过程。正如腾讯视频总编辑王娟强调，每天会花大量的时间跟技术产品并肩作战，并揭示出自动化推荐本质是"人工 + 智能"，即"以人工加技术的各种指标来去相互结合配套来运营"。这体现了新闻工作者已经适应这

---

① Campbell, D. T., Evolutionary Epistemology in P. A. Schilpp (ed.), *The Philosophy of Karl Popper*, I, Open Court, La Salle, Ill., 1974, pp. 413 – 463.
② 李平、杨政银：《人机融合智能：人工智能3.0》，《清华管理评论》2018年第Z2期。
③ Kowalski, R., Algorithm = Logic + Control, *Communications of the ACM*, 1979; 7 (22): 424 – 436.
④ 罗昕：《算法媒体的生产逻辑与治理机制》，《学术前沿》2018年第12期。
⑤ 赵瑜：《人工智能时代的新闻伦理：行动与治理》，《学术前沿》2018年第12期。
⑥ Hallinan, B., Striphas, T., Recommended for you: The Netflix Prize and the production of algorithmic culture, *New Media & Society*, 2016; 18 (1): 117 – 137. doi: 10.1177/1461444814538646.

第八章 结论:智能传播中的身体与媒介互动——具身存在

种计算环境,以算法方式生成内容来为公众推荐新闻,算法排序一定程度上成为新闻工作者在新闻选题、数据分析中判断与决策的来源之一,从而建构了新的信息与传播流。

2. 专家角色浮现:新闻工作者专业认知的重塑

海量信息生产及指数级迭代速度让新闻生产陷入算法技术"内卷化"的困境,如"算法偏见""意识形态泡沫"现象随处可见,同时智能化新闻的知识性凸显,如此新闻工作者也需要重新审视自己的角色与定位。如第一财经的新一线城市研究所主编沈从乐认为:"我们需要去辨别,它们(算法)给出的数据是否真实、全面。"由此,新闻工作者用社会思维审视数据的理性价值,其智慧与生产规程内嵌于算法运行中,因此新闻生产者始终掌握新闻生产与传播的话语权,他们的专家色彩更为浓厚。数据新闻就是人机认知方式融合的典型实践案例,尤其在疫情期间,这种数据化表达为缓解信息疫情带来的负面情绪发挥积极作用。澎湃新闻"镜相""眼光""有数""美数课"等数据新闻栏目就体现了智能化新闻的新闻专业规范重塑,即人机共建新闻知识图谱。从新闻来源与透明性看,疫情期间政府与媒体为主要权威数据来源,而且据统计,88%的数据类疫情新闻标注了数据来源,这为追踪感染源、梳理发展脉络、科普防治知识、悼念逝者、预判疫情走向等实践操作奠定了扎实基础。从新闻主题及数据分析来看,创作者的专业背景与社会定位对于数据新闻知识性的体现发挥重要作用,因为他们的专业知识也决定了新闻知识图谱的建构框架,据澎湃新闻·湃客"有数"栏目和 RUC 新闻坊联合出品的《2020 疫情数据报道分析报告》显示,偏向"理解性知识"的"解释型"与"预测型"的数据新闻占比近四成。此外,疫情期间数据新闻实践打破常规的理性认知,还引入人文关怀的选题和维度,如 DT 财经在《外卖数据下的武汉:普通人的"封城"十日生活》报道中不仅利用算法从"饿了么"平台收集订单数据,还通过"外卖"视角来关注"封城"对普通市民生活的影响,这种点面结合的立体呈现诠释了新闻的真实性。

(三)价值融合:人机信任关系的重构

威廉·詹姆斯(William James)曾在《圣徒性的价值》中提出"没有比被倾听者误解的真相更糟糕的谎言了"[1],这揭示出智能化时代"后真相"

---
[1] [英]赫克托·麦克唐纳:《后真相时代:当真相被操纵、利用,我们该如何看,如何听,如何思考》,刘清山译,民主与建设出版社 2019 年版,第 1 页。

现象的本质，即新闻传播中传者与受众之间存在信息差，伴随新闻场域中"机器至上"的价值转向，人机关系在信任维度的重新建构也开始进入研究视野。正如吉登斯所言，来自非个人原则与匿名原则的信任对于社会而言不可或缺，因此智能化机器作为传播主体也成为人们信任的对象之一。本书结合相关新闻实践案例发现，虽然价值维度的人机融合还处于理论与实验阶段，但也大致呈现以下两个发展趋势。

1. 人机信任基础：凝聚人机价值共识

随着面对面交流时间与空间成本的提高，机器成为人与人、人与世界关系的中介，人机关系之密切也前所未有。然而，我们却发现人与机器存在认知偏差，主要在于信任关系的中心化或不均衡，要么以人类主观、狭隘的认知与判断为主，要么则完全依赖于算法，而对算法给出的结果与决策不做任何"筛选"操作，一定程度上技术遮蔽了人类的判断。然而，被誉为"第四次工业革命"核心技术的区块链则为人与机器认知断裂的弥合可能提供了契机，该技术的应用已经从金融领域延伸至新闻传播领域。区块链本质为一种信任关系的转移，信任主体由媒体与受众转向区块链与公众，根据算法与认知来共同促使人与机器之间形成共识。在政策支持下，各媒体也开始在新闻业务中布局区块链，如2020年湖北广电融媒体新闻中心携手建立全国首个"区块链编辑部"，秉持"策划众筹""传播去核""机会均等"的核心价值观和运行理念，这为人与机器异质性主体的共同参与形成共识，一是人与机器共同采制新闻，由各家媒体记者与智能机器人分工采制完成，实现人机协同生产新闻；二是不设置固定核心成员单位为新闻项目主导者，而是遵循"谁提出，谁主导"的原则，从而每个参与主体都有机会成为新闻项目主导者；三是区块链技术"共识机制"被用于核查新闻公共信息池，从而确认信息的一致性与真实性，公众共同参与的数字痕迹在技术作用下不可逆，多方确认及不可篡改有助于提升新闻的公信力，一系列举措将重新凝聚人机共识。

2. 人机信任趋向：从共同关注到情感共振

戈夫曼、柯林斯等认为"共同关注"是构成互动秩序的关键点，而传递共同关注的焦点这也是人机共识凝聚的核心所在，也为人机信任关系的建立提供了土壤。在此基础上，人与机器就共同关注焦点产生"共情"。然而，在疫情、自然灾害等风险情境下，媒介技术加速了恐慌、焦虑等负面情绪的极化传播，这也需要智能化技术价值理性的平衡，即坚持"科技向善"的理念，以解决方案为导向，共同构建美好社会。对新闻工作者而言，科技向善则体现于新闻内容价值与功能，不仅揭露问题，更重要的是以积极的视角来解决问题并注重积极效应。2018年以来"建设性新闻"理念在我国新闻传播领域引发涟漪，这与我国"坚持正面宣传为主"的新闻思想形成共振[1]，"建设性新闻"强调公众参与、积极心理、解决方案等核心理念[2]，在注重"真实""正面报道"等新闻核心价值观时，也注重技术理性与人文价值的融合，如澎湃新闻的"美数课"栏目在疫情期间发布的可视化数据新闻报道《新冠肺炎逝者大多是本身有基础疾病的老人》采用花瓣这种非常规可视化设计方案来呈现逝者的相关数据，将冷冰冰的数字转换为具有人文关怀的故事。

无论是从智能化技术的进化，还是媒体融合逻辑的变迁，人机融合或已成为智能传播时代的主要发展趋势，并由技术问题衍生为社会学科问题，因此应该从社会维度思考智能媒介技术与人的关系，本书仅起到抛砖引玉的作用，而人机融合引发的一系列伦理问题与社会问题也将是未来媒体融合研究中所关注的焦点问题，未来还需要更多新闻传播研究与实践来解构智能传播。

第四节　意识互动：智能传播时代人机关系想象

既然身体与媒介互动的本质为"具身存在"，那么这到底意味着什么？对未来人机关系有何影响？这一系列问题值得关注，因为技术的日新月异使得业界与学界对于智能化时代传播规律的把握变得更加棘手，所以对于人机关系的前瞻也将成为透视智能传播的一种方式。微软创始人比尔·盖茨早已对未来的人机交互方式进行预测，他认为人机交互的主要发展方向为人类与自然界互动与交流所形成的自然而然的认知习惯。在智能传播这个大环境下，我们已经在社交领域对于身体与媒介的互动

---

[1] 殷乐、高慧敏：《建设性新闻：溯源、阐释与展望》，《新闻与写作》2020年第2期。
[2] Bro, P., Constructive journalism: Proponents, precedents, and principles, *Journalism*, 2019 (20): 504–519.

做了前瞻性的探索，人机交往的序幕才刚刚拉开，人机关系仍有很大的发展空间。鉴于此，本小节主要延续身体与媒介的互动模式，同时结合前沿智能技术应用实践来探讨未来人机关系的发展趋势及对于未来传播研究的影响。

一 作为界面的身体：交互人

媒介一直以界面的姿态存在于身体之间及身体与内容之间，这里"界面"的表述为一种隐喻，是物质、空间与文化多维度界面的融合，然而随着人工智能时代的到来，界面的载体发生了转移，由媒介转向身体，如延森所言"从一种工具的界面变成了一种皮肤或者生物膜的界面。……媒介正成为人体的一部分"[1]。伴随智能语音及VR等新技术的涌现，听觉与触觉成为身体与机器的新交互界面，而非媒介本体，交互界面趋于人性化与具身化。我们可以从2018年美国咨询公司Reply借助于SONAR趋势平台对人机界面领域现状及发展趋势的分析报告窥见其变迁趋势（见表8-2）：交互界面从键盘鼠标转向脑机接口，身体与媒介的距离也越来越近，媒介设备趋于融合并整合进日常身体实践，由此可见，已经从用手来操作按钮的"手和触摸"时代，过渡到了将身体作为用户界面的"思维与身体"时代，从身体部分知觉参与转向全身心浸入。身体的深度卷入则建构了人机交互中人类的新角色——交互人。这里"交互人"指的是能和计算机自然交互的人类，但这与纯粹的人类存在差异，确切而言，这里的交互人是人类的技术具身体现，即身体与交互设备融为一体，脑机接口[2]的诞生就是人类作为交互人存在的新技术形式，未来交互人的特征主要体现以下两方面：一是身体的能力得到延展。这里身体既涉及大脑，也包括感知系统。脑机接口作为新的界面形态可以用来改善人们的感知能力。通过将大脑与计算机、智能助手和互

---

[1] ［丹］克劳斯·布鲁恩·延森：《媒介融合：网络传播、大众传播和人际传播的三重维度》，刘君译，复旦大学出版社2015年版，第87页。
[2] 脑机接口是指在人或动物脑与计算机或其他电子设备之间建立的不依赖于常规大脑信息输出通路（外周神经和肌肉组织）的一种全新通信和控制技术。其中，脑是指有机生命形式的脑或神经系统，机是指任何处理或计算的设备（可以是简单电路或者硅芯片或者外部设备），接口是指用于信息交换的中介物。由此可见，脑机接口是人类智慧与机器人智能互动的渠道。

第八章 结论：智能传播中的身体与媒介互动——具身存在

联网相结合，未来人们可以即时访问世界各地的信息，而且还可以将专有技术下载到我们的大脑中，甚至可以将其与人工智能系统融为一体。二是数字自我身份的建构。通过将人类的思想与计算机联系起来，可以存储由神经元传输的任何形式数据，即思想、记忆或感觉。将来，这些就可用于制作自己的虚拟身体，创建永生的数字自我。由此可见，移动互联网、人工智能、虚拟现实及机器人等智能化技术出现后会自我开始分裂，这突破了文字隐喻中的想象身体，从而建构人类与机器在物理场景、数字场景及文化场景的多重自我。

表 8-2　　　　　　　　　人机界面领域现状及发展趋势

时间轴	交互界面	身体参与
1960 年	键盘鼠标	手和触觉
1980 年	桌面计算机和图形用户界面	手和触觉
2014 年	移动计算多点触控	手和触觉
2018 年	对话界面	语音
2020 年	虚拟现实和增强现实	手势
2030 年	脑—计算机接口	身心

资料来源：笔者对 2018 年美国咨询公司 Reply 针对人机交互界面的调查分析结果的梳理。

二　作为身体的媒介：智能机

传播学者西皮尔·克莱默尔早在 20 世纪 90 年代末就做出预判："机器人或虚拟行为者不仅会越来越聪明，而且会越来越具有自主性。如果它们通过感受器感知环境，并且借助具有学习能力的神经网络不再呆板地对环境做出反应，那么尽管它们还需要人用一定的片段来激励，但机器玩偶或机器木偶在一定程度上已经摆脱了奴隶关系。"[1] 这在当时还是一种预测性的说法，但是在智能传播时代，这个观点却充分揭示了媒介的身体转向趋势，媒介不仅可以传递信息，而且还能通过图像识别、语音识别、生物识别等技术实时捕捉人类身体的各种特征并通过对其解码并给予反馈信

---

[1] ［德］西皮尔·克莱默尔编：《传媒、计算机、实在性——真实性表象和新传媒》，孙和平译，中国社会科学出版社 2008 年版，第 136 页。

息，这类似于人与人之间的沟通，这也重构媒介身份，即"智能机"，指具有人的意图表达和感知能力的智能计算机，自主性特征显著，可以感知环境并通过调整自身而做出反馈，这是现代技术进化的结果。智能机的自主性主要体现为两个方面：一是智能机在身体与媒介互动中更为主动，这种主动交互以用户心理、行为及所处情境等综合识别与评价为基础，如2018年3月发布的"小度在家"就可以感知早晨出现的第一位用户，主动告知今天的天气情况。二是智能机能够做出情绪分析，即通过表情、文本、语音及生理信号来识别情感变化，并对此做出智能反馈，这与美剧《别对我撒谎》中Cal Lightman博士在核查人们是否说谎时主要关注其身体动作和面部表情的运作原理基本相似，未来的脑机接口是一种基于计算机视觉及脑电波分析的交互技术，可以通过实时跟踪人们的面部表情来调整视频内容的难度及剧情走向。

三　后智能传播时代的身体与媒介互动前瞻：意识互动

综合上述身体与媒介的发展趋势，我们可以做出预判，即人机交互将趋于深化，由物理层面的交互转向更深层的意识互动。随着传播速度的加快，人们的耐心已经耗尽，心理延时正逐渐缩短，媒介时间带来了瞬间时间[1]，加剧了人们对事物即时满足的需求，他们更期待与他人及机器交换信息时的瞬时性。然而，脑机接口技术，通过对脑电波捕捉、解码及反馈，形成"意念控制"这种交互方式，这改变了人们的传播方式及交往方式，即可以通过思想控制来与朋友分享观点、感受及记忆，而无须借助于文字、语音、图片、视频等内容载体来形成意识层面的共振。"意念打字"与"数字永生"则成为脑机接口技术在传播领域应用中的发展方向。

"意念打字"是Facebook于2017年4月提出的概念，其目标是实现"读心术"，直接从人脑中提取将要发表的话语，已经创下每分钟8个单词的"意念打字"记录。中国也开始尝试"意念打字"这种脑机接口技术的应用，开展2019世界机器人大会，在脑机接口比赛中，机器每分钟可以输出69个汉字。身体与可穿戴设备电脑的融合则可以将意识所产生的脑电波数字化，进而借助于技术将意识转化为文字并呈现于屏幕上。脑机接

---

[1] 瞬时时间是指一个不连贯的、不合常规逻辑的时间，瞬时意味着直接的、立即的枯竭和衰退。

第八章 结论:智能传播中的身体与媒介互动——具身存在

口的出现则使得智能化技术有助于"延长"个体生命,身体衍生出新意涵。后人类主义者认为信息载体将趋于无形,交往呈现"去物质身体"趋势,"赛博人"成为人类身体新形态,信息则突破物质肉身的限制成为身体的延续,人们可以与记忆对话,未来其至可以与逝者交流,也就是"数字永生",即将逝者生前各种个人特征、社交资料进行数据化处理,利用算法与神经网络等技术模拟其语言及行为使逝者得以"再现",生者与逝者的交往关系以语音或文本形式来延续。2019年全球首个数字人类(digital humans)出现,美国作家安德鲁·卡普兰(Andrew Kaplan)借助于对话AI技术和数字助理设备,以虚拟生命"AndyBot"在云端永存。无论是"意念打字"还是"数字永生",意识互动的人机交互将改变智能传播初期的形态,使得进入"后智能传播时代",这里"后"的概念不仅是指时间,更强调智能传播的特征发生嬗变:媒介呈现"具身性"特征,身体则更具界面性,人与机器身份互换后的智能传播也更为复杂。

然而,意识互动也会在未来引发伦理问题。虽然目前这些智能化技术并不成熟,但是人们对于技术的认知总是早于技术发展水平,因此也涌现各种科幻作品,我们可以探讨可能引发的伦理问题。其一,人们其实对于数字人类的出现较为纠结:一方面,人们能够与数字人类交流能够在心理方面得到慰藉,也会产生短暂的快乐。例如,在日本动漫《命运石之门》中,男主角就是沉迷于与逝去朋友的数字替身进行意识层面的互动,产生强烈的快乐感与满足感;另一方面,数字人类虽然可以在逝者生前留下的行为轨迹中建构相似的数字身体,但是这毕竟与真人有所差异,甚至还会让用户更加失望,例如在《黑镜》中的《马上回来》剧集中就是女主人公试图利用AI技术还原逝去的丈夫,以弥补心灵的缺口,但终究无法接受"他"是个替身的事实。此外,数字人类也面临被黑客攻击的命运,数字建构身体的状态并没有那么稳定,那么人类与数字人类建立起来的感情可能会被瞬间土崩瓦解,那么这可能会对人类造成二次伤害。其二,虽然身体与媒介互动会使得人们产生交互体验,但是这种交互也隐藏了设备的使用功能,人们理所当然地使用媒介,正如20世纪60年代,马歇尔·麦克卢汉在《理解媒介》中已经预测,所有媒介一旦拥有广泛的受众群体,就建立起一种催眠术,令人们越来越难察觉到它们的存在。20世纪80年代中叶,哈拉维认为"我们的机器拥有了令人不安的活力,而我们自己则变得让人不寒而栗的呆滞"[1]。因此，为了避免身体对于媒介由适应转向依赖，所以媒介对于身体的"异化"是人们所关注的问题。其三，还涉及隐私问题，技术已经全方位渗透到人类生活中，智能化机器随时可以采集用户的语音、文字、行为轨迹甚至是心理变化，那么这些传统技术的伦理问题也会蔓延至意识互动实践中，而且在脑机接口技术中的隐私问题更为突出，因为大脑中的深度隐私信息也可能会公之于众，那么如何收集、传播人们的隐私信息这也是未来需要探讨的问题。

第五节　未来研究之展望

在智能传播时代，身体已经成为理解媒介与传播的一种新视维。本书立足身体视角来阐释智能传播中的人机交互现象，进而从身体与媒介互动层面来理解人机交互这个技术现象，而将身体实践作为研究对象。在传统的传播学研究中，媒介的诞生使得身体之间的物理距离越来越远，但同时也增强了对于媒介的依赖，身体在这种主流传播观中成为必须克服的一种障碍，甚至在信息论与控制论研究中直接用数字符号替代身体，挣脱作为物理载体的身体，而将传播主体视为一种意识主体，媒介则是与身体保持距离的中性信息传送工具。本书对大众传播中关于传播主体与媒介狭隘认知进行批判，聚焦于智能传播时代中身体与媒介的具身实践，从传播主体的身体回归到媒介的非中性物质转向，来重新探讨媒介与身体在不同传播场景中的互动实践。与此同时，面对日新月异的智能传播实践，本书在方法层面也有所创新：一是融入现象学的理论研究视角，突破传统传播学研究中的符号与文化，还原现象本身并从中把握身体与媒介互动的规律，虽然也采用田野等质性研究方法，但与话语建构社会的视角不同，而是在访谈中更加关注身体体验的描述。二是融入社会学的身体视角，与传统的媒介社会学及文化研究从社会建构身体不同，以身体在社会建构中处于更为主动地位的视角来从中来寻找身体与媒介互动的社会意义，重新建构一套

---

[1] Haraway, Donna J., *Simians, Cyborgs, and Women: The Reinvention of Nature*, London: Free Association, 1991, p. 152.

具身参与的互动秩序。三是从具体的操作方法来看,本书采用混合研究方法,以更广泛的视角将思辨与实证研究并驾齐驱,在实证研究中则又将质性研究与量化研究融为一体,从而避免陷入从理论到理论的转圜,以及主观阐述或者同质化的研究陷阱,根据研究问题来选择不同的研究方法,多方取证来增加研究论证的信度与效度。从其结果观之,有几点创新之处:其一,以媒介技术史为主线,将分期界点置于人工智能技术进入传媒领域的时间节点,进而提出前智能传播时代—智能传播时代—后智能化时代的媒介演进历史逻辑,同时结合身体视角来梳理不同媒介阶段的传播特征,将身体与媒介互动模式置于上述演化分期中来发现其互动演化脉络:为"身体与身体(媒介)强互动""身体与媒介弱互动"转向"身体与媒介(身体)强互动"。其二,以唐·伊德的后现象学视野中的人与技术关系理论来观照智能传播时代中身体与媒介强互动实践分析框架,尝试引入跨学科理论视角来拓展传播学的身体研究,在(后)现象学与传播学中寻找平衡点,提出[身体→(媒介—环境)]、[(身体—媒介)→环境]、[(身体→媒介—(—环境)]的分析框架。其三,基于身体与媒介互动实践,重新解读智能传播概念,突破大众传播要素,而将智能传播视为一种生态系统,并提出该生态系统形成于"人机互动""具身互动""人机交往"这三种身体与媒介互动形态的交融过程中。

正如本书在结论部分提出,将智能传播视为一个人机互动系统,具体由新闻、娱乐及社交三个场景中以身体为基石的人机互动、具身互动及人机交往相互作用、相互交融而形成,并以此作为基本的论证框架,为智能传播中人机关系的研究提供坚实的语境。但由于本研究是以智能传播中以身体为基础的人机互动现象为研究对象,因此对于新闻、娱乐及社交方面仅从身体传播特征较为突出的现象论证身体与媒介互动的可能性与可行性及相关影响,但这还不足以将上述三个场景进行充分阐释。加之,智能传播生态才开始浮现,智能化技术在媒体领域中的应用也处于发展中,因此相关实践与理论也处于日新月异的动态过程中,但不可否认的是人机交互的逻辑已经深度嵌入其中,从人机关系视域来探讨媒介现象与媒介理论是理解智能时代传播学的一种新思路,因为智能传播时代呼唤具身传播学术体系与方法资源。本书虽然涉及新闻、娱乐及社交等场景中的智能传播实践,但由于目前在这些场景,尤其是在社交场景中人机互动实践的社会影响力还并不够深入,探讨的影响也是浅层社会影响。虽然智能化技术为媒体及人们日常生活带来了便利,但是这种"具身性"理念在传播学中的兴起也不得不让学界与业界来关注人与机器之间的伦理关系,研究者在各种传播场景中也观照到这一层面,如新闻传播场景中的人机协同、娱乐传播场景中的 VR 社交与传统社交的比较,以及社交传播中人机信任、数字焦虑等问题,但是这仅是较为浅层的伦理观照,然而人机信任已经逐渐成为人机关系建构的关键,传统的基于人与人之间关系的伦理研究能否沿用到人机关系中?人机信任与人际信任又有何区别?如何在传播领域来建构人机信任?这些问题将成为未来智能传播研究的新方向。

莱文森在媒介进化论中强调"补救性媒介"和"人性化趋势"这两个核心要素,即新媒介的出现都是为了弥补旧媒介的缺陷而非替代,因此人类从智人传播到智能传播的传播形态演变,已经成为一种势不可当的趋势,其本质上都是媒介与身体在不同历史阶段的各个场景中的相互交织与互动,并借助于不同技术来驱动实现。技术的归宿终究还是社会,因此人机具身互动终将从技术层面上升到社会层面,这也形成了后人类的一种未来文化趋势——人机交往。这也突破了长期以来以人与人关系为基础的道德伦理系统,自 20 世纪下半叶以来,人类才开始认真反省人与物之间的关系。媒介机器作为传播或者社交的主体而存在,从中介与传播渠道演变为信源或信宿,正如巴伦·利维斯等学者将媒介等同于真实生命主体并将计算机与其他智能机器视为一种新的社会角色,人机交往也在不断形塑社交形态并产生深远影响,这也在逐渐影响着基于人的社会伦理关系,如何在传播过程中把握"人的机器化"与"机器的人性化"之间的平衡,并探讨这种平衡在精神与文化层面的社会意义,这不仅是人工智能技术领域的难点,亦是新闻与传播领域的实践与研究重点。正如海勒所言,文化成为环境与身体之间的中介物或调节物,不仅从环境流向身体,亦从身体弥散到环境中,而"具身存在"就是智能传播时代人机互动产生的潜在社会影响,人机深度互动,甚至人机融合,也不再是一种想象而是正在发生,人类从基于感知、认知及行为的不确定性也存在转向算法测量、数据追踪、情感计算等技术确定性的迹象,而机器在不断复制人们的器官、知觉、情绪、意识及推理并逐渐做出类人的行为,这种异质性主体之间的融合互动正在形成一种新的社会文化逻辑——后人类文化。在这种大趋势下,我国学界亦对此进行关注,然而对于传播中的人机关系嬗变仍然以哲学层面的思辨类探讨为主,为了避免陷入从理论到理论的转圜,基于物质性、具身

第八章 结论:智能传播中的身体与媒介互动——具身存在

性层面的探讨虽然也开始进入公众视野,但是整体而言还是相对较少或更偏向学理性考察,鉴于此,本书第一次尝试从现象学、传播学及社会学等跨学科视野出发并立足具身性视维来验证智能化技术对于中国新闻传播领域及社会的影响,该研究也被视为一种初步探索,笔者也期待与诸位同行共同拓展中国智能传播研究的新疆域。

附 录

附录1　智能化新闻生产实践访谈基本提纲

访谈对象涉及管理者，记者、编辑、主播，相关技术人员，主要采用面对面访谈的形式，围绕以下访谈问题进行，在此基础上则根据不同访谈对象来调整问题。

【记者、编辑及主播】

1. 从进入互联网时代以来，您认为人与媒介的关系发生了什么变化？其中在新闻生产中您感觉自己的身体产生了何种变化？可以举例吗？

2. 根据您的从业经验，您认为智能化新闻生产与传统方式的突出区别是什么？

3. 从分工来看，在人工智能时代，新闻工作者的职业身份发生了什么变化？您对自己目前的工作职责如何定位？您在新闻生产过程中是否还承担"把关人"的角色？"把关人"职责与之前相比有何变化？

4. 目前，是否有全程无人参与且完全依赖机器完成的新闻？

5. 目前，在采访或编辑过程中能否完全适应基于智能媒体平台的新闻生产？平时会强化机器方面的学习吗？

6. 在智能化新闻生产中，是否还需要人工审核？怎么看待这些与您朝夕相处的机器人？它们对您有何影响？您如何与机器相互协作？您认为最佳的相处模式如何？

7. 人工智能解决方案可以检测和分析报告和叙述中可能存在的潜在偏见，那么该如何看待或处理人工智能技术所揭示的问题或偏见？你评判的标准是什么？

8. 您认为未来机器会取代人吗？人与机器相比有何优势？您希望机器全部代替还是部分代替您的新闻生产工作？您如何看待机器人所做的工作？您完全信任机器所完成的任务吗？

9. 与机器人共同完成或机器人独立完成的稿件在发布时是否会署机器人的名字？

10. 您如何看待 AI 合成主播？对您有何影响？为什么？您和 AI 合成主播之间的区别何在？目前观众对这类主持人的接受度如何？

11. 您认为目前反馈效果比较好的智能化新闻类型有哪些？为什么？它们与传统新闻形式相比较有何优势与不足？

12. 机器新闻生产系统"快笔小新"除可以自动撰写财经、股市、体育赛事类稿件外，其他领域新闻是否也可以实现自动撰写？

13. 对于人机耦合的终极目标是人类思维与机器思维的融合这种观点怎么看？目前，这种融合方式在新闻生产与传播中有何具体体现？是否有典型案例？

14. 如何合理利用人工智能的大数据推荐等技术来分发内容？

【技术人员】

1. 除了快速生产 MGC 视频新闻，"媒体大脑"还有哪些我们不知道的功能？

2. 可否具体介绍一下"媒体大脑"背后的运行逻辑与机制？人机交互的核心逻辑是什么？

3. 您在研发技术时是否会与新闻工作者进行沟通？是否将其想法与思路，以及该社的编辑理念融入其中？

4. 您在研发相应技术时是否会将人与技术关系等哲学问题考虑在内？您认为未来在媒体领域中人与技术关系的发展趋势如何？

5. 是否将新闻伦理等理念融入到技术开发过程中？如果有，在技术中具体体现在哪一方面？

6. 您如何定位自己在新闻生产与传播中的角色？与专业新闻工作者如何分工？

7. 在研发过程中，您如何在"技术中性"与"价值导向"之间平衡？

8. 您认为未来在新闻与传播领域中人与机器的相处模式如何？

9. 在内容检测和管理的环节，贵社是否也采用类似于 Facebook 等社交媒体所用的人工智能系统？如果有，新闻工作者与机器在其中的参与情况如何？效果如何？

【管理者】

1. 全球首个 AI 合成女主播"新小萌"正式上岗新华社，参与到两会新闻播报中。对人工智能在新闻业中的发展趋势，您怎么评价？此外，从整体来看，您认为"媒体大脑"将如何重塑传播格局？

2. 在制定编辑方针时，如何平衡人与技术之间的关系？人与机器在新闻生产中的分工该如何分配？记者、编辑、主持人等新闻工作者会被机器取代吗？您认为在新闻编辑室中人与机器以何种方式相处效果最佳？

3. 采访机器人、写稿机器人等技术化具身如果在报道新闻时出现失误，责任该由谁来承担？人与机器之间的责任该如何均衡？是否有明确的规定？

4. 您认为把关人机制是否还应该存在？目前由谁来把关？把关的方式与内容较之前都有哪些变化？您在制定这方面规则时有何考虑？

5. 您认为您的管理角色较之前有变化吗？（若有）有何变化？

6. 智能化技术的应用对于新华社整个新闻生产过程有何影响？有何风险？具体针对"媒体大脑"新华社会采取哪些举措？是否有比较典型的案例？

7. 如何坚持价值引领以解决技术带来的新闻与信息偏向问题？

8. 未来是否开设全程无须新闻工作者参与且只有智能机器人存在的栏目或节目？

9. 一些学者认为应以"人工智能+"的思维规划未来媒体的发展道路，从新华社本身而言，您怎么看待这种说法？

7. 标准化带来的高效与个性化带来的定制之间如何平衡？

8. 媒体对机器人写作的产品的人工审核或编辑如何？

附录2　智能化媒介接触与使用调查报告

1. 您的性别？[单选题]

男	174	68.5%
女	80	31.5%

2. 您的年龄段？［单选题］

18 岁以下	14		5.51%
18—25 岁	73		28.74%
26—30 岁	63		24.8%
31—40 岁	33		12.99%
41—50 岁	23		9.06%
51—60 岁	26		10.24%
60 岁以上	22		8.66%

3. 您所在城市 ［填空题］

填空题数据请通过下载详细数据获取

4. 您的职业？［单选题］

1. 工人	19		7.48%
2. 商业服务业人员	36		14.17%
3. 党政干部（处级及以上）	12		4.72%
4. 企业经营管理者	18		7.09%
5. 专业技术人员	45		17.72%
6. 公务员、事务人员	15		5.91%
7. 自由职业者	10		3.94%
8. 自营业（个体户、私营业主）	15		5.91%
9. 农林渔业者	13		5.12%
10. 学生	40		15.75%
11. 无业、失业	13		5.12%
12. 退休	8		3.15%
13. 其他	10		3.94%

具身存在：智能传播时代的身体与媒介互动

5. 请问您个人月平均总收入大概是多少？（请告知包括奖金、兼职、房地产收入、利息在内的总体收入）［单选题］

1. 暂无收入	33	12.99%
2. 1000 元以下	15	5.91%
3. 1000—3000 元	41	16.14%
4. 3000—5000 元	55	1.65%
5. 5000—8000 元	27	10.63%
6. 8000—10000 元	22	8.66%
7. 1 万—2 万元	19	7.48%
8. 2 万—5 万元	19	7.48%
9. 5 万—10 万元	9	3.54%
10. 10 万元以上	14	5.51%

6. 最近半年，您是否使用以下智能化媒介终端？［矩阵单选题］

智能手机	169（66.54%）	85（33.46%）
VR 眼镜/头戴式设备	81（31.89%）	173（68.11%）
智能电视（小米）	129（50.79%）	125（49.21%）
智能音箱	111（43.7%）	143（56.3%）
智能手表	121（47.64%）	133（52.36%）

7. 您使用智能化终端浏览（收听）内容的频率如何？［矩阵单选题］

智能手机	136（53.54%）	112（44.09%）	1（0.39%）	5（1.97%）
VR 眼镜/头戴式设备	102（40.16%）	46（18.11%）	49（19.29%）	57（22.44%）
智能电视（小米）	85（33.46%）	80（31.5%）	43（16.93%）	46（18.11%）
智能音箱	91（35.83%）	95（37.4%）	20（7.87%）	48（18.9%）
智能手表	103（40.55%）	58（22.83%）	43（16.93%）	50（19.69%）

8. 您使用智能化媒介的主要目的是什么？[多选题]

1. 浏览新闻（如 VR 新闻、游戏新闻）	77	30.31%
2. 听新闻（语音新闻）	53	20.87%
3. 搜索信息	108	42.52%
4. 看 VR 电影	38	14.96%
5. 拍照（如美图自拍）	52	20.47%
6. 打游戏	76	29.92%
7. 社交（使用 VR 社交软件）	88	34.65%
8. 运动	35	13.78%
9. 其他	24	9.45%

9. 最近半年，您经常使用智能化媒介的什么功能？[多选题]

1. 语音助手	73	28.74%
2. 人脸识别	111	43.7%
3. 语音识别	107	42.13%
4. 智能推荐	109	42.91%
5. 自动化搜索	78	30.71%
6. 其他	31	12.2%

10. 最近半年，您经常浏览/收听哪类智能化新闻？[多选题]

1. VR 新闻	58	22.83%
2. AR 新闻	84	33.07%
3. 游戏新闻	66	25.98%
4. 自动化新闻（机器人写作）	85	33.46%
5. AI 主播播报新闻	65	25.59%
6. 智能语音新闻	97	38.19%
7. 其他	35	13.78%

具身存在：智能传播时代的身体与媒介互动

11. 最近半年，您经常以哪种方式来获取新闻内容？[多选题]

1. 语音交互方式（智能音箱/智能电视）	68		26.77%
2. 用手指点击屏幕（智能移动终端）	139		54.72%
3. 佩戴VR眼镜"进入"现场（VR头显设备）	44		17.32%
4. 眼睛凝视屏幕	54		21.26%
5. 其他	36		14.17%

12. 您更偏向于用身体的哪种感知来获取新闻？[多选题]

1. 视觉	101		39.76%
2. 听觉	85		33.46%
3. 触觉	89		35.04%
4. 全方位身体感知	51		20.08%
5. 其他	39		15.35%

13. 就新闻类信息而言，您对以下智能化新闻类型的态度如何？[矩阵量表题]

该矩阵题平均分：1.91

1. 自动化新闻	92 (36.22%)	119 (46.85%)	26 (10.24%)	10 (3.94%)	7 (2.76%)	1.81
2. AI主播新闻	83 (32.68%)	93 (36.61%)	25 (9.84%)	32 (12.6%)	21 (8.27%)	2.03
3. VR新闻	82 (32.28%)	118 (46.46%)	23 (9.06%)	8 (3.15%)	23 (9.06%)	1.81
4. AR新闻	86 (33.86%)	88 (34.65%)	20 (7.87%)	39 (15.35%)	21 (8.27%)	2.05
5. 游戏新闻	93 (36.61%)	106 (41.73%)	22 (8.66%)	17 (6.69%)	16 (6.3%)	1.84

续表

小计	436 (34.33%)	524 (41.26%)	116 (9.13%)	106 (8.35%)	88 (6.93%)	1.91

14. 您对以下新闻类型的态度如何？[矩阵量表题]

该矩阵题平均分：1.82

1. 自动化新闻	92 (36.22%)	134 (52.76%)	17 (6.69%)	11 (4.33%)	1.69
2. 暖新闻	101 (39.76%)	94 (37.01%)	51 (20.08%)	8 (3.15%)	1.8
3. 积极新闻	88 (34.65%)	125 (49.21%)	38 (14.96%)	3 (1.18%)	1.8
4. 深度报道	79 (31.1%)	96 (37.8%)	75 (29.53%)	4 (1.57%)	1.98

15. 最近半年，您使用智能化媒介的主要原因？[多选题]

1. 为工作与生活带来便捷	100	39.37%
2. 能更大限度地彰显个性，体验具有刺激性	62	24.41%
3. 身临其境感受真实	94	37.01%
4. 完全出于好奇	65	25.59%
5. 其他	28	11.02%

16. 您对 AI 主播播报新闻有何想法？[单选题]

1. AI 主播形神与真人主播无异，完全可以代替真人主播	38	14.96%
2. AI 主播没有情感，更喜欢真人播报	84	33.07%
3. AI 主播还是有点让人恐惧	43	16.93%
4. 能获取内容即可，无所谓谁播报	35	13.78%
5. 不清楚	54	21.26%

17. 您通常能否区分机器写稿和人工写稿吗？［单选题］

1. 可以区分	59	23.23%
2. 没有感觉	86	33.86%
3. 无法区分	51	20.08%
4. 不清楚	58	22.83%

18. 您认为智能化媒介是否有利于人与人之间的交流？［单选题］

1. 像面对面交流一样棒	30	11.81%
2. 虽然感觉像但是仍然无法替代面对面	108	42.52%
3. 比一般视频等交流体验更好	43	16.93%
4. 用处不大	45	17.72%
5. 其他	28	11.02%

19. 您认为智能化媒介给您生活带来哪些影响？［填空题］
填空题数据请通过下载详细数据获取

20. 您的受教育背景如何？［单选题］

1. 小学或以下	22	9.52%
2. 初中	30	12.99%
3. 高中/中专/技校	54	23.38%
4. 大学专科	23	9.96%
5. 大学本科	26	11.26%
6. 研究生及以上	51	22.08%
选项106	25	10.82%

附录3 关于VR游戏玩家体验情况调查报告

1. 您的性别是？[单选题]

男	147	95.45%
女	7	4.55%

2. 您的年龄段是？[单选题]

18岁以下	4	2.6%
18—25岁	129	83.77%
26—35岁	15	9.74%
36—45岁	3	1.95%
45岁以上	3	1.95%

3. 您有没有体验过VR游戏？[单选题]

是	143	92.86%
否	11	7.14%

4. 您通常使用以下哪种VR设备来玩游戏？[多选题]

手机盒子	9	6.29%
虚拟现实一体机（如大朋M2）	125	87.41%
虚拟现实头显（HTC VIVE Oculus Rift）	139	97.2%
虚拟现实触觉背心	5	3.5%

续表

| 其他 | 6 | 4.2% |

5. 您体验最多的VR游戏类型？[多选题]

冒险类	15	10.49%
休闲类	131	91.61%
恐怖类	121	84.62%
运动类	13	9.09%
射击类	19	13.29%
角色扮演	14	9.79%
动作类	123	86.01%
竞技类	8	5.59%
场景体验	13	9.09%
社交类	9	6.29%
其他	3	2.1%

6. 您觉得VR游戏哪些地方吸引您？[多选题]

真实的体验	135	94.41%
畅快的观感	131	91.61%
临场的音效	130	90.91%
互联的可能性	13	9.09%
全方位的视角	22	15.38%

7. 您更愿意几人一同来玩？[单选题]

| 1人 | 2 | 1.4% |

续表

2—3人	135		94.41%
4—6人	2		1.4%
6人以上	4		2.8%

8. 您对以下VR游戏的感官体验如何？[矩阵量表题]

该矩阵题平均分：4.34

我认为VR游戏的视觉显示器硬件与可视内容质量高	2 (1.4%)	3 (2.1%)	8 (5.59%)	124 (86.71%)	6 (4.2%)	3.9
我认为VR游戏的触觉硬件与触觉内容质量高	5 (3.5%)	8 (5.59%)	7 (4.9%)	1 (0.7%)	122 (85.31%)	4.59
我认为VR游戏的音频硬件与音频内容质量高	2 (1.4%)	6 (4.2%)	8 (5.59%)	7 (4.9%)	120 (83.92%)	4.66
我认为虚拟环境中的感官信息一致（如两个金属物体碰撞起来有金属感）	6 (4.2%)	5 (3.5%)	3 (2.1%)	122 (85.31%)	7 (4.9%)	3.83
我认为虚拟环境中的临场感较强	2 (1.4%)	4 (2.8%)	5 (3.5%)	7 (4.9%)	125 (87.41%)	4.74

9. 您是否有身体不适，未能及时退出游戏的情况？[单选题]

是	124		86.71%
否	19		13.29%

10. 您对以下VR游戏的情感体验如何？[矩阵量表题]

该矩阵题平均分：3.91

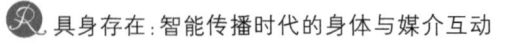

我觉得虚拟游戏环境中使用多种工具传达情绪	1 (0.7%)	4 (2.8%)	9 (6.29%)	124 (86.71%)	5 (3.5%)	3.9
我在虚拟游戏环境中感受到多种情绪	2 (1.4%)	3 (2.1%)	7 (4.9%)	124 (86.71%)	7 (4.9%)	3.92
我觉得"我"就是游戏中所控制的那个角色	2 (1.4%)	7 (4.9%)	6 (4.2%)	123 (86.01%)	5 (3.5%)	3.85
我明白在虚拟现实环境下什么能做什么不能做	2 (1.4%)	3 (2.1%)	5 (3.5%)	122 (85.31%)	11 (7.69%)	3.96

11. 您认为VR游戏在体验时面临的困境有哪些？［多选题］

视觉眩晕	133	93.01%
游戏内容	132	92.31%
操作复杂	129	90.21%
安全问题	14	9.79%
其他	9	6.29%

12. 您对于"我觉得我能够构建一个关于我在虚拟环境中的行动故事"持怎样态度？［量表题］

本题平均分：3.97

非常不同意	0	0%
不同意	1	0.7%
一般	10	6.99%
基本同意	124	86.71%
非常同意	8	5.59%

13. 通常在 VR 游戏中使用哪种人机交互方式？[多选题]

头控	137	95.8%
定时锚点/视线按钮	124	86.71%
语音控制	124	86.71%
3D 手势 + 动作捕捉	17	11.89%
按键或触摸板	14	9.79%
Daydream 手柄	8	5.59%
其他	4	2.8%

14. 您如何看待 VR 游戏中自己的虚拟形象？[单选题]

这就是我本人	4	2.8%
这只是我的一个替身并非真实的我	126	88.11%
是我进入游戏世界的一个工具	10	6.99%
仅为一个虚拟形象而已，与我无关	3	2.1%

15. 您如何看待 VR 游戏中的社交行为？[单选题]

VR 社交不真实，更喜欢现实世界的社交	5	3.5%
喜欢 VR 社交，提升了我的现实人际交往能力	119	83.22%
喜欢 VR 社交，弥补了现实中的社交遗憾	9	6.29%
仅是玩玩而已，不会对 VR 社交太当真	10	6.99%

16. 您觉得 VR 可以改进的地方有哪些？[多选题]

更逼真的虚拟环境	140	97.9%
更高的人机交互	140	97.9%

续表

更低廉的价格	134	93.71%
更高的安全性	16	11.19%
其他	11	7.69%

17. 您是因为什么没有体验过VR游戏［单选题］

地区不发达	2	18.18%
经济不支持	6	54.55%
觉得高大上不会玩	3	27.27%
没听过	0	0%

18. 您认为目前虚拟现实体验面临的困境有哪些？［多选题］

视觉眩晕	7	63.64%
游戏内容	8	72.73%
配套硬件	10	90.91%
难以让人知晓或接受	7	63.64%
安全问题	6	54.55%

19. 如果可以，您喜欢用VR来体验什么？［单选题］

极限运动	2	18.18%
沉浸式电影	5	45.45%
惊险刺激的游戏	2	18.18%
恐怖场景	1	49.09%
其他	1	49.09%

附录4 智能语音机器人用户访谈人员表

序号	姓名	性别	年龄	地区	使用的智能语音机器人	职业	收入	访谈时间
1	JQ	女	57	山西	小谷	退休人员	3500	2019年12月2日
2	MRF	女	56	山西	小爱同学	退休人员	3180	2019年12月2日
3	JPY	女	50	山西	小爱同学	退休人员	3100	2019年12月2日
4	CY	女	33	北京	小爱同学、天猫精灵、米兔、腾讯听听	技术人员	20000	2019年12月3日
5	JZX	男	35	山西	阿尔法蛋、苏宁小biu、火火兔	企业管理者	8000	2019年12月3日
6	LTing	女	37	山西	阿尔法蛋	下岗职工	—	2019年12月24日
7	JBY	女	10	山西	阿尔法蛋、苏宁小biu	学生	—	2019年12月24日
8	JZW	男	35	山西	小爱同学聊天软件	工程师	6000	2019年12月30日
9	LXX	女	35	山西	Siri	行政人员	5000	2020年1月2日
10	YD	男	39	山西	小爱同学	工程师	5000	2020年1月2日
11	ZY	女	34	山西	小爱同学	家庭妇女	—	2020年1月2日
12	YKK	女	9	山西	小爱同学	学生	—	2020年1月3日
13	CJQ	女	37	山西	小爱同学	幼师	4000	2020年1月3日
14	CJ	男	28	山西	小爱同学	营养师	5000	2020年1月3日
15	ZX	女	25	山西	小爱同学	教师	10000	2020年1月3日
16	CJW	女	31	山西	小爱同学	会计	1800	2020年1月10日
17	FJH	男	28	山西	小度、小爱同学、天猫精灵	教师	3800	2020年1月10日
18	JMH	女	62	山西	天猫精灵	退休人员	3600	2020年1月10日
19	WH	女	32	山西	小爱同学	公务员	4500	2020年1月15日
20	JBR	男	6	山西	小爱同学	儿童	—	2020年1月15日
21	GX	男	57	山西	小谷	医生	8900	2020年1月15日
22	LT	男	44	北京	小爱同学	工程师	25000—30000	2019年3月3日

附录 5　智能语音机器人访谈基本提纲

1. 您是否接触过智能语音机器人或其他聊天软件?
2. 您是出于什么原因购买和使用智能语音机器人的呢?
3. 您购买的智能语音机器人叫什么名字?
4. 您通常与它玩多久?以什么形式与它互动呢?
5. 您会依赖它吗?为什么呢?
6. 您与人交往相比,与机器人交往有什么异同呢?
7. 您会把它当作真正的人吗?为什么呢?
8. 在使用时您会关注它的外表吗?

参考文献

一 著作

［德］埃德蒙德·胡塞尔：《逻辑研究》（第二卷第一部分），倪梁康译，商务印书馆2015年版。

［德］埃德蒙德·胡塞尔：《现象学的观念》，倪梁康译，上海译文出版社1986年版。

［加］埃里克·麦克卢汉、弗兰克·秦格龙：《麦克卢汉精粹》，何道宽译，南京大学出版社2000年版。

［美］埃文·塞得曼：《质性研究中的访谈：教育与社会科学研究者指南》，周海涛主译，重庆大学出版社2009年版。

［英］安东尼·吉登斯：《社会的构成：结构化理论纲要》，李康、李猛译，中国人民大学出版社2016年版。

［德］奥斯瓦尔德·斯宾格勒：《西方的没落》上册，齐世荣等译，商务印书馆1963年版。

［英］Asa Briggs、Peter Burke：《大众传播史：从古腾堡到网际网路的时代》，李明颖、施盈廷、杨秀娟译，韦伯文化国际出版有限公司2014年版。

［美］保罗·莱文森：《数字麦克卢汉》，何道宽译，社会科学文献出版社2001年版。

［美］保罗·莱文森：《思想无羁》，何道宽译，南京大学出版社2003年版。

［美］保罗·莱文森：《真实空间：飞天梦解析》，何道宽译，中国人民大学出版社2006年版。

［英］布莱恩·特纳：《身体与社会》，马海良、赵国新译，春风文艺出版社2000年版。

陈向明：《质的研究方法与社会科学研究》，教育科学出版社2006年版。

［加］戴维·克劳利、保罗·海尔：《传播的历史——技术、文化和社会》（第五版），董璐、何道宽、王树国译，北京大学出版社2011年版。

［丹］丹·扎哈维：《胡塞尔现象学》，李忠伟译，上海世纪出版社2007年版。

［德］恩斯特·卡西尔：《人论》，甘阳译，上海译文出版社2004年版。

方汉奇：《中国新闻传播史》，中国人民大学出版社2014年版。

风笑天：《社会学研究方法》（第三版），中国人民大学出版社2009年版。

［德］弗里德里希·恩格斯、卡尔·马克思：《马克思恩格斯全集》（第三卷），中共中央马克思恩格斯列宁斯大林著作编译局译，人民出版社1974年版。

［德］弗里德里希·基特勒：《留声机、电影、打字机》，邢春丽译，复旦大学出版社2017年版。

［德］弗罗里安·罗泽：《第二个和第三个身体，或者：成为一只蝙蝠或住在另一个行星上会是什么情景?》，载［德］西皮尔·克莱默尔编著《传媒、计算机、实在性——真实性表象和新传媒》，孙和平译，中国社会科学出版社2008年版。

［美］凯瑟琳·海勒：《我们何以成为后人类：文学、信息科学和控制论中的虚拟身体》，刘宇清译，北京大学出版社2017年版。

［丹］克劳斯·布鲁恩·延森：《媒介融合：网络传播、大众传播和人际传播的三重维度》，刘君译，复旦大学出版社2012年版。

［英］克里斯·希林：《文化、技术与社会中的身体》，李康译，北京大学出版社2011年版。

［法］拉·梅特里：《人是机器》，顾寿观译，商务印书馆2017年版。

［英］拉德克里夫－布朗：《社会人类学方法》，夏建中译，华夏出版社2002年版。

赖光临：《中国新闻传播史》，三民书局1978年版。

［美］兰德尔·柯林斯：《互动仪式链》，林聚任、王鹏、宋丽君译，商务印书馆2009年版。

［美］兰登·温纳：《自主性技术：作为政治思想主题的失控技术》，杨海燕译，北京大学出版社2014年版。

［美］劳伦斯·夏皮罗：《具身认知》，李恒威、董达译，华夏出版社2014年版。

［英］雷蒙德·威廉斯：《文化与社会》，吴松江等译，北京大学出版社1991年版。

李康：《身体视角：重返"具体"的社会学》，《社会转型——北京大学青年社会学者论文选》，社会科学文献出版社2002年版。

李沁：《沉浸传播：第三媒介时代的传播范式》，清华大学出版社2013年版。

［美］林文刚编：《媒介环境学：思想沿革与多维视野》，何道宽译，北京大学出版社2007年版。

刘胜利：《身体、空间与科学——梅洛-庞蒂的空间现象学研究》，江苏人民出版社2015年版。

陆益龙：《定性社会研究方法》，商务印书馆2011年版。

［美］路易斯·亨利·摩尔根：《古代社会》，杨东莼、马雍、马巨译，商务印书馆1981年版。

［加］罗伯特·洛根：《理解新媒介——延伸麦克卢汉》，何道宽译，复旦大学出版社2012年版。

［美］罗莎琳德·皮卡德：《情感计算》，罗森林译，北京理工大学出版社1997年版。

［德］马丁·海德格尔：《存在与时间》，陈嘉映、王庆节译，生活·读书·新知三联书店2012年版。

［德］马克思、恩格斯：《德意志意识形态》，《马克思恩格斯选集》（第1卷），中共中央马克思恩格斯列宁斯大林著作编译局编译，人民出版社1995年版。

马向阳：《纯粹关系：网络分享时代的社会交往》，清华大学出版社2015年版。

［加］马歇尔·麦克卢汉：《理解媒介：论人的延伸》，何道宽译，译林出版社2011年版。

［加］马歇尔·麦克卢汉：《理解媒介：论人的延伸》，何道宽译，译林出版社2019年版。

［加］马歇尔·麦克卢汉：《理解媒介》，何道宽译，商务印书馆2001年版。

［美］玛丽-劳尔·瑞安：《故事的变身》，张新军译，译林出版社2014年版。

［美］迈克尔·奎恩·巴顿：《质的评鉴与研究》，吴芝仪、李奉儒译，台湾桂冠图书股份有限公司1999年版。

［美］米哈里·契克森米哈赖：《心流：最优体验心理学》，张定绮译，中信出版集团2017年版。

［法］米歇尔·福柯：《规训与惩罚》，刘北成、杨远婴译，生活·读书·

新知三联书店2003年版。

［法］莫里斯·梅洛－庞蒂：《知觉现象学》，姜志辉译，商务印书馆2001年版。

牟怡：《传播的进化——人工智能将如何重塑人类的交流》，清华大学出版社2017年版。

［美］尼尔·波兹曼：《童年的消逝》，吴燕莛译，广西师范大学出版社2004年版。

［美］尼葛洛庞帝：《数字化深生存》，胡泳、范海燕译，海南出版社1997年版。

［英］尼古拉斯·盖恩、戴维·比尔：《新媒介：关键概念》，刘君、周竞男译，复旦大学出版社2015年版。

尼克：《人工智能简史》，中国工信出版集团、人民邮电出版社2017年版。

［美］欧文·戈夫曼：《日常生活中的自我呈现》，黄爱华、冯钢译，浙江人民出版社1989年版。

彭兰：《中国网络媒体的第一个十年》，清华大学出版社2005年版。

［法］皮埃尔·布迪厄：《实践感》，蒋梓骅译，译林出版社2012年版。

［法］皮埃尔·布迪厄、［美］华康德：《实践与反思——反思社会学导引》，李猛、李康译，中央编译出版社2004年版。

［美］乔治·H.米德：《心灵、自我与社会》，赵月瑟译，上海译文出版社2008年版。

［美］史蒂文·塞德曼：《后现代转向"引言"》，吴世雄等译，辽宁教育出版社2001年版。

宋昭勋：《非语言传播学》，复旦大学出版社2008年版。

［美］托马斯·库恩：《科学革命的结构》，金吾伦、胡新和译，北京大学出版社2003年版。

王贞子：《数字媒体叙事研究》，中国传媒大学出版社2012年版。

［德］西美尔：《货币哲学》，陈戎女、耿开君、文聘元译，华夏出版社2002年版。

［德］西皮尔·克莱默尔编：《传媒、计算机、实在性——真实性表象和新传媒》，孙和平译，中国社会科学出版社2008年版。

［美］雪莉·特克尔：《群体性孤独：为什么我们对科技期待更多，对彼此却不能更亲密?》，周逵、刘菁荆译，浙江人民出版社2014年版。

杨大春:《杨大春讲梅洛-庞蒂》,北京大学出版社2005年版。

杨庆峰:《翱翔的信天翁:唐·伊德技术现象学研究》,中国社会科学出版社2015年版。

[苏]叶·潘诺夫:《信号·符号·语言》,王仲宣译,生活·读书·新知三联书店1991年版。

殷乐:《电视娱乐:传播形态及社会影响研究》,中国社会科学出版社2011年版。

[美]约翰·W.克雷斯威尔:《混合方法研究导论》,李敏谊译,格致出版社2015年版。

[美]约翰·奥尼尔:《身体形态:现代社会的五种身体》,张旭春译,春风文艺出版社1999年版。

[美]约翰·杜翰姆·彼得斯:《对空言说:传播的观念史》,邓建国译,上海译文出版社2017年版。

[美]约翰·杜翰姆·彼得斯:《交流的无奈——传播思想史》,何道宽译,华夏出版社2003年版。

张新军:《可能世界叙事》,苏州大学出版社2011年版。

赵建国:《身体传播》,社会科学文献出版社2018年版。

赵曦:《真实的生命力——纪录片边界问题研究》,中国传媒大学出版社2014年版。

二 论文

蔡润芳:《人机社交传播与自动传播技术的社会建构——基于欧美学界对Socialbots的研究讨论》,《当代传播》2017年第6期。

曹观法:《伊德的技术哲学》,《北京理工大学学报》(社会科学版)2004年第1期。

车淼洁:《戈夫曼和梅洛维茨"情境论"比较》,《国际新闻界》2011年第6期。

陈昌凤:《未来的智能传播:从"互联网"到"人联网"》,《人民论坛·学术前沿》2017年第23期。

陈昌凤、石泽:《技术与价值的理性交往:人工智能时代信息传播——算法推荐中工具理性与价值理性的思考》,《新闻战线》2017年第17期。

陈功:《保罗·莱文森的媒介演进线路图谱》,《当代传播》2012 年第 2 期。

陈翔:《论媒介系统与身体之关系——基于 A. 哈特的"媒介系统论"》,《西南民族大学学报》(人文社会科学版) 2012 年第 9 期。

陈向明:《质的研究中的"局内人"与"局外人"》,《社会学研究》1997 年第 6 期。

陈月华:《传播:从身体的界面到界面的身体》,《自然辩证法研究》2005 年第 3 期。

程明、赵静宜:《论智能传播时代的传播主体与主体认知》,《新闻与传播评论》2020 年第 1 期。

仇筠茜、陈昌凤:《黑箱:人工智能技术与新闻生产格局嬗变》,《新闻界》2018 年第 1 期。

邓若倓:《屏媒时代影像互动叙事的概念范畴与潜力环节》,《电影艺术》2016 年第 4 期。

董天策、何旭:《算法新闻的伦理审视》,《新闻界》2019 年第 1 期。

方兴东、李志敏、严峰:《智能电视时代新传播范式引发的产业变革之思考》,《电视研究》2013 年第 12 期。

冯炜:《主体间性:哈贝马斯交往理论对传播学的影响》,复旦大学信息与传播研究中心、复旦大学新闻学院,《信息化进程中的传媒教育与传媒研究——第二届中国传播学论坛论文汇编(上册)》,复旦大学信息与传播研究中心、复旦大学新闻学院:中国传播学论坛,2002 年。

付玉辉:《智能传播空间的构建及其未来》,《互联网天地》2011 年第 8 期。

高慧敏:《VR 纪录片的互动叙事模式探究》,《电视研究》2019 年第 9 期。

高慧敏:《智能化媒体时代社交形态探究——基于〈德意志意识形态〉的交往观》,《青年记者》2019 年第 36 期。

高慧敏、殷乐:《智媒时代新闻场域身体"在场"与"离场"问题考——基于智能化新闻实践的考察》,《西安交通大学学报》(社会科学版) 2020 年第 2 期。

高淑敏:《从功用工具走向生态互动:论技术、媒介与人的关系认知变迁》,《河南工业大学学报》(社会科学版) 2018 年第 5 期。

郭全中:《大数据时代下的智能传播及其盈利模式》,《新闻爱好者》2015 年第 1 期。

杭云、苏宝华:《虚拟现实与沉浸式传播的形成》,《现代传播》(中国传媒大学学报）2007 年第 6 期。

何苑、张洪忠：《原理、现状与局限：机器写作在传媒业中的应用》，《新闻界》2018 年第 3 期。

蒋逸民：《作为"第三次方法论运动"的混合方法研究》，《浙江社会科学》2009 年第 10 期。

刘海龙：《传播中的身体问题与传播研究的未来》，《国际新闻界》2018 年第 2 期。

李林容：《人工智能时代结构化传播环境及传播新路径的形成》，《出版发行研究》2018 年第 7 期。

梁国伟、侯薇：《虚拟现实：表征身体传播无限开放性的符号形式》，《现代传播》2008 年第 3 期。

林慧岳、夏凡、陈万求：《现象学视阈下"人—技术—世界"多重关系解析》，《东北大学学报》（社会科学版）2011 年第 5 期。

林升梁、叶立：《人机·交往·重塑：作为"第六媒介"的智能机器人》，《新闻与传播研究》2019 年第 10 期。

刘庆振：《智能传播：工业 4.0 时代传媒产业转型的新思维与新模式》，《教育传媒研究》2017 年第 6 期。

刘珊、黄升民：《人工智能：营销传播"数算力"时代的到来》，《现代传播》（中国传媒大学学报）2019 年第 1 期。

刘婷、张卓：《身体—媒介/技术：麦克卢汉思想被忽视的维度》，《新闻与传播研究》2018 年第 5 期。

刘伟：《智能传播时代的人机融合思考》，《人民论坛·学术前沿》2018 年第 24 期。

刘海龙：《传播中的身体问题与传播研究的未来》，《国际新闻界》2018 年第 2 期。

刘海龙、束开荣：《具身性与传播研究的身体观念——知觉现象学与认知科学的视角》，《兰州大学学报》（社会科学版）2019 年第 2 期。

吕尚彬、黄荣：《智能技术体"域定"传媒的三重境界：未来世界传播图景展望》，《现代传播》（中国传媒大学学报）2018 年第 11 期。

毛璐璐：《网络传播中的身体界面研究》，硕士学位论文，哈尔滨工业大学，2007 年。

［日］木庭康树：《柏拉图后期对话篇中"身体（soma）"的原理性特征——

柏拉图体育论再考的前提》,《体育学刊》2009年第10期。

彭兰:《未来传媒生态:消失的边界与重构的版图》,《现代传播》(中国传媒大学学报)2017年第1期。

孙玮:《赛博人:后人类时代的媒介融合》,《新闻记者》2018年第6期。

孙玮:《交流者的身体:传播与在场——意识主体、身体—主体、智能主体的演变》,《国际新闻界》2018年第12期。

谭铁牛、曾静平:《智能传播的现实应用、理论溯源与未来构想》,《浙江传媒学院学报》2018年第2期。

王彬:《身体、符号与媒介》,《中国青年研究》2011年第2期。

王峰:《人工智能的情感计算如何可能》,《探索与争鸣》2019年第6期。

王继:《从隐匿到实显的身体——对胡塞尔纯粹意识具身化维度的一个理解》,《天府新论》2018年第3期。

王晴锋:《身体的展演、管理与互动秩序——论欧文·戈夫曼的身体观》,《西华大学学报》(哲学社会科学版)2019年第4期。

王仕勇:《算法推荐新闻的技术创新与伦理困境:一个综述》,《重庆社会科学》2019年第9期。

王志良、解仑、董平:《情感计算数学模型的研究初探》,《计算机工程》2004年第21期。

吴飞:《媒介技术演进脉络的哲学考察》,《新闻记者》2018年第12期。

吴国林:《后现象学及其进展——唐·伊德技术现象学述评》,《哲学动态》2009年第4期。

肖荣春:《物联网:人类迈向智能的传播》,《声屏世界》2011年第2期。

熊澄宇:《对新媒体未来的思考》,《现代传播》(中国传媒大学学报)2011年第12期。

姚晓鸥:《面容媒介、道德意识与人际交往关系:基于现象学的交互主体性分析》,《新闻与传播研究》2020年第1期。

姚争为、杨琦、潘志庚、刘复昌、丁丹丹、袁庆曙及范然:《具身交互与全身交互的比较》,《计算机辅助设计与图形学学报》2018年第12期。

殷乐:《网络传播的时空创意》,《现代传播—北京广播学院学报》2000年第4期。

殷乐:《智能技术与媒体进化:国外相关实践探索与思考》,《新闻与写作》2016年第2期。

殷乐：《物联网时代的媒体与传播》，《青年记者》2016年第33期。

殷乐、高慧敏：《虚拟现实与传播形态——国内外前沿应用案例分析》，《当代传播》2019年第1期。

殷乐、高慧敏：《2019媒体发展与智能化技术应用前瞻》，《青年记者》2019年第1期。

殷乐、朱豆豆：《声音媒体的智能化发展——新终端 新应用 新关系》，《中国广播》2019年第4期。

殷乐：《欧美智能音频的使用及传播解析》，《青年记者》2019年第21期。

殷乐、高慧敏：《建设性新闻：溯源、阐释与展望》，《新闻与写作》2020年第2期。

阴雅婷：《西方传播学对人机互动的研究及其启示》，《新闻界》2017年第2期。

尤莉：《第三次方法论运动——混合方法研究60年演变历程探析》，《教育学报》2010年第3期。

喻国明、侯伟鹏、程雪梅：《"人机交互"：重构新闻专业主义的法律问题与伦理逻辑》，《郑州大学学报》（哲学社会科学版）2018年第5期。

张洪忠、段泽宁、韩秀：《异类还是共生：社交媒体中的社交机器人研究路径探讨》，《新闻界》2017年第2期。

张洪忠、石韦颖、韩晓乔：《从传播方式到形态：人工智能对传播渠道内涵的改变》，《中国记者》2018年第3期。

张璐：《浅谈唐·伊德的人—技关系理论中的四种关系》，《吉林省教育学院学报（下旬）》2014年第9期。

赵方杜：《身体社会学：理解当代社会的新视阈》，《华东理工大学学报》2012年第4期。

赵建国：《身体在场与不在场的传播意义》，《现代传播》2015年第8期。

张洪忠、段泽宁、韩秀：《异类还是共生：社交媒体中的社交机器人研究路径探讨》，《新闻界》2019年第2期。

张洪忠、段泽宁、杨慧芸：《政治机器人在社交媒体空间的舆论干预分析》，《新闻界》2019年第9期。

张洪忠、兰朵、武沛颖：《2019年智能传播的八个研究领域分析》，《全球传媒学刊》2020年4月30日，https：//doi.org/10.16602/j.gmj.20200003。

张迎辉、林学訚:《情感可以计算——情感计算综述》,《计算机科学》2008 年第 5 期。

曾静平:《智能传播的实践发展与理论体系初构》,《人民论坛·学术前沿》2018 年第 24 期。

郑大群:《论传播形态中的身体叙事》,《学术界》2005 年第 5 期。

周逵:《沉浸式传播中的身体经验——以虚拟现实游戏的玩家研究为例》,《国际新闻界》2018 年第 5 期。

三 外文文献

Asimov, I., "The bicentennial man", in *The bicentennial man and other stories*, New York: Doubleday, 1984.

Bailenson, Jeremy N. & Jim Blascovich, "Virtual Reality and Social Networks Will Be a Powerful Combination", IEEE, May 3, 2011, https://spectrum.ieee.org/telecom/internet/virtual-reality-and-social-networks-will-be-a-powerful-combination.

Barnlund, D. C., "A Transactional Model of Communication", In *Communication Theory* (2nd ed.), edited by C. David Mortensen, New Brunswick, NJ: Transaction, 2008.

Bastian, M., M. Makhort ykh & T. Dobber, "News personalization for peace: How al gorithmic recommendations can impact conflict coverage", *International Journal of Conflict Management*, Vol. 30, 2019.

Bazin, A., *What Is Cinema?* Berkeley: University of California Press, 1967.

Benson, R., "Mapping Field Variation: Journalism in France and the United States", In R. Benson and E. Neveu, eds., *Bourdieu and the Journalistic Field*, Malden: Polity Press, 2005.

Billard, A. & K. Dautenhahn, "Experiments in Learning by Imitation-Grounding and Use of Communication in Robotic Agents", *Adaptive Behavior*, Vol. 7, 1999.

Boshmaf, Y., et al., "The socialbot network: when bots socialize for fame and money", Proceedings of the 27th annual computer security applications conference. ACM, 2011.

Boshmaf, Y., I. Muslukhov, K. Beznosov & M. Ripeanu, "Design and analysis of a social botnet", *Computer Networks*, Vol. 2, 2013.

Boshmaf, Y., I. Muslukhov, K. Beznosov & M. Ripeanu, "The socialbot network: When bots socialize for fame and money", ACSAC '11: Proceedings of the 27th Annual Computer Security Applications Conference, 2011.

Brown, E. & Paul Cairns, "A Grounded Investigation of Game Immersion", In (Proceedings) ACM Conference on Human Factors in Computing Systems, Association for Computing Machinery Press, 2004.

Bro., P., "Constructive journalism: Proponents, precedents, and principles", *Journalism*, Vol. 20, 2019.

Campbell, D. T., "Evolutionary Epistemology" in *P. A. Schilpp* (ed.), *The Philosophy of Karl Popper*, I, Open Court, La Salle, Ⅲ., 1974.

Chris, S., *The Body in Culture, Technology and Society*, London: Sage Publications Ltd., 2005.

Christian, B., *The Most Human Human: What Artificial Intelligence Teaches Us About Being Alive*, New York: Anchor Books, 2015.

Coeckelbergh, M., "The moral standing of machines: Towards a relational and non-cartesian moral hermeneutics", *Philosophy & Technology*, Vol. 27, 2014.

comscore, https://www.comscore.com/Insights/Presentations-and-Whitepapers/2017/The-Future-of-Voice-From-Smartphones-to-Smart-Speakers-to-Smart-Homes, retrieved on February 11, 2020.

Crawford, C., *Chris Crawford on Interactive Storytelling*, CA: New Riders, 2004.

Csikszentmihalyi, M., *Flow: The Psychology of Optimal Experience*, London: Harper Perennial, 1990.

Douglas, J. D., *Creative Interviewing*, CA: Sage, 1985.

Elliott, A., *The Culture of AI: Everyday Life and the Digital Revolution*, New York: Routledge, 2019.

England, D., *Whole body interaction*, Heidelberg: Springer, 2009.

Ericsson Consumer Lab, *10 Hot Consumer Trends 2030: The Internet of senses*, December, 2019.

Featherstone, M. & A. Wernick, *The Body: Social Process and Cultural Theory*,

London: Sage, 1991.

Gehl, Robert W. & Maria Bakardjieva, *Socialbots and Their Friends: Digital Media and the Automation of Sociality*, New York: Routledge, 2016.

George, T., "Newsrooms must learn how to use AI: 'Trust in journalism is at stake'", Journalism. co. uk, December 12, 2018, https://www.journalism.co.uk/news/lessons-learned-in-the-last-four-years-of-using-artificial-intelligence-at-the-associated-press/s2/a731760/.

Goffman, E., *The presentation of self in everyday life*, New York: Anchor Books, 1959.

Goffman, E., "Embarrassment and social organization", *American Journal of Sociology*, Vol. 3, 1965.

Graham, S., "From Dreams of Transcendence to the Remediation of Urban Life", in Steven Graham (ed.), *The Cybercities Reader*, London: Routledge, 2004.

Grau, O., *Virtual Art: From Illusion to Immersion*, Cambridge, MA: MIT Press, 2003.

Guzman, Andrea L., "Making AI Safe for Humans: A Conversation With Siri", in *Socialbots and Their Friends: Digital Media and the Automation of Sociality*, New York: Routledge, 2017.

Guzman, Andrea L., "Voices in and of the Machine: Source Orientation Toward Mobile Virtual Assistants", *Computers in Human Behavior*, Vol. 90, 2019.

Haraway, Donna J., *Simians, Cyborgs, and Women: The Reinvention of Nature*, London: Free Association, 1991.

Haraway, Donna J., "A Cyborg Manifesto", *Manifestly Haraway*, Minneapolis: University of Minnesota Press, 2016.

Hartmann, T., "Entertainment in Virtual Reality and Beyond: The Influence of Embodiment, Co-Location, and Cognitive Distancing on Users' Entertainment Experience", In P. Vorderer & C. Klimmt (Eds.), *The Oxford Handbook of Entertainment Theory*, Oxford, UK: Oxford University Press, 2020.

Havelock, Eric A., *Preface to Plato*, Cambridge, MA: Belknap Press of Harvard University Press, 1963.

Husserl, E., "Ideas Pertaining to a Pure Phenomenology and to a Phenomenological Philosophy", Second Book: *Studies in the Phenomenology of Constitution*, trans, by R. Rojcewicz and A. Schuwer, Dorrecht: Kluwer, 1989.

Ihde, D., *Technology and the Lifeworld: From Garden to Earth*, Bloomington: Indiana University Press, 1990.

Ihde, D., *Technology and Praxis*, Dordrech: D. Reidel Pub. Co., 1979.

Ihde, D., "The Experience of Technology: Human-Machine Relations", *Culture Hermeneutics*, Vol. 2, 1974.

Innis, H. A., *Empire and communication*, New York: Oxford University Press, 1951.

Interaction Design Foundation, "Human-Computer Interaction (HCI)", https://www.interaction-design.org/literature/topics/human-computer-interaction, retrieved on April 28, 2020.

Jacko, Julie A., *Human-Computer Interaction Handbook: Fundamentals, Evolving Technologies, and Emerging Applications (Third Edition 3 rd)*, Boca Raton: CRC Press, Inc., 2012.

Kang, S., Erin O'Brien, Arturo Villarreal, Wansoo Lee & Chad Mahood, "Immersive Journalism and Telepresence", *Digital Journalism*, Vol. 7, 2019.

Khademi, M. S., Hosseini Moghaddam & M. Abbaspour, "An empirical study of the effect of profile and behavioral characteristics on the infiltration rate of socialbots", 2017 Iranian Conference on Electrical Engineering (ICEE), Tehran, 2017.

Kiousis, S., "Interactivity: a concept explication", *New Media & Society*, Vol. 4, 2002.

Laurel, B., *Computers as Theatre*, Reading, Mass.: Addison-Wesley Pub., 1991.

Leder, D., *The Absent Body*, Chicago: University of Chicago Press, 1990.

Lee, K. M., "Presence, explicated", *Communication Theory*, Vol. 14, 2004.

Levinson, P., "McLuhan and Rationality", *Journal of Communication*, Vol. 31, 1981.

Lewis, Seth C., Andrea L. Guzman & Thomas R. Schmidt, "Automation, Journalism, and Human-Machine Communication: Rethinking Roles and Relationships of Humans and Machines in News", *Digital Journalism*, Vol. 7, 2019.

Malkki, L. H., "Speechless Emissaries: Refugees, Humanitarianism, and Dehistoricization", *Cultural Anthropology*, Vol. 3, 1996.

Manovich, L., *The Language of New Media*, Massachusetts: The MIT Press, 2002.

McCarthy, C., "The 'space bubble' ensures you always have personal space in VR, Visions", Killscreen, December 29, 2017, https://killscreen.com/versions/users-can-no-longer-encroach-personal-space-thanks-altspaces-space-bubble/.

Merleau-Ponty, M., *Phenomenology of Perception*, translated by Donald Landes, London/NY: Routledge, 2011.

Merleau-Ponty, M., "Eye and Mind", in *The Primacy of Perception*, ed, James M. Edie, trans. Carleton Dallery, Evanston: Northwestern University Press, 1964.

Minsky, M., *The society of mind*, New York: Simon & Schuster, 1985.

Nass, C., Jonathan Steuer & Ellen R. Tauber, "Computers are Social Actors", In *Proceedings of the SIGCHI Conference on Human Factors in Computing Systems*, New York: ACM, 1994.

Newberg, M., "As many as 48 million Twitter accounts aren't people, says study", March 10, 2017, https://www.cnbc.com/2017/03/10/nearly-48-million-twitter-accounts-could-be-bots-says-study.html.

Newman, N., *Digital News Project: The Future of Voice and the Implications for News*, 2018.

Oliver, M. B. & A. Bartsch, "Appreciation as audience response: Exploring entertainment gratifications beyond hedonism", *Human Communication Research*, Vol. 36, 2010.

Ovum, *How 5G Will Transform the Business of Media & Entertainment*, London: Ovum, 2018.

Owen, T., Fergus Pitt, Raney Aronson-Rath & James Milward, "Virtual Reality Journalism", November 11, 2015, *Columbia Journalism Review*, https://

www. cjr. org/tow_ center_ reports/virtual_ reality_ journalism. php.

Paradise, A. & Rami Puzis & Asaf. Shabtai, "Socialbots", in *Encyclopedia of Social Network Analysis and Mining*, Oumayma Banouar: Said Raghay, 2017.

Pavlus, J., "Your body does not want to be an interface", March 18, 2018, https://www. technologyreview. com/s/514136/your-body-does-not-want-to-be-an-interface/.

Pawson, R., "Method Mix, Technical Hex, Theory Fix", In Manfred Max Bergman (ed.), *Advances in Mixed Methods Research: Theories and Applications*, Los Angeles, London, New Delhi, Singapore London: Sage, 2008.

Quaglia, J. T. & A. Holecek, "Lucid virtual dreaming: Antecedents and consequents of virtual lucidity during virtual threat", Proceedings of the 25th IEEE Conference on Virtual Reality and 3D User Interfaces, 2018.

Renner, N., "The media today: The rise of virtual reality journalism", *Columbia Journalism Review*, October 4, 2017, https://www. cjr. org/tow_ center/virtual-reality-journalism-media-today. php.

Ryan, Marie-Laure, "Beyond Myth and Metaphor", *Poetics Today*, Vol. 4, 2002.

Samuel, W., "Automating power: Social bot interference in global politics", *First Monday*, Vol. 4, 2016.

Scannell, P., "History, Media, and Communication", In K. B. Jensen (Ed.), *A Handbook of Media and Communication Research: Qualitative and Quantitative Methodologies*, London: Routledge, 2002.

Scharff, Robert C., "Don Ihde: Heidegger's Technologies: Postphenomenological Perspectives", *Continental Philosophy Review*, Vol. 45, 2012.

Schmidt, A., "Implicit human computer interaction through context", *Personal Technologies*, Vol. 4, 2000.

Shackel, B., "Ergonomics for a computer", *Design*, Vol. 120, 1959.

Shannon, Claude E., "A Mathematical Theory of Communication", *Bell System Technical Journal*, Vol. 27, 1948.

Shannon, Claude E., "Programming a Computer for Playing Chess", *Philosophical Magazine*, Ser. 7, Vol. 41, 1950.

Slater, M., Usoh, M. & Steed, A., "Depth of Presence in Virtual Environments",

Presence: Teleoperators and Virtual Environments, Vol. 2, 1994.

TechInsight 360, *Global Artificial Intelligence (AI) in Media and Entertainment Industry Databook Series (2016 – 2025)*, August 2019.

Turkle, S., *Alone Together: Why We Except More From Technology and Less From Each Other*, New York: Basic Books, 2011.

U. S. Department of Commerce, *National Telecommunications and Information Administration Falling through the Net: A Survey of the Have Nots in Rural and Urban America*, retrieved on April 5, 2020.

Vanhoutte, K. & Nele Wynants, "Immersion", In *Mapping Intermediality in Performance*, ed. Sarah Bay-Cheng, Chiel Kattenbelt, Andy Lavender, and Robin Nelson, Amsterdam: Amsterdam University Press, 2010.

Vorderer, P., C. Klimmt & U. Ritterfeld, "Enjoyment: At the heart of media entertainment", *Communication Theory*, Vol. 14, 2004.

Vorderer, P., Dorothee Hefner, Leonard Reinecke & Christoph Klimmt, *Permanently Online, Permanently Connected Living and Communicating in a POPC World*, New York: Routledge, 2018.

Watzlawick, P., J. H. Beavin & D. D. Jackson, *Pragmatics of Human Communication: A Study of Interactional Patterns, Pathologies, and Paradoxes*, New York: Norton, 1967.

Winograd, T., "Heidegger and the Design of Computer Systems", in A. Feenberg & A. Hanna (eds.), *Technology and the Politics of Knowledge*, Bloomington: Indiana University Press, 1995.

World Intellectual Property Organization, *WIPO Technology Trends 2019 Artificial Intelligence*, 2019.

Yang, J., Christian Holz, Eyal Ofek & Andrew Wilson, "Dream Walker: Substituting Real-World Walking Experiences with a Virtual Reality", User Interface Software and Technology (UIST) 2019, October 2019, https://www.microsoft.com/en-us/research/publication/dreamwalker-substituting-real-world-walking-experiences-with-a-virtual-reality/.

Zeifman, I., "2014 bot traffic report: Just the droids you were looking for", Incapsula, December 18, 2014, https://www.incapsula.com/blog/bot-traffic-report-2014.html.

索 引

A

阿里巴巴　115，173，196，197
阿帕网（ARPANET）　66
AI 语音头条　114，115，219
AI 主播　69，78，89，93，101，104，120，121
艾利亚斯　13
艾媒咨询　132
爱立信消费者研究室　94
安德烈·巴赞　127
安德鲁·芬博格　13

B

保罗·杜里什　143
保罗·莱文森　11，15，16，32，55－59，69，70，73，74，114，204，218
背景关系　28
本能娱乐　124
彼得·沙洛维　118
变更理论　33，39
播客新闻　114，115，219
布尔迪厄（Bourdieu）　10，25，92，93，95，212
布莱恩·克里斯蒂安　198
布赖恩·沙克尔（Brian Shackel）　6

C

阐释关系　28，36，40，83－85，87，90，100，108，212，213

沉浸传播　4，126，128，129
沉浸感　117，126，127，129，130，134，135，139，142，145，147，148，155，159，164
沉浸式新闻　92，98，116，117，123
沉浸式娱乐传播　43，44，124－126，128－131，135，138，142，144，145，155，159，160，167，214，216
抽象娱乐　124，125
初音未来　132
创造性访谈　91
次生口语文化　63

D

戴维德·沙诺弗　74
道格拉斯　91
德·迈斯特　9
迪德雷·博登　190
笛卡尔　8，9，13，22，23，25，183
电子人　18，66，68，75，76，98，211
动态互动　53

F

费尔巴哈 9
费瑟斯通 14
封闭式交互 53,54
弗里德里希·基特勒 11
福柯 10,13

G

盖恩 78
古列莫·马可尼 65
谷歌 115,135,162,173
《观察家》 73

H

《杭州日报》 66
后人类 12-15,32,68-70,75,77,111,122,179,181,212,218,227,230
后真相 120,221
胡塞尔 9,22,23,25,28,33,34,40,57,58,84,85,137,138,143,151
互动广播 114,115,219
互动剧 132-134,167
互动叙事 133,135,160,161,163,166,167
《皇家学会会刊》 73
混合现实（Mixed Reality） 82,126
混合现实捕捉技术（Mixed Reality Capture） 82
混合研究方法 37,40,41,47,48,209,229
霍布斯 9

J

吉登斯 10,195,222

技术身体 10,13,25,26,38,70,104,110,149,178,179,181,185,209
技术自主性理论 30
间接经验的多重系统 57,58,219
建设性新闻 92,118,120-123,223
交互人 224
交往身体 26,27,38,178,179,182,183,187,192,198,207,214
经典互动 53,54
精神交往 29,174,175
具身关系 10,28,36,40,83,85-87,125,136,140,144,159,212-215
具身互动 124,142-144,146,147,150,151,155-160,167,176,209,214-216,229,230
具身认知 12,38,57,143
具身性 12-14,21,25,28,30,39,40,43,44,79,98,138,139,142,143,146,155,156,168,170,172,174,179,211,212,214,215,227,230,231
具身虚拟沉浸 131

K

开放式交互 53,54
凯瑟琳·海勒 15,32,69,75,77,179,181,212,218
凯瑟琳·吉登斯特德 121
克劳德·香农 60
克劳斯·布鲁恩·延森 15,82,224
口语传播 59,61-64,71,72,112,184,211
库尔特·瓦努特 127

L

拉·梅特丽 12

索 引

兰登·温纳 30, 31
冷媒介 52, 53, 65
离场 2, 75, 90, 94, 101 – 104, 106, 123, 130, 183, 185, 190, 213, 218
聊天机器人（Chatbots） 69, 101, 171, 173, 174, 180, 187, 196
列夫·曼诺维奇 32, 161
刘海龙 11, 12, 212
罗伯特·洛根 59, 61, 119
洛根 35, 60 – 63, 119
《洛杉矶时报》 110

M

马歇尔·麦克卢汉 11, 15, 17, 23, 31, 50, 52, 58, 62, 64, 72, 73, 89, 99, 124, 146, 148, 216, 227
玛丽–劳尔·瑞安 160, 163
梅洛–庞蒂 8 – 10, 13, 15, 22 – 26, 28, 85, 136, 138, 143, 146, 147, 149, 179
媒介技术论 8, 20, 21, 36, 37, 41, 50, 51, 80, 83, 87, 88
媒介技术史 12, 33 – 36, 44, 50, 58, 83, 209, 210, 229
媒介冷热论 51, 52
媒体大脑 69, 91, 93, 95, 100, 103, 105, 107, 109, 119, 120
媒体等同理论 186
美国视频平台 Netflix 134
美国网络媒体 ATTN 122
美国证券交易委员会（US Securities and Exchange Commission） 171
明斯基 118
模拟式传播 35, 59, 61, 62, 71, 72, 184, 211
MIT 媒体实验室 118

N

南加州大学和印第安纳大学（Southern California and Indiana University） 171
脑机接口 224, 226, 228
内在被动式互动 56, 210
内在性 22, 23, 25, 57, 58, 71, 72, 97
内在主动式互动 56, 71, 76, 77, 86, 176, 210
尼采 9
尼尔·波兹曼 15 – 17, 124, 125
尼古拉·尼葛洛庞帝 66, 67
《纽约时报》 115
暖新闻 120

O

欧文·戈夫曼 29, 191, 207

Q

齐美尔 10, 14, 25
前智能传播时代 61, 70, 184, 210, 211, 229
情感计算 118, 119, 230
情感智能 118, 119

R

热媒介 51, 52, 182
人工智能 1 – 7, 14, 15, 19, 24, 27, 36, 39, 43, 50, 55, 59 – 61, 65 – 70, 76 – 78, 81, 84, 87, 89, 90, 93, 94, 96, 98, 99, 101, 105, 106, 109 – 112, 114, 116 – 120, 122, 125, 126, 130 – 132, 135, 140, 150, 166, 170 – 172,

· 267 ·

175－178，183，185，186，194，196－198，200，202，203，206，207，212，213，215－217，219，220，224，225，229，230

人机互动　3，41－43，89，101，102，108，111，122，123，176，178，209，213，215，216，218，229，230

人机交互　2，3，5－9，19－21，23，27，29，34，36，37，41，50，51，78－83，86，87，99，100，102，111，112，116，118，119，128，142，143，147，157，158，162，166，171，186，209，210，213，223－229

人机协同　6，92，108，109，120，123，213，217，222，230

人机信任　195，205，206，208，214，215，221，222，230

人际交往　5，12，29，50，78，151，158，161，182－187，189，198，207，214

人因工程　6

融合娱乐　124，125

S

赛博格　68，93，182，183

社会身体　36，38，88，97，153，169，176，178，179，182，189

社交机器人　4，39，42，43，87，101，170－183，185－187，190－196，202，204，207，208，214，217

身体　1－3，5－47，50－62，64，65，67－92，94－99，101－120，122－125，127－133，135－153，155－170，174－196，198，200，202－204，206，207，209－220，223－230

身体图式　24，38，86，125，144，148－151，167，212，214

身心二元论学说　8，9

深度造假　132

神州学人周刊　66

生物传感智能机器人　119

圣荷塞信使报　66

实时互动　53，54

使用与满足　8，130

视听感知传播　64，73，211

书写传播　16，61，63，64，72，73，211

数字鸿沟　197，199－201，215

数字人类　227

数字信任　195

数字永生　226，227

瞬间内感　24

斯皮罗·基欧希斯　32

孙玮　12，68，218

T

它者关系　28，36，40，83，86，87，170，175－177，187，207，212，214

唐·伊德　10，13，22，25－27，29，33，34，37，38，40，84，85，96，136，209，229

唐娜·哈拉维　14，68，169

腾讯视频　107，111，220

体验交互　7

头戴式可视设备　136

涂尔干　10，25，192

V

VRChat　153，154

VR 纪录片　39，125，140，160－167

VR 社交平台　152

VR 游戏　2，39，42，43，45－49，125，

135，144－153，155－159，167，214

W

外在被动式互动　56，73，210
外在性　13，23，25，57，58，73，97
外在主动式互动　56，77，85，87，184，187，210
网络传播　4，6，12，15，66，67，75，77，82，99，139，211，224
韦伯　10，30，65，74
文化批判　8
文化身体　13，25，26，38，88，110，111，125，178，179
乌瑞克·哈根洛普　121
物质身体　8，13，25，26，38，67，70，71，76，88，97，103，107，109，110，125，130，132，138，139，149，178－180，184，185，209，217，227
5G　1，2，67，80，82，112，118，129，132，135，160，166，190，200

X

西皮尔·克莱默　39，178，225
象征互动论　8
小米　115，173，196，197
写稿机器人　2，56，69，78，89，93，98，100，101，110
心流　127，130
新华社新媒体中心　42，45，90，91，120
新华社智能化编辑部　90
新华智云　43，45，92，93，95，109，119，120
新闻测验　114，115，219
新闻场域　46，89－93，95－98，101，102，104－109，111，112，116，119，122，123，169，213，218，220，222
信息论　15，32，60，69，124，228
信息人文主义　77
信息显示　7
虚拟偶像　132
虚拟身体　15，32，67，69，75－77，130－132，138，139，149，150，153，157，158，167，179，181，189，192，212，217，225
虚拟现实　2－4，6，7，12，24，39，43，46，47，53，77，78，81，86，89，98，99，116－118，125－130，135，136，138－142，144－149，152，153，155－159，161－163，165－167，214，216，217，219，225

Y

雅克·埃吕尔　31
亚马逊　115，135，173，206
杨庆峰　13，25－27，34，40，84，85，96，136
意念打字　226，227
意识沉浸　125，130，142，167，214
意向性　22，23，28，33－35，40，84－87，143，147，215
殷乐　3，112，124，139，196，218，223
英国媒体Sky　164
英尼斯　31
语音交互方式　94
语音交互界面　112
语音搜索　113，114
语音助理　112
原生口语文化　63
约翰·奥尼尔　10，26，27
约翰·洛吉·贝尔德　65

Z

再媒介化理论 51，54

在场 2，12，13，19，26，29，32，57，67，72，75，76，78，83，89，90，92，97，101-105，108，109，111，116，122，123，125，127，139-142，159，163，168，176，179-185，189-193，198，213，218

张洪忠 4，77，172-174

赵建国 11，12，180

知觉场 99，111，146，147，163，214

知觉空间 146

知觉现象学 12，13，23，24，136，138，146，147，149

智能传播 1，3-6，8，9，19-21，24，26，27，36，37，39，43，61，66，68，70，76，77，79，80，83，87，88，95，108，112，122，168，170，172，174，176，177，183，187，191，192，209，211-213，215-217，223，227-231

智能传播时代 4-6，9，19-21，23，28-30，32，33，35-41，43，44，47，50，51，61，65，69，70，75，77-79，84，85，88，89，98，175，176，183，184，186，187，192，195，197，209-212，215，218，223，225-230

智能化技术 2-5，7，20，37，39，42，43，45，46，49，51，56，70，77，79，81，83，89-95，98，99，104，106-109，111，114，119，120，122，125，126，130，131，140，142，160，166，172，174，175，179，183，185，190，201，209-211，214，217-219，222，223，225，227，229，231

智能机 176，225，226

智能机器 70，95，98，109，180，186，217-219，230

智能机器人 2，106，119，173，175-177，186，193，202，204，206，216，222

智能语音新闻 45，112-114，116，123，218

重回身体的大众娱乐 124

周逵 149，156，169

主体间性 107，151，152，156，157

自动化新闻 2，101，104，107，119-122

后　记

《具身存在：智能传播时代的身体与媒介互动》书稿以我博士论文为基础。当时开展研究得益于我博士导师殷乐老师的悉心指导，研究情境历历在目。正是一次写作经历打开了我对人工智能的新认知，在导师的点拨之下确定了"身体"这个视角，数度的探讨与修改提纲之后，我踏上探究身体与媒介纠缠的孤独之旅，从选题、研究到写作中间虽然困难重重，但也不乏火花迸发时的兴奋。在此虽然研究细节无法巨细，但是有三点至今刻骨铭心，这对于本研究的走向有深刻影响：其一，在选择身体议题时既兴奋又却感到无力。一个偶然机会让我遭遇了唐·伊德的"三个身体"思想的撞击，我对于现象学中的身体着迷，但是也却陷入了身体哲学而不能自拔，原本看似清晰的研究框架在经过一轮身体论的洗礼之后失焦，幸好有老师的及时点拨，身体终归要回到实践中，这也确定了我以现象学身体观来探索本书身体实践的基调。其二，在于对于传播学的经验性研究方法而言，身体与媒介关系的探讨如何能落下来是个重点也是难点，因此在研究中我特别注重避免陷入从理论到理论的转圜，将身体与媒介互动具身化，在获取新闻部分实证资料时导师为我提供了大力支持。其三，在经过初步调查之后，我又对研究框架产生质疑，身体与媒介关系的泛化让我难以捕捉到其规律，通过不断地交流与讨论之后，最终将关系确定为"互动"视角，这也就构成了现在的书稿选题。与其说本书是具身研究，而不如说我自身经历着具身化，也正是各种身体力行支持完成本书稿。博士后期间，我继续围绕博士论文未尽课题深耕，结合我国传媒业在智能传播方面的创新实践，以期突出"中国方案"和"中国智慧"在构建智能传播理论上的价值和意义，这也是对于寻找"具身"传播理论的中国路径的一种尝试，当然这并非易事，我所做的阐释和论证可能因为自身经历与思维的局限，还远远不够。

仔细想来，人与技术关系的纠缠与演进也是当下中国媒体生态正在经历的事情，而人们的生活与技术的交织重新建构人类的交往生态，那么在日新月异的技术变革中，我们也需要一套能够阐释当下传播变化的研究范式，应该以动态视野去寻找确定性，回到日常生活实践中去感知传播规律与脉动，正好智能传播是我所钟爱的领域，而中国的智能传播实践具有自身特色，在一些领域更是如此，这需要学者具备敏锐的感知力，来关照当前的现实，从而发挥抛砖引玉的作用。

当然，书稿的完成离不开各位师友的帮助与支持，行笔至此要感谢的人很多。首先要感谢的是我的恩师殷乐老师，她是开启我传媒研究生涯的领路人，一次次谆谆教诲、悉心指导及各种帮助支持与鼓励，对于我作为研究者的身份也更加确定与坚定。从选题、结构安排、写作、定稿直至之后的修订，殷乐老师都给与精心的指导与耐心的鼓励，书稿亦凝结着老师的心血与睿智，尤其老师的治学严谨深深感染着我，让我在科研与生活中多了一份审慎，也正是在老师的一次次点拨中，我渐渐开窍，在此我将对我最敬爱的老师表示感谢！其次，感谢家人对我无微不至的关怀及无条件的支持。同时，衷心感谢在写作过程中给与我指导和意见的各位专家。也要感谢为访谈及问卷提供支持的各位受访者。

本书的出版得益于《中国社会科学博士后文库》出版计划的资助，感谢中国社会科学出版社的鼎力支持，特别感谢陈肖静编辑在审稿、校对等一系列工作中全程跟进，也对其他工作者为本书出版付出的辛苦表示最真挚的感谢！也感谢北京邮电大学数字媒体设计艺术学院与上海大学新闻传播学流动站相关领导对于科研的重视与支持。

《具身存在：智能传播时代的身体与媒介互动》一书即将出版面世，虽然由于才学有限，研究仍存在相当多的疏漏与遗憾，对于中国智能传播理论与实践的思考还远远不够，但我努力将所思所感写于纸上，希望得到大家的批评指正，也希望与更多师友共同探讨与交流中国的智能传播议题。

高慧敏

2022 年 12 月 1 日于北京大兴

附件 2：

第十批《中国社会科学博士后文库》专家推荐表 1

《中国社会科学博士后文库》由中国社会科学院与全国博士后管理委员会共同设立，旨在集中推出选题立意高、成果质量高、真正反映当前我国哲学社会科学领域博士后研究最高学术水准的创新成果，充分发挥哲学社会科学优秀博士后科研成果和优秀博士后人才的引领示范作用，让《文库》著作真正成为时代的符号、学术的示范。

推荐专家姓名	殷乐	电话	18601223148
专业技术职务	研究员	研究专长	媒介研究、新闻研究
工作单位	中国社会科学院新闻与传播研究所 中国社会科学院大学新闻传播学院	行政职务	应用新闻学研究室主任 副院长
推荐成果名称	具身存在：智能传播时代的身体与媒介互动		
成果作者姓名	高慧敏		

　　《具身存在：智能传播时代身体与媒介互动》书稿是高慧敏同学在博士论文基础上的升华与拓展。在博士期间，作为慧敏同学的导师，曾和她较早商定以智能传播及媒介研究作为她博士论文的方向，这一方向具有前沿性同时难度也很大，对写作者提出了很高的要求，庆幸的是她对这一领域有兴趣更有钻研，在读博期间投入大量时间精力在此领域深耕，所以才有了"智能传播时代身体与媒介互动研究"，在博士后期间继续延续博士期间的研究并拓展。

　　该书稿聚焦于从"身体"视角研究人机互动，研究范围和对象明晰，选题的理论意义和实践价值强。该书稿视野开阔，文献综述细致深入，对本领域的研究做到了较为充分的梳理和解析，这也为智能传播研究提供理论资源。具体有几点突出之处，一是从身体视角的切入和突破。身体研究是近年逐渐热起来的研究领域，但慧敏同学在论文中能够在对相关研究进行消化吸收的基础上，将身体这个核心概念置于智能传播时代的人机互动脉络中加以阐释，尝试引入跨学科理论视角来拓展传播学的身体研究，研究视角有突破；二是合理运用了混合研究方法，提出并论证了几个有价值的发现，如身体与媒介互动的演进模式，又如而将智能传播视为一种生态系统，并解析这一生态系统与"人机互动""具身互动""人机交往"三种互动模式的关系等；三是从新闻、娱乐、社交三个场景来具体展开智能传播时代身体与媒介的互动解析，理论和实践结合紧密。在写作中，因为选题聚焦人工智能与媒介，我们一直担心的就是出现从理论到理论，从假想到畅想的问题，所以这三个场景的论证设计也是希望能切实将研究落到实处，从目前成果来看，慧敏同学在一定程度上解决了落到实处的问题，这也是论文的创新点之一。

　　在政治理论倾向方面，该书稿也以马克思主义为指导，遵循马克思的精神交往观，同时也与时俱进秉承习近平总书记的科技创新理念，将人工智能技术在新闻、娱乐及社交等多重场景中落到实处，以"智"谋"祉"为宗旨，将智能化技术的价值在应用中体现，这也是本书稿理论探讨的现实归宿，注重人工智能技术应用开发的民生导向。

　　总体而言，该书稿具有出版价值，主要有三个方面：一是聚焦"智能传播"议题，选题前沿，能够紧扣时代命脉，符合出版的前沿性；二是突破传统传播学研究视域，而立足"身体"视野与现象学研究方法论,这也为不同于既往传播学体系的智能传播的学理性探讨也奠定了基础;三是书稿结构完整,研究设计合理,逻辑清晰,论证充分,文字流畅,写作符合规范。论文的不足之处:智能传播处于初始阶段,后续可以考虑继续深化研究。鉴于此,特推荐慧敏同学书稿《具身存在:智能传播时代的身体与媒介互动》出版。

签字:

2021 年 3 月 2 日

说明:该推荐表须由具有正高级专业技术职务的同行专家填写,并由推荐人亲自签字,一旦推荐,须承担个人信誉责任。如推荐书稿入选《文库》,推荐专家姓名及推荐意见将印入著作。

第十批《中国社会科学博士后文库》专家推荐表 2

《中国社会科学博士后文库》由中国社会科学院与全国博士后管理委员会共同设立，旨在集中推出选题立意高、成果质量高、真正反映当前我国哲学社会科学领域博士后研究最高学术水准的创新成果，充分发挥哲学社会科学优秀博士后科研成果和优秀博士后人才的引领示范作用，让《文库》著作真正成为时代的符号、学术的示范。

推荐专家姓名	宋小卫	电话	13522037434
专业技术职务	研究员	研究专长	新闻学、媒介消费
工作单位	中国社会科学院新闻与传播研究所	行政职务	
推荐成果名称	具身存在：智能传播时代的身体与媒介互动		
成果作者姓名	高慧敏		

　　高慧敏博士后所撰书稿《具身存在：智能传播时代的身体与媒介互动》，聚焦于当代智能传播场景中身体与媒介互动的本质以及传播历史中身体与媒介互动进化逻辑的探究和阐释，其选题具有契合全球传媒生态技术变革趋势的前沿性。

　　该书稿的文献综述对本领域的既有治学成果和研究进展作了较为扎实的梳理和解析。作者引入跨学科的理论视角不无新意地拓展了传播学论域的身体研究，全书以富有洞见的现实考察为依托，较为系统地论证了"智能传播生态系统形成于'人机互动''具身互动''人机交往'这三种身体与媒介互动形态的交融过程之中"这一颇具说服力的学理见解，并对智能传播时代人机关系的发展前景作出了良有参考价值的前瞻和预判。在政治理论倾向方面，该书稿也以马克思主义及中国特色社会主义理论为指导，基于中国人工智能发展现状来分析，符合习近平总书记的科技创新理念。整体来看，稍微不足之处在于，作者在思考身体与媒介互动的过程中，对非言语传播现象的认知和分析略感薄弱，望日后可以深化。

　　总体而言，该部书稿研究问题明确，结构完整，论证思路清晰，文字通畅，写作符合规范，达到了公开出版的水准。

签字：宋小卫

2021 年 3 月 3 日

说明：该推荐表须由具有正高级专业技术职务的同行专家填写，并由推荐人亲自签字，一旦推荐，须承担个人信誉责任。如推荐书稿入选《文库》，推荐专家姓名及推荐意见将印入著作。